◉ **国际贸易精品学术文库**

厦门理工学院专著出版资金项目
厦门理工学院国际贸易教学团队成果

中国纺织服装外贸企业

国际贸易模式
转型探索

林 涛／著

Zhongguo Fangzhi Fuzhuang Waimao Qiye
Guoji Maoyi Moshi Zhuanxing Tansuo

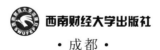

西南财经大学出版社

·成都·

图书在版编目(CIP)数据

中国纺织服装外贸企业国际贸易转型探索/林涛著. —成都:西南财经大学
出版社,2018.4
ISBN 978 - 7 - 5504 - 3429 - 5

Ⅰ.①中…　Ⅱ.①林…　Ⅲ.①纺织品—外贸企业—转型经济—研究—中国
Ⅳ.①F279.24

中国版本图书馆 CIP 数据核字(2018)第 073026 号

中国纺织服装外贸企业国际贸易转型探索

林涛　著

策划编辑:何春梅
责任编辑:刘佳庆
责任校对:高小田
封面设计:墨创文化
责任印制:朱曼丽

出版发行	西南财经大学出版社(四川省成都市光华村街 55 号)
网　　址	http://www.bookcj.com
电子邮件	bookcj@foxmail.com
邮政编码	610074
电　　话	028 - 87353785　87352368
照　　排	四川胜翔数码印务设计有限公司
印　　刷	四川五洲彩印有限责任公司
成品尺寸	170mm × 240mm
印　　张	17.5
字　　数	271 千字
版　　次	2018 年 4 月第 1 版
印　　次	2018 年 4 月第 1 次印刷
书　　号	ISBN 978 - 7 - 5504 - 3429 - 5
定　　价	98.00 元

前　言

　　纺织工业是世界工业化生产的先导产业，它与服装的生产和贸易伴随着人类的文明与进步同步发展。中国的纺织业起源很早，历史悠久，并通过丝绸之路把中国的古代文明传播到西方。在纺织服装工业发展的基础上，新中国成立后，纺织服装产品成为我国重要的出口大项和贸易顺差的主要来源。纺织服装产品的出口贸易长期以来一直是我国外贸企业的出口主要力量，关注纺织服装产品贸易问题对于研究我国对外贸易发展具有重要意义。

　　改革开放以来我国的对外贸易取得巨大发展，成为我国经济发展的"三驾马车"之一。笔者有幸在改革开放的八十年代就投入纺织服装产品的国际贸易业务中，亲身经历我国外贸的快速发展，体验了外贸体制的变化和改革，目睹广大纺织服装制造企业和私有贸易企业竞相投身对外贸易的队伍。他们虽然在国际贸易商海经验不足、教训很多，但其仍不断发展壮大。目前我国成为世界纺织服装出口第一大国，在世界贸易中具有重要话语权。在经济全球化的背景下，中国日益融入世界整体。随之而来的国际贸易保护政策和近年来中国劳动力成本的快速提高，给经营纺织服装贸易的企业提出了严峻挑战。中国如何保持自己的竞争优势，激活外贸企业活力，继续带动中国经济发展成为大家关心的重要话题。

　　笔者曾经在大型国企从事纺织服装进出口业务十多年，对国际贸易业务具有深刻的体会和思考，了解当前企业经营的问题和困境。近年来，笔者在高校从事国际贸易的教学和科研中，特别是深入本地纺织服装外贸企业调研后，对纺织服装国际贸易企业的经营变化和转型特别关注。通过主持、研究多个有关外贸企业纺织服装经营问题的省厅级和市级课题，以及相关企业课题的调研，笔者一直想通过撰写专著系统总结有关纺织服装贸易的经验和研究心得。力图探索新时期纺织服装外贸企业经营模式的转型，通过研究改变经营模式达到增强外贸企业竞争力的目标，构建新型纺织服装外贸发展模式，这对目前纺织服装外贸企业摆脱经营困境具有重要意义。

本书力图以企业经营者的角度，以纺织服装产品为切入点，构建外贸企业供应链经营平台，并辅以具体操作和流程，注重实用性和操作性，以区别于过往以理论为主的研究。在研究过程中，笔者得到大量纺织服装外贸企业经营者的支持和帮助。作为企业经营者，他们不惜在百忙中抽出宝贵时间共同探讨经营中的经验和问题，着实令人感激。

对国内相关研究学者在该领域的宝贵研究成果，我不断在学习并借鉴，对此深表谢意！感谢厦门理工学院对本书的支持，感谢朱丹教授、胡永红教授、郭雅欣老师、西南财经大学出版社何春梅老师在课题研究和出版方面给予的无私帮助和支持！限于自身学识和实践有限，本书内容错误之处恳请业界前辈和经营者批评指正！

林　涛

2018 年 3 月于厦门

目　录

第一章 中国纺织服装外贸发展回顾

纺织服装行业属于劳动密集型产业，随着我国劳动力成本的提高和对外开放度的扩大，纺织服装外贸企业这些年受到的冲击力最大。在目前我国外贸企业经营面临困难和危机的大环境下，服装外贸企业更是举步维艰，急需找到企业保持持续健康发展的新思路新模式。纺织服装业是我国历史悠久，长期具有比较优势的行业。远到古代中国丝绸之路到如今中国对外贸易的蓬勃发展，纺织服装都是占有重要比重的产品。纺织服装产品是我国进出口贸易的一大商品，也是我国贸易顺差的重要来源。

第一节 中国纺织服装外贸发展现状

据世界贸易组织统计，2016 年我国纺织品出口达到 1 046.63 亿美元，服装出口达到 1 582.62 亿美元，两项合计共出口 2 629.25 亿美元，占我国当年总出口额的 12.53%。2016 年我国纺织品进口 166.76 亿美元，服装进口 64.49 亿美元，两项合计共进口 231.45 亿美元，占我国当年总进口额的 1.46%。纺织服装贸易顺差达到 2 397.8 亿美元，而当年我国进出口顺差为 5 097.07 亿美元，纺织服装贸易顺差占总顺差的 47.04%。[①] 纺织服装

---

① WTO 贸易统计 http://stat.wto.org/StatisticalProgram/WSDBViewData.aspx？Language＝E.

出口是我国出口贸易的主要产品，是我国贸易顺差的重要来源，对我国外汇储备和国际贸易发展发挥着重要作用。从世界范围来看，中国是纺织服装产品进出口大国，特别是出口贸易。中国长期是世界第一大纺织服装产品出口国家。具体可以从纺织品和服装两个大类来分析中国纺织服装进出口贸易情况。

一、中国纺织品进出口情况

从表1-1可以看出，中国纺织品出口2016年占世界该项产品出口的37.2%，尽管近两年中国出口增长有所回落，但还是世界纺织品出口第一大国，而且领先第二位欧盟较多。

表1-1　　　　　2016年纺织品十大出口国家和地区

出口国和地区	出口总额（十亿美元）	占世界比重（%）				年度变化（%）			
	2016年	2000年	2005年	2010年	2016年	2010—2016年	2014年	2015年	2016年
中国	106	10.4	20.2	30.5	37.2	5	5	-3	-3
欧盟	65	36.7	34.8	27.0	23.0	-1	4	-14	1
印度	16	3.6	4.1	5.1	5.7	4	5	-6	-6
美国	13	7.1	6.1	4.8	4.6	1	3	-4	-5
土耳其	11	2.4	3.5	3.6	3.8	3	3	-12	0
韩国	10	8.2	5.1	4.3	3.5	-1	-1	-11	-6
巴基斯坦	9	2.9	3.5	3.1	3.2	2	-3	-9	9
中国台湾	9	7.7	4.8	3.9	3.1	-1	0	-6	-8
*中国香港	8	—	—	—	—	-6	-9	-7	-13
越南	7	0.2	0.4	1.2	2.4	14	16	16	9
总计	246	79.2	82.5	83.5	86.5	—	—	—	—

资料来源：WTO World Trade Statistical Review 2017；进出口额都按FOB统计

＊中国香港数据不完整，不计入总计

从表1-2可以看出，中国纺织品进口排在世界前三。虽然进口额少于出口额较多，但看出中国的进口纺织品需求也较多，国内的纺织品消费和进口加工增长较快，已全面融入纺织品的国际分工。

表1-2　　　　　　　　2016年纺织品十大进口国家和地区

进口国和地区	进口总额（十亿美元）	占世界比重（%）				年度变化（%）			
	2016年	2000年	2005年	2010年	2016年	2010—2016年	2014年	2015年	2016年
欧盟	69	35.2	33.6	27.9	22.9	-1	6	-12	-6
美国	29	9.8	10.5	8.8	9.5	4	4	5	-3
中国	17	7.8	7.2	6.6	5.5	-1	-6	-6	-12
越南	13	0.8	1.6	2.6	4.3	11	14	10	-1
日本	8	3.0	2.7	2.7	2.8	2	2	-8	2
*中国香港	7	—	—	—	—	-7	-10	-9	-13
巴基斯坦	7	0.8	1.1	1.7	2.4	8	14	4	2
墨西哥	6	3.6	2.8	1.9	2.1	3	4	2	-4
土耳其	6	1.3	2.1	2.5	2.0	-1	5	-12	-2
印度尼西亚	6	0.8	0.4	1.6	1.9	5	0	-2	1
总计	161	63.1	62.0	56.3	53.4	—	—	—	—

资料来源：同上

二、中国服装进出口贸易情况

从表1-3可以看出，中国在服装出口方面同纺织品出口一样，位居世界第一。2016年中国服装出口占世界该项出口总额的36.4%。这比居第二位的欧盟整整高出十个百分点。

表1-3　　　　　　　　2016年服装十大出口国家和地区

进口国和地区	进口总额（十亿美元）	占世界比重（%）				年度变化（%）			
	2016年	2000年	2005年	2010年	2016年	2010—2016年	2014年	2015年	2016年
中国	161	18.2	26.6	36.7	36.4	4	5	-7	-7
欧盟	117	28.6	30.9	28.4	26.4	3	7	-12	4
巴基斯坦	28	2.6	2.5	4.2	6.4	11	5	8	6
越南	25	0.9	1.7	2.9	5.5	15	18	16	5
印度	18	3.0	3.1	3.2	4.0	8	14	3	-2
*中国香港	16	—	—	—	—	-7	-6	-10	-15
土耳其	15	3.3	4.2	3.6	3.4	3	8	-9	0
印度尼西亚	7	2.4	1.8	1.9	1.7	1	0	-1	-2

表1-3（续）

进口国 和地区	进口总额 （十亿美元）	占世界比重（%）				年度变化（%）			
	2016年	2000年	2005年	2010年	2016年	2010—2016年	2014年	2015年	2016年
柬埔寨	6	0.5	0.8	0.9	1.4	13	6	11	6
美国	6	4.4	1.8	1.3	1.3	3	4	0	-6
总计	383	63.9	73.4	83.1	86.5	—	—	—	—

资料来源：同上

从表1-4可以看出，虽然中国的服装进口还处于世界前十位，但与出口相比相差巨大，反映中国服装贸易顺差大，中国在服装加工和生产方面比较优势明显。这得益于中国服装加工设备和技术的进步，劳动力相比欧美国家较有优势。

表1-4　　　　　　　2016年服装十大进口国家和地区

进口国 和地区	进口总额 （十亿美元）	占世界比重（%）				年度变化（%）			
	2016年	2000年	2005年	2010年	2016年	2010—2016年	2014年	2015年	2016年
欧盟	175	41.1	47.3	45.2	37.4	1	9	-10	-3
美国	91	33.0	28.7	22.1	19.5	2	2	4	-6
日本	28	9.7	8.1	7.3	6.1	1	-7	-8	-1
*中国香港	13	—	—	—	—	-4	-2	-8	-11
加拿大	10	1.8	2.1	2.2	2.0	2	1	-2	-3
韩国	9	0.6	1.0	1.2	1.8	12	12	0	2
中国	7	0.6	0.6	0.7	1.4	17	15	7	1
澳大利亚	6	0.9	1.1	1.3	1.4	5	4	1	-3
瑞士	6	1.6	1.6	1.4	1.3	2	4	-8	6
俄罗斯	6	0.1	0.3	2.0	1.2	-4	-6	-34	3
总计	338	89.4	90.8	83.4	72.1	—	—	—	—

资料来源：同上

从上述数据我们可以清楚地了解中国纺织服装国际贸易的整体规模。纺织服装产品是中国名副其实最有竞争力的产品，研究纺织服装产品的国际贸易状况和外贸企业经营的变化，具有重要意义。通过对纺织服装外贸企业经营模式的研究，我们可以看到中国外贸企业的前景和未来。

第二节　中国纺织服装外贸发展历程

我国的纺织服装外贸发展较早，发展十分迅速。其发展主要分为三个阶段：

一、改革开放之前和初期（1978—1985 年）

这个时期纺织服装产品主要满足国内市场需求。改革开放前，我国长期实行计划经济体制，社会生产力的低下导致供给长期不足。全国实行了30 年的布票只保证人们基本的用布和穿衣需要。随着改革开放政策初见成效，1983 年 12 月 1 日布票取消，国内市场对纺织和服装的需求十分旺盛。1978 年 1 月 1 日，我国将轻工业部拆分为纺织工业部和轻工部两个独立的部门。国家把发展纺织工业作为国民经济的重要工作，大力发展纺织业，以满足国内市场需求。这个时期的纺织服装产品以满足国内需求为主，出口规模小。1984 年我国纺织服装产量为 11.06 亿件，出口量为 3.5 亿件，出口占总产量的 31.65%。1985 年产量增长到 12.67 亿件，出口量为 3.63亿件，出口占总产量还略有下降，为 28.65%。总体纺织服装出口结构中，纺织原料和纤维占 60%，而服装仅为 40%[①]。这反映了国内对纺织服装的需求量大，因长期供应不足受到压抑的需求都得到释放。上海、江苏、浙江、福建、广东等地，率先通过国企改革和发展民营企业、外资企业，大力发展纺织服装生产和加工工业。但这一阶段纺织服装的外贸规模很小，产品主要满足国内市场需要。

二、出口快速增长时期（1986—2001 年）

这个时期我国将服装和丝绸两个行业交予纺织工业部管理，并出台各

---

① 马晓虹，马涛. 纺织品国际贸易实务［M］. 北京：冶金工业出版社，2016：2.

种鼓励纺织服装产业的支持政策，形成了从纺织原料到织物，再到最终成品服装一条龙的生产和开发体系的大纺织格局。服装工业在纺织产业链的配套支持下，获得迅猛的发展。同时，发达国家正经历产业结构的调整，更专注于技术和资本密集型产品的升级，而"亚洲四小龙"（中国香港、中国台湾、新加坡和韩国）的服装企业也不断利用中国吸引境外投资的优惠政策，大量转移到国内投资设厂，利用中国廉价的劳动力等生产要素，在国内生产再出口世界各地。这些外资企业的产品出口成为中国对外贸易的重要组成部分。这个时期随着国内纺织服装市场需求的逐步饱和，纺织服装生产能力出现过剩，纺织服装产品进入出口快速增加时期。服装超过了纺织品的出口，成为我国对外贸易的一个大类和贸易顺差的主要来源。沿海特区，如上海、广东和福建省的服装产品更是借助国内纺织产业的配套支持，迅速成长出一批大型服装出口企业。这个时期纺织服装外贸表现出如下特征：

1. 依靠国内纺织服装生产能力的大幅提升，纺织服装外贸快速增长

1986 年 8 月国务院常务会议指出，我国的对外贸易发展在一定时期内要靠纺织。纺织工业部具体把纺织品出口作为战略重点，在北京、天津、大连等沿海 12 个重点出口城市设立出口基地。国家计委等六个部门在《关于扩大沿海地区纺织品出口有关政策措施的意见》中制定了一系列鼓励出口措施和优惠政策。在这些国家重大政策措施的积极鼓励下，纺织工业和外贸迅速发展（表 1-5）。

表 1-5　　　　　1986—2000 年中国纺织品服装出口情况表

年份	纺织品服装出口额（亿美元）	占全国出口总额的比重（%）
1986	71.3	23.0
1987	95.4	24.2
1988	113.3	23.8
1989	131.2	25.0
1990	138.5	22.3
1991	167.3	23.3

表1-5(续)

年份	纺织品服装出口额（亿美元）	占全国出口总额的比重（%）
1992	252.8	29.8
1993	271.3	30.0
1994	355.5	29.4
1995	379.7	25.5
1996	370.9	24.6
1997	455.5	24.9
1998	428.5	23.3
1999	430.6	22.1
2000	520.8	20.9

资料来源：郭燕.后配额时代的中国纺织服装业［M］.北京：中国纺织出版社，2007：14

从上表可以看出，这个时期在全国纺织服装工业大发展的形势下，中国纺织服装出口从 1986 年的 71.3 亿美元，增长到 2000 年的 520.8 亿美元，增长了 6.3 倍。1995 年以前纺织服装一直是我国第一大出口产品和贸易顺差的主要来源。1995 年后机电产品超过纺织服装出口，但纺织服装一直以来就是我国的主要出口产品和净创汇项目。中国纺织服装产品在世界贸易中长期占第一位。

2. 服装产品出口超过纺织品

这个时期的我国服装加工行业得到快速发展，主要得益于国家的鼓励政策和世界经济分工调整。日本和亚洲四小龙随着劳动力成本的提高，纺织服装产业外移成为重要经济现象，国际分工发生重大变化。这个时期的中国加速对外开放，引进纺织服装加工企业，形成了服装加工出口的强大力量。1990 年我国纺织品和服装的出口额分别为 69.99 亿美元和 68.48 亿美元，分别占我国纺织品服装出口的 50.5% 和 49.5%。纺织品和服装出口开始平分天下。而到了 1991 年纺织品和服装的出口额分别为 77.43 亿美元和 89.98 亿美元，服装出口增加迅猛，占我国纺织品服装出口总额的

53.98%[①]，首次超过纺织品出口。服装出口开始主导中国纺织服装的出口贸易。

3. 国际市场机会和挑战并存

1995 年 1 月 1 日世界贸易组织（WTO）成立，WTO 项下的《纺织品与服装协定》即 ATC 随之生效，统治国际纺织品服装贸易长达 30 多年的纺织品进口配额制度在 10 年内逐步取消。这为中国的纺织品服装出口贸易提供了大机遇。同时 1998 年的金融危机，全世界经济增长放慢，市场萎缩，又给中国纺织服装贸易提出挑战。其结果在表 1-5 的数据可以看出中国纺织服装出口的快速发展，1998 年、1999 年相比 1997 年的出口放慢了。中国纺织服装贸易深入融入世界市场后，注定要经受更复杂的影响，需要经营者以更高更远的眼光关注国际经济形势的变化。

4. 国内政策调整和宏观调控对纺织服装出口影响加大

具体表现在人民币汇率和退税政策的调整。1994 年我国对人民币汇率进行重大改革，汇率并轨，实行以市场供求为基础的单一的有管理的浮动汇率制度。汇率波动加大，影响企业进出口收汇的安全性，经营难度加大。而同时国家退税管理办法也发生变化，建立以新的增值税、消费税制度为基础的出口商品退税制度，并在 1994—1997 年两次调低出口退税率，1998 年鉴于世界金融危机影响出口市场和出口增长，又提高出口退税率。国家政策的调整和宏观调控手段的频繁使用，给纺织服装贸易企业增加了经营难度和风险。中国的纺织服装贸易快速发展的同时，企业的经营能力得到较大考验。

三、2001 年入世后全面增长时期

2001 年中国加入世界贸易组织，纺织服装贸易进入"后配额时代"。中国入世后给我国纺织服装工业和国际贸易提供了广大的市场机遇。从国际市场来看，中国加入世贸组织对纺织服装出口配额的限制逐步取消，纺织服装产品进入发达国家等设限国家和地区更自由。随着针对我国纺织服

---

① 马晓虹，马涛. 纺织品国际贸易实务［M］. 北京：冶金工业出版社，2016：3.

装配额的逐步取消，我国纺织服装产品出口迎来了高速发展的时期。同时，国内国外市场进一步开放，我国在更广更深范围内全面参与国际分工，纺织服装出口竞争力进一步增强。从国内情况来看，由于长期鼓励纺织工业发展，造成国内纺织服装产能积压，纺织服装产能过剩，大量纺织服装产品被低价推向国际市场。同时，这个时期国家鼓励出口贸易，外贸出口权限完全放开。国内各种类型企业、贸易公司大量加入国际贸易队伍，形成我国对外贸易的大发展时期，特别是 2005 年纺织配额制度的全面取消，我国纺织服装发展进入了"后配额时代"。在东部沿海地区形成了我国纺织服装产业集群带，主要是广东、浙江、江苏、福建、山东五省，产量占全国的 80%。我国成为纺织服装出口的第一大国。这个时期纺织服装外贸的发展特点主要表现为出口贸易的快速增长，纺织服装出口总量激增，但是由于产品过剩，经营企业良莠不分，经营效益下降。

我国纺织服装对外贸易在改革开放以来的快速发展情况，可以从表1-6~表1-9的统计数据看出。我国的纺织服装贸易额不断增大，在世界贸易居第一位。在三十多年的贸易发展中，国内产生了一大批纺织服装大型生产和贸易企业。这些企业很多成为行业龙头，不断进行企业经营模式更新，增强企业竞争力，向纺织服装产业两端延伸，提高产品附加值和企业供应链管理者地位。但是大量的中小纺织服装企业单纯以加工生产和出口代理为主业，面临周边国家低成本的竞争和国内同行削价竞争，经营日益困难。

表1-6　1980—1990 年中国纺织服装进出口贸易概况（单位：百万美元）

年份	1980	1981	1982	1983	1984	1985	1986	1987	1988	1989	1990
纺织品出口	2 540	3 390	2 735	3 270	3 825	3 680	5 440	6 485	6 975	7 215	7 219
服装出口	1 625	1 930	2 140	2 320	2 755	2 450	4 050	5 790	6 990	8 165	9 669
纺织品进口	1 100	1 670	1 170	911	1 370	2 040	3 160	3 589	4 219	4 603	5 292
服装进口	47	68	0	0	6	14	14	17	28	38	48

资料来源：WTO 贸易统计. http://stat.wto.org/StatisticalProgram/WSDBViewData.aspx? Language＝E

表 1-7   1991—2001 年中国纺织服装进出口贸易概况（单位：百万美元）

年份	1991	1992	1993	1994	1995	1996	1997	1998	1999	2000	2001
纺织品出口	8 014	8 583	8 699	11 818	13 918	12 112	5 440	6 485	6 975	7 215	7 219
服装出口	12 245	16 704	18 441	23 731	24 049	25 034	4 050	5 790	6 990	8 165	9 669
纺织品进口	6 751	7 560	7 645	9 347	10 914	11 980	3 160	3 589	4 219	4 603	5 292
服装进口	61	439	552	622	969	1 044	14	17	28	38	48

资料来源：WTO 贸易统计. http://stat.wto.org/StatisticalProgram/WSDBViewData.aspx？Language＝E

表 1-8   2002—2011 年中国纺织服装进出口贸易概况（单位：百万美元）

年份	2002	2003	2004	2005	2006	2007	2008	2009	2010	2011
纺织品出口	20 562	26 900	33 428	41 050	48 678	56 032	65 367	59 824	76 871	94 411
服装出口	41 302	52 061	61 856	74 163	95 379	115 520	120 405	107 264	129 820	153 774
纺织品进口	13 060	14 217	15 304	15 503	16 358	16 645	16 289	14 945	17 679	18 901
服装进口	1 356	1 422	1 542	1 629	172	1 976	2 282	1 842	2 518	4 012

资料来源：WTO 贸易统计. http://stat.wto.org/StatisticalProgram/WSDBViewData.aspx？Language＝E

表 1-9   2012—2016 年中国纺织服装进出口贸易概况（单位：百万美元）

年份	2012	2013	2014	2015	2016
纺织品出口	95 499	106 624	111 722	108 992	104 663
服装出口	159 754	177 530	186 703	174 643	158 262
纺织品进口	19 810	21 563	20 249	18 970	16 676
服装进口	4 525	5 339	6 169	6 574	6 449

资料来源：WTO 贸易统计. http://stat.wto.org/StatisticalProgram/WSDBViewData.aspx？Language＝E

第三节   纺织服装外贸企业的经营困境

我国纺织服装贸易快速发展的同时，纺织服装外贸企业贸易效益下降。许多外贸企业经营困难，特别是中小型纺织服装外贸企业更是遇到发展瓶颈。其主要原因在于企业自身和企业内外经营环境的恶化。

一、纺织服装企业内在问题

（一）我国纺织服装产业结构问题

纺织服装作为我国的传统优势产品在我国对外贸易中占有重要地位。但随着我国劳动力成本不断提高，国际市场日益严峻，服装出口已是困难重重。从产品档次来看，中低档产品比例过大，高附加值产品所占比例特别低；从产品单品价格来看，我们产品的出口价格仅相当于意大利和法国的四分之一甚至更低；从服装设计能力来看，我国服装的设计能力比较弱，没有引领时尚潮流的能力。服装企业处于供应链的低附加值位置。在产业链中"研发—制造—营销"形成了 U 形曲线，生产制造环节总是处在产业链上的低利润环节，即研发和营销两端创造的附加值大大高于位于中间的制造业。据相关数据显示：制造业利润率在 2%～3%，研发和设计利润率在 20%～50%，品牌和营销的利润率达 20%～50%。曲线的两个上翘的两端代表那些竞争力强的企业：左端是以知识产权为主导的创新企业，右端是以品牌为主导的优秀营销企业，而中间深陷的弧底部分是大量的制造企业。美国供应链理事会将这个曲线形象地称为"微笑曲线"，而中国的服装企业大多数都位于中间深陷的弧底部分，成为"世界代工厂"。

（二）纺织服装企业产能严重过剩

在纺织配额取消，我国纺织服装出口市场空前扩大的情况下，加上国内产业政策的支持，投资大幅增长，产能过剩日益严重。国内长期以来纺织业投资过于盲目，低水平重复建设多，生产能力急剧扩张。它主要表现为：纺织服装产品结构不合理，以中低档服装生产为主，这在出口贸易结构中反映出来。纺织行业规模大，纺织、化纤产业初加工能力过度增长，同行业竞争激烈，而研发能力和投入不足，各种高科技含量纺织纤维和面料欠缺，部分高档纺织原材料需要依赖进口。大量的中小企业集中在家用服装的加工，生产重复和低端的产品，产品低价竞争，质量低劣，造成大量产品积压和浪费，反映在企业国际贸易即大量的低价出口，严重危害企业利益，同时构成我国纺织服装在国际市场上面临"反倾销"和"反补贴"即"双反案件"日益严重的主要原因。结果是恶化了我国的国际贸易环境，也造成大量中小型纺织服装外贸企业经营困难，不少企业关闭转型。

（三）纺织服装外贸企业传统外贸经营方式没有彻底改变

很多外贸企业还是习惯于作为国内和国外客户的采购和销售代理，利润来源于佣金或差价。外贸公司只是中间商角色，在整个产业价值链中不占主导。

经过调研可以发现，目前大量国内外贸公司的业务以代理业务为主。其业务特点是：

（1）国外客户和纺织服装生产企业直接联系，他们是真正的买卖关系。实际业务表现在国外客户带着订单直接在国内寻找生产厂家下单生产，与国内厂家具体谈判订单产品价格、质量、交货时间和付款方式等等交易条件，或是工厂通过产销会或网上营销等各种渠道，自找外商购买他们生产的产品，而由国内厂家或外商找到外贸企业代理办理进出口业务手续。

（2）国内外贸企业不介入具体产品具体订单的情况，甚至不必懂得经营产品，单纯替国内生产企业和国外客户办理货物的报检、报关、物流、外汇结算等进出口手续，收取微薄的手续费。他们的优势在于懂得外语和外贸进出口程序，有一定的经营资金和企业信誉，但由于没有介入整笔业务，不熟悉国内生产企业和外商，经营风险较大。国内外贸企业被骗税骗资金的案例屡见不鲜。

从图 1-1 可以看出外贸企业作为中间商的业务特点，外贸企业从事这种外贸业务活动技术含量低，不仅没有经营产品更没有外销渠道，谈不上外贸营销，都是利用企业的资金能力和从事外贸业务经验及人才优势，作为生产企业对外销售或承接外商到国内采购的代理业务。外贸企业对产品特性、生产过程和品牌设计几乎没有了解，只是从事商品进出口的单证报关等流程业务，自然谈不上从事产品经营的专业性。因此利润极低，业务地位岌岌可危。国内生产企业和外商一旦不缺外贸操作能力和资金，很容易抛开外贸企业的中间商角色。这也是目前大量外贸企业经营利润低下，业务难以维系的主要原因。随着国外跨国公司直接进入中国采购，国内生产企业直接参与国际市场的销售，电子网络营销的日益普及，外贸企业生存空间日益缩小。很多中小外贸企业经营困难，甚至倒闭。

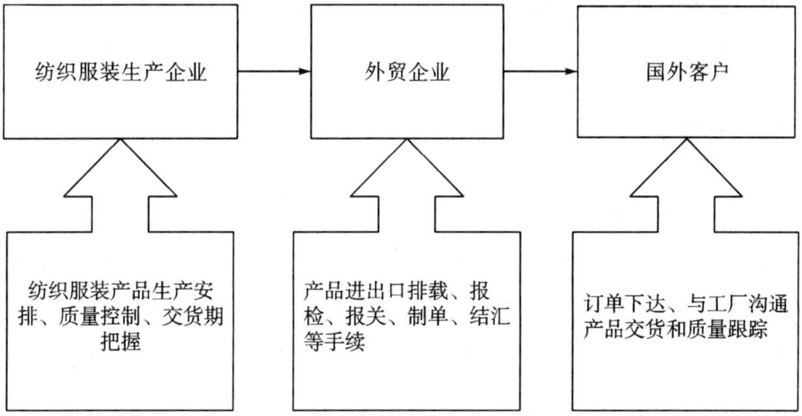

图 1-1　外贸企业传统业务代理关系

外贸企业的传统代理模式主要有以下几种：

（1）纯代理，即外贸公司的业务仅仅是帮助生产工厂或外商办理进出口手续，但不垫付资金，只提供外贸操作中的单证和审单等工作。外商货款到达外贸公司账户后，外贸公司在三个工作日内转账给工厂。外贸公司与工厂结算时，一般只收取工厂的 1% 的货款额作为代理费。这种代理形式简单，风险较小，也是利润最低的代理业务。

（2）服务性代理，包括打包贷款、垫资和提供审单、证等工作。外贸企业不仅帮助代工厂办理进出口业务手续，还根据与代工厂的业务密切程度和其信誉情况，垫付一部分资金给工厂用于经营采购原材料，帮助工厂企业顺利完成订单。外贸企业一般根据其业务的性质和风险性来收代理费。在垫资时要求提供担保。外贸企业参与订单的程度加深，但通常除资金外，其业务活动与纯代理差不多，都是集中在货物进出口业务手续的办理。

（3）买断，即生产工厂将出口订单与外贸公司合作，通过外贸公司出口，双方协商合适的外汇结算汇率，外贸公司收到外商外汇后以一个恰当的汇率结算给工厂，而不收取工厂的代理费。其代理费其实已包含在双方协商的汇率里了。因为出口有退税，所以这个汇率一般比外汇牌价要高得多。这种业务账面上看似自营出口业务，外贸企业以自营出口业务做账，但其实还是离不开图 1-1 的业务模型。外贸企业依然没有掌握业务的核心价值点，没有掌握外商营销渠道，没有全程安排生产和质量管理，更没有产品的设计。

二、企业经营外部因素

（一）国内经营环境影响

1. 2004 年 7 月 1 日开始实施外贸法，放开外贸经营权限制，经营者范围扩大到个人

国内外经营环境的放开，加上大量纺织服装产品积压，国内大批中小企业甚至个人纷纷参与国际市场的竞争，纺织服装出口竞争加剧。特别是中小企业以低价作为竞争手段，加剧了纺织服装出口贸易条件恶化，效益降低。原来需要外贸代理出口的纺织服装生产厂家也可以直接自营出口业务，这不仅让作为中间商的外贸企业失去作用，而且这些生产厂家拥有自己的产品，直接加入国际市场竞争优势明显。外贸企业原来拥有的外贸特权不复存在。

2. 国内原材料和劳动力成本的提高，服装加工生产这类典型的劳动密集型产品的竞争力下降

目前我国国内成本提高很多，劳动力成本提高尤为明显。很多纺织服装企业甚至招不到工人，生产受到较大影响，一些生产企业不得不将工厂外移到生产成本较低的内陆和东南亚地区。国家鼓励创新和高科技产业，高污染、高能耗和劳动密集型产品几度下调出口退税率，纺织服装对外竞争力下降。人民币长期升值趋势，更让外贸企业成本没有优势。

（二）国外经营环境影响

1. 2005 年以后中国纺织服装贸易进入"后配额"时代，国外针对中国纺织服装产品的各种贸易壁垒措施盛行

纺织服装配额的逐步取消，给中国纺织服装产品出口提供了前所未有的机遇。中国大量的纺织服装产品涌入国际市场，很多国家为保护国内市场免受冲击，纷纷运用各种非关税壁垒和措施，限制中国企业产品出口。各国对中国出口的制裁和限制不仅在发达国家实行，而且蔓延到与我国有

相同产品的发展中国家。各国纷纷对我国纺织品采取特保措施，与此同时，反倾销也被频频采用。各种贸易壁垒措施的实施主要产生条件是：第一，《中华人民共和国加入议定书》16条和《中国加入工作组报告书》242段达成的"特保条款"，为后配额时代进口国对中国出口的纺织服装产品设限提供了依据。而欧美对中国滥用特保，包括许多发展中国家在内的其他国家也纷纷向中国树起纺织品贸易保护的大旗，贸易限制成了后配额时代中国纺织服装国际贸易面临的非常突出的问题。第二，国内纺织标准的落后和各国对外贸政策和标准的信息无法及时反馈到中国国内，中国企业产品达不到国际标准，在国际市场往往受到绿色贸易壁垒和苛刻的临时发布的技术性贸易壁垒的限制。第三，中国纺织服装的大数量、低附加值和低价格也为欧美等国对中国纺织服装设限提供了条件。在政治上发达国家对中国纺织服装的阻碍，很大程度上也是迫于国内和地区内部政治上的目的和压力。

2. 2008年开始的世界金融危机以及欧债危机，世界消费市场的缩减与我的大幅出口增长矛盾加剧

据美国商务部统计，2008年的金融危机影响了美国纺织服装消费市场的需求增长，2009年美国纺织服装进口额为899.24亿美元，比危机前的2007年下降了16.21%。美国纺织服装市场是全世界纺织服装产品最为重要的出口目的地，美国也是中国纺织服装第一大出口市场，因此其消费市场的缩减对我的纺织服装出口影响很大。同样的，欧盟市场也是我国纺织服装出口的重点市场。欧债危机使欧洲市场需求低迷，消费能力缩减，欧洲一些企业信用度降低，贸易收汇风险加大，这些更让纺织服装企业出口困难重重，经营风险加大。近几年我国出口贸易增长放缓很大的原因就在国际市场的需求萎缩。外贸出口增长曾是我国经济增长的三辆马车之一，其作用在减少，外贸企业经营瓶颈凸显。

3. 一些新兴市场国家成本低，纺织服装工业发达，竞争能力增长

随着我国劳动力成本的提高，一些发达国家的企业逐渐把服装生产加工基地转移到周边国家。他们的纺织服装产品跟我们类似，成本低廉，与我国产品形成竞争。

（1）印度是仅次于中国的世界第二大纺织服装生产大国。人口多，纺织工业基础较好，从纺纱、织布、染整、服装加工，有一条完整的纺织服装产业链。近年来，印度的纺织品和服装在全球纺织服装市场具有较强的竞争优势，是美国和欧盟重要的纺织服装进口来源地。印度的纺织服装业优势主要表现在：第一，劳动力成本低，据统计 2000 年劳动力工资水平，印度为 0.58 美元/小时，低于中国的 0.69 美元/小时。第二，纺织原料特别是棉花数量充足，价格低廉。它决定了纺织产品的低价优势。第三，政府高度重视纺织服装业。20 世纪 80 年代中期开始进行纺织业改革，取消国内外投资限制，放宽行业准入，缩小全棉与化学纤维及纱线之间的税差。1999 年印度启动"纺织技术升级基金"计划，重点发展高附加值纺织工业，如织布、印染和服装制造业。政府推出"出口服装园（APE）"和"纺织中心基础发展计划（TCIDS）"，鼓励专业纺织公司集中到服装出口区落户。为搬迁企业免除劳动管理限制，提供土地、信用及税收优惠政策。同时，政府实行出口免税制度，并给与小型企业优惠利率鼓励。在此政策措施推进下，国外很多品牌公司和大型跨国公司纷纷到印度设厂，定牌生产加工出口纺织服装产品。

（2）墨西哥是拉丁美洲国家，北邻美国，经济发展水平在拉丁美洲占第二位。纺织服装行业是墨西哥经济支柱产业，同样具有从纤维、纺纱到成衣完整的产业链。纺织工业产值占国内生产总值的 6.5%，但纺织原料缺乏，纺织业所需的棉花、纱线和面料 80% 从美国进口。服装出口占纺织服装出口总额的 80% 以上。[①] 墨西哥的优势主要是邻近美国这一主要出口市场，其优越的地理位置节约了产品运输成本，容易掌握美国市场变化。同时，1994 年与美国、加拿大签订的《北美自由贸易协定》为墨西哥的纺织服装出口提供优于别国的政策支持，成为中国北美市场的有力竞争者。该协定签订后，其独特的原产地原则直接保护了区域内贸易，无形中区域以外国家的贸易就受到不公正待遇。墨西哥对美国出口免关税，而中国对美国出口需要 17% 的关税。为了应对中国产品的竞争，墨西哥政府还制订

---

① 郭燕. 后配额时代的中国纺织服装业［M］. 北京：中国纺织出版社，2007：199.

了一些保护本国纺织业的措施，如降低纺织行业的原材料进口税，降低纺织企业的生产成本。打击纺织服装走私，扩大本国产品在国内市场的占有率等。

（3）土耳其位于欧洲和亚洲的交接处，接近东欧、中东和北非国家，地理位置便利。1996 年欧盟与土耳其签订《关税同盟协定》，与欧盟国家互相取消纺织服装产品的配额和关税，具有进入欧盟市场的便利条件。同时，土耳其的纺织服装行业在其经济中占有重要地位。纺织服装行业占国内生产总值的 5.5%，近年来对纺织行业的技术改造，使土耳其的纺织服装生产能力和生产技术进步很快，很多国际品牌都在土耳其设厂生产。土耳其还是世界棉花和羊毛产量的第五位，纺织原料供给丰富。土耳其服装生产商协会制定了 2005—2010 年土耳其服装工业生产规划，制定了服装业的生产和出口目标，确定伊斯坦布尔为时装中心，安内托利亚为服装生产中心，东南安内托利亚为棉花产业中心，同时制定了生产、市场开发战略和配套鼓励措施。纺织服装产品的国际竞争力不断加强，特别是在欧盟市场成为中国的主要竞争对手。2004 年 3 月，土耳其与墨西哥和美国等国家的纺织品行业组织签署《伊斯坦布尔宣言》，要求世贸组织接受提案，对中国纺织品出口继续实行配额管理。2004 年 6 月，已有 45 个国家的 90 多个专业组织参加了该宣言的签名。这些国家很多是非洲等发展中国家。可以看出，很多发展中国家以纺织服装工业为重要经济产业，共同应对中国纺织服装的进口。2004 年土耳其还对中国 42 种纺织服装产品实施特别保障措施。虽然该宣言最终被世贸组织否决，未能延长纺织品和服装配额，但这些国家和组织的联合行动，在国际上造成一定影响，欧美对中国纺织服装出口限制进一步加剧。

（4）越南纺织服装业的主要优势在于劳动力低廉，加工成本低。全部纺织服装工人就业人数占全部就业人数的 25%。产值占全国工业产值的9%，出口占全国出口的 15%。纺织服装业是越南经济改革和发展中具有重要带动作用的行业。根据越南纺织服装业 2010 年发展策略，政府提出纺织服装业要发展成为越南的出口创汇主力军。具体发展思路是：纺织业以国有经济为主导，大力推进纺织业发展。吸收和鼓励包括外资在内的各种经济成分参与投资生产；投资注意环境保护；集中财力引进现代化技术和专业设备，注重新产品设计，巩固国际市场信誉；按照国际标准重组质量管理体系，提高产品质量。服装业推进国有服装企业的股份制改造，鼓励各种经济成分投资办厂，加强产品设计，提高质量。同时扩大棉花、桑树种植面积，加强对各种纺织原辅材料、化工印染原料的投资，逐步取代进口。鼓励发展纺织服装机械和零部件的生产，健全纺织服装工业产业链。

（5）巴基斯坦也是纺织服装的重要生产国和出口国。纺织服装业是巴基斯坦的支柱产业，占全国制造业的46%，纺织服装就业工人占制造业就业的38%，纺织服装出口占全国出口的66%。[①] 其纺织服装业的优势也主要在劳动力成本低，并且巴基斯坦是世界第四大棉花、纱和布生产国，原材料丰富。纺纱织布能力强，为服装生产奠定良好基础。其纺织服装出口也是以美国、欧盟、日本为主要市场，构成对中国的竞争态势。

国内外经营环境的恶化，使纺织服装产品出口在高速增长的同时，效益下降，中小外贸企业陷入经营困境。因此，国内纺织服装外贸企业急需改变经营模式，克服传统贸易方式的弊端，重建自己的竞争优势。

三、以美国市场为例，看中国纺织服装贸易的困境

美国是世界最主要的纺织服装进口市场，其进口额超过全世界进口总额的20%。该市场容量大，消费层次多样化和强大的消费能力，吸引世界各主要纺织生产大国，争相将各种纺织品输出到美国市场，以求占领一定的市场份额。因此，美国市场一直是很多纺织服装主要出口国的必争之地，竞争十分激烈。跟很多发展中国家一样，美国市场对中国纺织服装产品出口具有重要意义，占有重要地位。纺织配额制度的取消给出口商提供更为广阔的市场空间。这点对中国尤为明显。2005年以后中国对美国的纺织贸易增长迅速，对美国纺织市场造成一定冲击，与别的竞争对手的矛盾和冲突更加白热化。中国被推向美国贸易保护的风口浪尖，中国在美的纺织贸易环境正不断恶化，遭受越来越多的贸易报复措施。从中美纺织服装

---

① 郭燕. 后配额时代的中国纺织服装业 ［M］. 北京：中国纺织出版社，2007：219.

贸易可以看到，中国纺织服装外贸的发展现状和问题，特别是中国外贸企业目前遇到的主要贸易困境。

（一）美国纺织品市场的贸易壁垒

由于纺织产业不是美国的优势产业，其产业向外转移，美国长期在纺织品贸易中以进口为主。这造成美国在纺织品贸易的长期逆差。进口纺织品一方面使美国消费者受益，可以获得低价的纺织产品，同时也给美国国内的纺织工业和工人就业带来压力。因此，美国在纺织品贸易中一贯采取贸易保护措施，设置各种壁垒限制各国，特别是中国的产品进口。美国纺织品市场中的壁垒主要有三个方面：一是关税壁垒。美国纺织品进口平均关税约20%，是其所有商品进口平均关税的10倍左右。服装进口关税一般均在20%以上。二是技术性壁垒。美国的技术性壁垒又称"绿色壁垒"，它以所谓保护环境和保障人身安全为由，通过立法或制定严格的强制性技术标准（法规），限制国外产品进口。这些强制性技术标准以美国的技术水平为基础，发展中国家往往难以达到。三是启用保障条款。美国参议院通过了贸易法中关于纺织品和服装进口有关条款的修正案。修正案的主要内容是针对向美国出口纤维制品、纺织品和服装产品的发展中国家和地区，包括中国、印度、巴基斯坦和越南等。修正案的宗旨是保护美国本国企业的利益。美国纺织品协议执行委员会引用我国入世议定书纺织品市场保护条文的最终规则，美国及其他世贸成员国如认为来自中国的纺织品及服装扰乱市场，损害他们国内的纺织行业，可以要求与我国谈判，必要时可实施配额限制。其运用"双反"措施，即"反倾销"和"反补贴"的手段对中国纺织品出口进行惩罚性的打击。这些政策和措施使我国对美纺织品出口日趋复杂和艰难。

（二）中美纺织品贸易现状分析

1. 中国是美国最大的贸易伙伴，美国纺织服装贸易逆差严重

据美国商务部纺织服装办公室统计，2004年中国出口到美国的纺织品总额达到191.96亿美元，占美国纺织品进口总额的20.66%。2007年达375.11亿美元，占美国纺织品进口总额的34.95%。2008年金融危机后虽然增速放慢，2009年甚至比2007年总额有所下降，但中国纺织品出口到

美国市场的比重已占美国纺织品总进口额的 40.31%。近两年虽然中国出口贸易增长有所放缓，但中国纺织服装依然保持美国纺织服装进口国家的第一位，接近 40%。纺织服装贸易是两国贸易关系的重要内容。

表 1-10　　2015—2016 年美国纺织服装进口额（单位：百万美元）

进口来源国	2015 年 进口额	2016 年 进口额	2015 年 占比	2016 年 占比
世界	111 904. 16	104 663. 26	100%	100%
中国	43 203. 452	38 517. 148	38. 61%	36. 8%
越南	11 293. 227	11 318. 279	10. 09%	10. 81%
印度	7 266. 053	7 217. 521	6. 49%	6. 90%
孟加拉国	5 605. 205	5 491. 088	5. 00%	5. 25%
印度尼西亚	5 180. 099	4 902. 956	4. 63%	4. 68%
墨西哥	4 610. 971	4 459. 680	4. 12%	4. 26%
巴基斯坦	3 028. 699	2 728. 565	2. 71%	2. 61%
洪都拉斯	2 687. 155	2 571. 194	2. 40%	2. 46%
柬埔寨	2 543. 223	2 189. 317	2. 27%	2. 09%
斯里兰卡	2 042. 182	1 971. 520	1. 82%	1. 88%

资料来源：根据美国商务部国际贸易委员会纺织服装办公室网站 http://otexa.trade.gov/msr/catV0.htm 计算

　　而美国出口到中国市场的纺织服装额 2015 年和 2016 年分别为 1 010. 626 百万美元和 898. 657 百万美元，分别有 42 192. 826 百万美元和 37 618. 491 百万美元的逆差。[①] 两国贸易逆差大，反映了纺织服装业的比较优势和互补关系。但这也是造成双方贸易摩擦的主要原因。

　　2. 中国出口美国市场以服装和制成品为主，而纱和布等非服装纺织品占的比重较少。而美国恰好相反，这反映了两国纺织服装业的互补关系

　　从表 1-11 可以看出，中国出口美国市场的货物中以服装为主，占到七成以上，而其他纺织品如纱、布等仅不到三成。美国出口中国市场数额

――――――――――――

　　① 根据美国商务部国际贸易委员会纺织服装办公室网站 http://otexa.trade.gov/exports/e5700. htm 计算

比进口少很多，2015年美国纺织服装对中国贸易逆差达到421.93亿美元，而2016年虽然中国出口贸易放缓，但是还存在376.18亿美元的逆差。美国纺织服装业不占优势，其中服装出口仅仅占7%左右，而主要以纺织品出口为主，占了九成以上。

表1-11　2015—2016年美国与中国纺织服装进出口商品结构（单位：百万美元、%）

	2015 年	2016 年
美国进口中国纺织服装总额	43 203.452	38 517.148
美国进口中国服装及占比	30 540.899/70.69%	27 914.291/72.47%
美国进口中国其他纺织品及占比	12 662.553/29.31%	10 602.857/27.53%
美国出口中国纺织服装总额	1 010.626	898.657
美国出口中国服装及占比	72.636/7.19%	69.942/7.78%
美国出口中国其他纺织品及占比	937.990/92.81%	828.716/92.22%

资料来源：根据美国商务部国际贸易委员会纺织服装办公室网站 http://otexa.trade.gov/exports/e5700.htm 计算。

　　中美纺织服装进出口商品结构主要与国际产业转移和目前中国在国际分工的地位密切相关。20 世纪 80 年代，随着中国实行对外开放政策，中国逐步融入全球经济。中国的纺织企业作为传统的优势产业最先开始与国际资本和市场融合起来。随着跨国公司对外直接投资的增加和全球经济一体化进程，欧美国家和日本、韩国和中国台湾、东盟国家进行新一轮的产业转移。中国以开放的姿态，运用各种优惠政策、劳动力成本低等优势成为产业转移的主要接受国。这些国家和地区把纺织服装等劳动密集型产业和已经丧失比较优势的加工装配程序，向劳动力成本低的中国转移。外资通过在中国投资，从事劳动密集型的加工工序。特别是美资企业更是如此。中国国内只赚取商品生产中的加工环节收益，出口商品的附加值绝大部分被美国企业从对美返销中赚走了。而日韩、中国台湾省、东盟等也把中国作为其扩大出口的平台，将生产基地转移到中国。这些国家和地区的外资企业从母国或原地区进口原材料、中间半制成品、生产设备，将整个产品生产加工工序转移到中国加工制作，然后将在中国制造出来的最终产品贴上"中国制造"的标签出口到美国。因此中国对美纺织品贸易主要以服装等加工产品为主，而且外资企业的对美出口占有相当的比重。这也是中美纺织品贸易顺差日益扩大，中美贸易摩擦不断加剧的重要原因。

（三）中美纺织品贸易存在的问题

1. 中国产品价格低廉，利润低微

其原因主要在于中国纺织服装产品因为国内纺织服装工业发达，产量大，劳动生产率高，产品成本相对较低。同时，劳动力及原料相对美国成本低，在美国市场取得价格竞争优势。除了成本因素外，中国产品的低价出口还得益于配额的取消，使出口商不必受配额和价格的限制，也不必为配额支付额外的费用。再者，相对宽松的市场准入使更多的中国供货商在美国市场低价竞争。同时，美国商人在配额取消后也借此向中国出口商压价。配额取消的好处很大部分落入美国商人手中。另外，美国市场激烈的竞争情况也使中国产品必须面对来自其他国家和地区的竞争对手，在没有品牌和专有技术的情况下，只能靠低价来争取比较优势。

2. 美国市场竞争激烈，中国产品面临众多对手

如前所述，很多发展中国家同样在纺织产业拥有比较优势。如印度、墨西哥、巴基斯坦和越南等国，他们同样有劳动力成本低廉优势，政府也鼓励发展纺织工业来吸收众多的劳动力，解决就业问题。这些国家也是发达国家产业转移和投资的重要地区。他们与中国处于同一层次的分工，产品相似，价格接近，是中国纺织品出口的主要竞争对手。而日本和欧盟国家在美国市场主要占领品牌产品市场，他们拥有高技术产品，在产品设计上占优势，价格高、利润好。中国在这方面较弱，难以与他们竞争。另外，美国在北美与加勒比地区签订自由贸易协定，这些国家在地理位置和贸易政策上具有明显优势，在与美国贸易中更为有利。因此，中国在美国纺织品市场上面临的竞争十分激烈，靠价格低廉占据市场，只能使我们的贸易条件恶化，不利于纺织工业的长远发展和贸易利益的获取。

3. 双方贸易逆差问题越来越严重

美国对世界纺织品贸易一直以来都是逆差，而对中国贸易逆差最为严重。从美国商务部的统计数据可以看到这方面的严重性。虽然国际分工和产业转移是目前中美贸易逆差的重要原因，同时我们质疑美国方面统计的

口径和准确性，认为美方夸大了对中国纺织贸易的逆差情况，但从统计数据我们看出中美贸易逆差的严重性。中国在美国对全世界的纺织贸易逆差中占的比重很大，而且"后配额时代"以后逆差增长速度发展很快，呈逐年增长趋势。它成为中美纺织贸易面临的一大问题，美国由此加大对中国贸易限制，并要求中国人民币不断升值。中国对美贸易条件不断恶化。

4. 美国国内市场贸易保护主义日益抬头，中国产品受到的"双反"措施等贸易壁垒日趋严重，扩大对美出口受限

美国纺织品对中国贸易逆差的日益增长和严重性，使美国对中国纺织品出口的贸易保护白热化。如前所述，随着纺织配额的取消，美国对中国的贸易保护越来越多运用各种非关税贸易壁垒。如以"反倾销"和"反补贴"的手段给中国纺织品出口美国市场制造各种障碍。很多中国企业产品不断接受调查，疲于应诉，或见于应诉程序繁杂，费用高，放弃应诉而被征收高额惩罚关税，不得不退出美国市场。它给中国纺织出口造成严重障碍。

5. 金融危机使美国国内市场萎缩，中国产品要保持对美出口快速增长已困难重重

2008年美国在金融危机后进口额下降了，中国纺织品对美的出口同样受到影响。虽然这两年开始慢慢复苏，但总体经济不容乐观，美国纺织品消费市场萎缩的状况在短时间内难以改变。因此，这两年中国纺织品对美出口要获得较快增长不易。我们国内纺织产品过剩的情况会继续持续，尽快调整产业及产品结构，扩大内需，是当前和今后较长时间必须解决的问题。

6. 中国国内劳动力和原料成本不断提高，人民币币值升值趋势，都给中国纺织品对美出口造成不利影响

中国经济经过改革开放这几年的快速发展，总体经济总量大幅增长，人民生活水平有了很大提高，但也带来各种原材料和劳动力成本的大幅提高。成本提高成为影响我国出口竞争力的一个重要因素。加上人民币有不断升值的潜力和预期，美国方面不断施压要求人民币升值，人民币兑美元近几年升值明显，给国内企业出口造成较大困难。

从中美纺织服装贸易的发展可以看出我国纺织服装业的竞争力还是很强大。纺织服装是我国的主要出口产品和贸易顺差的主要来源，反映了我国纺织服装行业的比较优势。但是从上述分析，我们清楚了纺织服装贸易目前发展的困难和瓶颈，特别是纺织服装外贸企业发展艰难。在目前国际经济和市场全球化的形势下，中国已快速走向国际市场，经济更加开放，对国际分工的参与更加深入，这迫切要求我国的外贸企业顺应经济发展和转型，增强竞争力，根据自己的长处和经营特点，尽快转变发展模式，适应新形势新变化，继续发挥推动我国经济发展的作用。

第二章　纺织服装外贸经营方案确定与实施

第一节　制订纺织服装产品进出口经营方案

在国际商品市场竞争日益激烈的今天，为了更好地拓展对外交易，纺织服装企业应该就所经营的产品制订进出口商品经营方案，对自己经营产品有系统的营销思路。即以具体纺织服装进出口商品为中心，在广泛调研基础上，根据国别政策、客户政策和经营意图，结合企业经营计划和国际经济贸易动向、市场趋势，在对外成交前，制订出一定时期内相关纺织服装进出口商品营销的方案。不同的商品所制订的经营方案是不同的，其内容繁简也不同。另外，出口商品的经营方案和进口商品的经营方案也不同。企业应该通过事先制订具体纺织服装进出口商品经营方案，对有关交易客户进行资信调查，以保证其经营意图的贯彻和实施。

一、出口商品经营方案

出口商品经营方案是对外洽商交易、推销商品和安排出口业务的依据。其主要内容大致包括：

（1）货源情况。包括企业生产能力、可供出口的数量以及出口商品的品质、规格和包装等情况。

（2）国外市场情况。主要包括国外市场需求情况和价格变动的趋势。

（3）出口经营情况。包括出口换汇成本、盈亏额、盈亏率的情况，并提出经营的具体意见和安排。

（4）推销计划和措施。包括分国别和地区，按品种、数量或金额列明推销的计划进度，以及按推销计划采取的措施，如对客户的利用，贸易方式、收汇方式的运用，对价格佣金和折扣的措施。对于大宗商品或重点推销的商品通常是逐个制订出口商品经营方案；对其他一般商品可以按商品大类制订经营方案；对中小商品，则仅制订内容较为简单的价格方案即可。此外，出口商在出口交易前，还应在国内外进行商标注册，及时做好广告宣传工作。

二、进口商品经营方案

进口商品经营方案是对外洽商交易，采购商品和安排进口业务的依据，其主要内容包括：数量的掌握、采购市场的安排、交易对象的选择、价格的掌握、贸易方式的运用、交易条件的掌握等。

1. 数量的掌握

根据企业生产经营需要的轻重缓急和国外市场的具体情况，根据自己生产和销售计划安排订货数量和进度。国内企业既要防止前松后紧，又要避免过分集中，从而杜绝饥不择食和盲目订购的情况出现。

2. 采购市场的安排

根据国别或地区政策和国外市场条件，合理安排进口国别或地区，既要选择对我们有利的市场，又不宜过分集中在某一市场，力争使采购市场的布局合理。

3. 交易对象的选择

要选择资信好、经营能力强并对我们友好的客户作为成交对象。为了减少中间环节和节约外汇，一般应向厂家直接采购；在直接采购确有困难的情况下，也可通过中间代理商订购。

4. 价格的掌握

根据国际市场近期价格并结合采购意图，拟订出价格掌握的幅度，以作为洽商交易的依据。在价格的掌握上，既要防止价格偏高，又要避免价格过低。

5. 贸易方式的运用

通过何种贸易方式进口，应根据采购的目的、数量、品种、贸易惯例等酌情决定。例如，有的可以通过招标方式采购，有的可以按加工贸易方式进口或采用一般的单边进口方式订购。在经营方案中，对贸易方式的运用问题，企业应该根据具体营销方案，认真核算成本，以确定合理的贸易方式安排进口。

6. 交易条件的掌握

交易条件应根据商品品种、特点、进口地区、成交对象和经营意图，在平等互利的基础上酌情制订和灵活掌握。

三、对客户的资信调查

企业在国际贸易中对交易的对方进行资信调查保证贸易活动顺利进行十分重要。贸易双方发生索赔纠纷、履约发生障碍或收回货款方面发生阻碍，而使交易一方遭受风险及损失，都与不了解交易对方的资信情况有直接关系。

（一）资信调查的内容

（1）国外企业的组织机构情况。包括企业的性质、创建历史、内部组织机构、主要负责人及担任的职务、分支机构等。调查中，应弄清外商的中英文名称、详细地址，防止出现差错。

（2）政治情况。主要指企业负责人的政治背景、与政界的关系及对我国的政治态度等。凡愿意在平等互利的原则下进行贸易合作的客户，都应积极与其友好交往。

（3）资信情况。包括企业的资金和信用两个方面。资金是指企业的注册资本、借贷能力、财产及资产负债情况等；信用是指企业的经营作风、商业道德、履约信誉及公共关系水平等。这是客户资信调查的主要内容，特别是对中间商更应重视。

（4）经营范围。主要是指企业生产或经营商品的品种、业务范围、经营的性质，是代理商、生产商，还是零售批发商等，以及是否与我国做过生意。

（5）经营能力。主要包括客户每年的营业额、销售渠道、经营方式，以及在当地和国际市场上的贸易关系等。

（二）资信调查与咨询的途径

（1）通过银行调查。这是一种常见的方法，按照国际习惯，调查客户的情况属于银行的业务范围。在我国，一般委托中国银行办理。向银行查询客户资信，一般不收费或少量收费。

（2）通过国外的工商团体进行调查。这些团体包括商会、同业公会、贸易协会等，但通过这种渠道得来的信息要经过认真的分析，不能轻信。

（3）通过举办的国内外交易会、展览会、技术交流会、学术讨论会主动接触客户，并进行了解。

（4）通过实际业务的接触和交往活动考察客户。企业应该注意业务过程的记录和跟踪，考察客户的可信度。

（5）通过我国驻外机构考察客户。我国驻外领事馆是我国对外的重要窗口，与国外主要进出口商特别是大型企业集团保持较多联系，企业可以借助这些机构了解国外市场需求和客户情况。

（6）通过国外的咨询机构调查。国外有名的咨询机构，不仅组织庞大，效率高，而且调查报告详细且准确。如麦肯锡就是一家国际知名的咨询公司。另外，还可以参考评级公司的评级。经过长期的优胜劣汰，现在国际上脱颖而出少数几家信誉较高的评级公司，主要有美国的穆迪投资者服务公司（Moody's）、标准—普尔（Standard & Poor's）、欧美合营的费奇（Fitch IBCA）、美国的汤臣百卫（Thomson Bank Watch）等。这些评级机构的评级结果也极具参考价值。

（7）通过国内信用保险机构了解国外客户付款能力。如中国出口信用保险公司长期针对外贸企业出口收汇风险提供保险业务。他们在全世界有很多分支机构和代理公司，有较多资源和渠道调查海外客户信用能力，并为企业提供出口收汇风险保险。企业可以充分利用它作为信用调研的平台。

第二节 对外客户联系和业务人员准备

一、寻找及联络目标客户

保持稳定的客户资源是企业经营得以持续的保证。纺织服装是专业化产品，企业在进出口业务经营中必须选择合适稳定的销售(进货)渠道与客户。

（一）寻找目标客户的途径

寻找目标客户是进出口企业日常的重要工作。在经过详细的市场调查确定目标市场后，出口商即可寻找交易对象。在国际贸易中，企业寻找交易对象的渠道和方法很多，归纳起来大体有如下几种途径：

1. 出国访问

随着企业对外交流的日益频繁，企业业务人员出国出境访问客户成为企业日常的经营活动内容。企业可以根据具体商品的目标市场，利用出国访问客户，了解客户需求和业务范围，直接接触国外用户，建立目标客户网络。

2. 贸易商名录

国内外出版的各种进口商名录、国内外报刊上的广告和出版物中的"贸易机会"，即所谓的贸易指南"trade directory"。按专业列出主要贸易商，根据列出的客户地址和联络方式，直接以函电进行接洽。

3. 国内外进出口同业公会、商会、银行或有关贸易促进机构

这些机构往往专业性强，涵盖了大量当地知名的专业生产商和进出口企业。通过跟他们联络，企业可以有效地了解当地专业产品生产和销售情况，迅速掌握当地客源。

4. 本国驻外国使领馆的商务参赞、代办处或外国驻本国使领馆的商务参赞、代办处

驻外机构是一国的重要对外窗口，与当地重要进出口企业经常保持联络。从事进出口贸易的企业在不熟悉当地的情况下，通过驻外使领馆的对

外关系，可以接触当地重要客户，了解当地市场需求和贸易情况，较快进入当地市场。

5. 国内外的专业咨询公司

如前所述，这些机构业务范围广，通过他们在资信调查的同时介绍客户是一种便捷方式。它们的业务关系中有许多具有一定影响、专业经验和能力的客户，很多是质优客户。

6. 在国内外刊登广告，招揽生意

特别是在国外专业网站和杂志宣传产品，容易联络到专业的生产厂家和进出口客商。

7. 参加各种机构（如贸易中心、外贸协会）举办的商展

包括我国的出口商品展销会（如一年两度的广交会、一年一度的华东出口商品交易会和华北出口商品交易会），以及在国外举办的展销会，这类活动的优点是能和客户直接见面，联系的范围广。纺织服装产品最好参加专业展览，容易吸引专业客户。

8. 利用互联网上各种交易平台寻找客户信息和推销产品

建立企业网站，将自己公司的简要情况以及目标商品的有关情况输入，可以向一些著名的搜索引擎网站提供自己网站的信息，以便国外进口商选择。对于那些刚开始进行网上信息发布的企业而言，通过在搜索引擎网站上进行登记来推广，不失为一种简便易行的好办法。企业对于网站访问者的任何提问，应及时予以回复。对于常见问题，可以使用专门的提问与回答栏目，由客户自动查询。在互联网发达的今天，商业活动在网上交流和成交量大，企业应该充分利用网络平台推销产品，寻找客户，但应该注意网络信息的真假和可信度。

9. 走访进口公司在我国设立的办事处

一些大型国外公司产品以中国市场为主，他们一般在国内贸易发达城市设有办事机构。国内企业可以通过拜访这些办事处，了解国外公司的进出口需求，轻松获得国外大公司客户。

10. 企业到国外设立办事处，联络客户

随着企业对外交往的深入，越来越多的企业到国外设立分公司或办事

处。这是企业重要的对外窗口，也是企业联系国外市场客户的重要渠道。企业应该充分利用这些窗口，加强对外联系，了解当地市场需求，随时掌握交易客户动态并获取新客户。

（二）客户联络

出口商通过上述途径确定多个客户以后，与客户的联络和洽谈是业务人员的重要工作。对外联络一般是直接见面、电话沟通或发出联络信函。由于与客户互不熟悉，在第一次交流中业务人员更应该慎重，给对方留下好的印象。在最初的联络中，应该表达公司与客户建立业务关系的真诚意愿。联络的内容不应仅仅提出交易条件，更应介绍本企业的业务情况以及告知本企业的习惯做法。概括而言，主要包括：

（1）表示与对方交易的意愿，希望与对方建立贸易关系；

（2）自我介绍，告知对方本公司的经营产品，经营历史以及经营经验等经营背景；

（3）提供公司网页、目录、报价或具参考性质的其他资料；

（4）说明付款条件等贸易做法；

（5）告知自己的开户银行，如在信中写明："关于敝公司的财务状况，请向××银行查询。"争取客户的信任。

以下是企业对外联络客户，试图建立贸易关系的书面邮件信函，在此供参考。

信函1

厦门拓威贸易有限公司

XIAMEN TOPWAY TRADING COMPANY LIMITED

Date: Aug. 04, 2017

Future Textiles Co., Ltd.
168 West 53rd Street, Suite 1088, New York,
NY10019, USA

Dear Sir,

　　We have got your honoured name and fax number from the internet and are glad to introduce ourselves to you as a specialized company handling textiles products in China.

Our firm, which is located in the south-east of China, has been dealing in the line of exporting fabrics products for more than 20 years. By now, we have been doing business with customers from many countries, and enjoy a high reputation. As one of the biggest dealers of fabrics in Xiamen, we handle a wide range of fabrics, such as grey fabrics, dyed fabrics and printed fabrics. Last year, we exported over four million meters of various kinds to Europe and Northern America.

Our twenty years' experience of doing business with foreign customers has enabled us to know that Chinese fabrics are selling well because of their attractive design, fine quality and low price. So we are confident that our commodities will be proved to be quite satisfactory to your customers.

We are now taking this opportunity to express our desire to establish direct business relations with you on the basis of equality and mutual benefit. For your selection, we are sending you a copy of our latest catalog that might be suitable for your market. If you need our financing standing, please refer to our bank, the Bank of China, Xiamen.

We are looking forward to your early reply with inquiry.

Yours faithfully,

Xiamen Topway Trading Co., Ltd

Lin jiarui (manager)

出口商应针对本公司的具体情况和商品特性，有针对性地介绍公司和产品。如果通过联络函电的沟通，显示出双方均有合作的诚意，则可将对方视为目标客户。在以后的业务中，如可供应对方感兴趣的商品，则可向对方发盘，以开展具体交易。

二、业务人员的准备

国际贸易业务需要具有很强的实践能力和综合运用各学科的能力，它要求从事国际贸易业务的业务人员必须具备较好的综合素质，具备从事国际贸易业务的各种能力。对纺织服装外贸业务员最主要的素质要求是：

（一）熟悉纺织服装产品知识——产品特性、生产流程和质量标准等

产品是国际贸易的核心内容，作为企业从事国际贸易业务的人员，应该十分熟悉经营产品的特性，它关系到产品质量的把控和订单的跟踪。业务人员必须了解纺织服装产品的质量标准和要求，并按照标准，从纺织原料开始全程跟踪产品的生产和检验，保证将合格优质的产品交到客户手

中。产品是企业经营的生命线，如果业务人员没有产品知识，将严重影响买卖的成交、产品交货质量，甚至影响产品的创新。因此业务人员应该在业务实践中不断学习，把产品做好做精，并在专业化经营的基础上，达到产品的全程供应链监控和不断创新。

（二）国际贸易知识——基本理论、基本知识、操作技巧

从事国际贸易业务的人员应该有相应的国际贸易知识，不懂得国际贸易业务的知识点，业务操作流程，各环节操作要求和技巧，不可能顺利地开展国际贸易业务，而且会给企业带来业务经营的风险和损失。

（三）外语能力——书面与口头交流能力，外贸专业外语及相关产品外语

国际贸易活动是一项涉外经济活动，买卖对象是国外企业和部门。因此业务人员应掌握一门流利的外语。熟练地使用外语来与外商业务交流十分重要，没有良好的沟通，业务往来就无从谈起。国际贸易业务中，众多的业务文件处理和业务洽谈离不开过硬的外语能力。经营纺织服装进出口贸易还必备相关专业英语，以免影响与外商的沟通和订单操作。

国际贸易业务要求业务人员具有较高的从业素质。国际贸易企业一般需要的业务人员主要有：

（1）外销人员：具备国际贸易业务知识，懂纺织服装外贸业务操作流程，掌握熟练的外语。

（2）跟单人员：具有纺织服装产品专业知识，熟悉生产流程和质量控制。

（3）物流操作人员：熟悉国际贸易物流工作，特别是报关、报检、保险、货运等具体操作。

（4）制单和后勤人员：熟练掌握信用证和单据制作，公司内部文件归档整理，包括企业退税和外汇核销单据准备工作等。

各个企业应该针对自身情况，配备相关人员，并加强业务人员的培养和训练，形成一支高素质的团队。这是企业国际贸易业务顺利开展和取得成功的关键因素。

第三节　国际贸易谈判与合同订立

一、交易磋商含义及谈判前准备

（一）含义

贸易谈判即交易磋商是买卖双方就拟订贸易合同的各项条款，如品名、品质、包装、数量、价格、装运、支付、保险、检验、不可抗力、索赔以及仲裁等有关内容进行洽谈，以便达成交易的过程，又称贸易谈判。与客户进行交易磋商是达成交易的重要环节，是订立合同的基础。国际商务谈判是国际货物贸易实务的一个重要环节。国家与国家之间，地区与地区之间，组织与组织之间，公司与公司之间，直至贸易当事人之间通常需要反复交换意见，讨价还价，最后达成协议以实现双方共同利益。贸易谈判是一门高超的艺术，也是企业的一项重要业务活动。从事商务活动的业务人员必须具有商务谈判的基本知识，掌握谈判规律和技巧，争取国际商务业务的成功。

（二）谈判前准备

1. 选配谈判人员

谈判团队的选配是谈判成功的关键保障。企业在挑选组建队伍时应该考虑主要谈判人员的业务素质和谈判团队的整体结构。一般正式的谈判团队人员组成如图 2-1 所示。

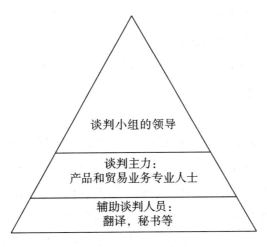

图 2-1 谈判团队人员构成

谈判小组领导主要负责谈判的总体组织和方案的制订，应该选择业务主要负责人担任。重大项目的谈判应由企业业务领导担任谈判领导。参加谈判的人员应该熟悉我国对外贸易政策，各项有关纺织服装产品检验标准和政策法规，熟悉有关进口国纺织产品进口政策，熟悉各种纺织服装产品知识、国际贸易知识和业务操作技能，以及与贸易业务相关的知识如国际货运、保险、金融、报关，国际贸易惯例和法规等。一般商品的贸易谈判，谈判人员应能熟练掌握外语，以便直接与外商交流，并起草贸易文件。在大型的贸易谈判中，还应有辅助的谈判人员，如翻译和文秘人员，协作业务人员做好谈判工作。

2. 熟悉目标市场

谈判之前，企业应该通过各种途径广泛收集信息资料，加强对国外市场供销状况、价格走向、相关国家政策措施和贸易习惯等方面的调研。通过熟悉目标市场情况，更清楚了解谈判对手的实际和潜在需求情况和他所处的贸易环境，以便把握谈判进程。具体主要通过以下几方面的调研：第一，国外市场进出口商品调研，掌握该市场商品的供需情况。了解企业纺织服装产品在该市场的销售潜力；第二，加强对市场供求关系调研，掌握市场价格走向和影响供求关系的因素，如政府政策变化、消费者需求、企业投资需求，工资水平等；第三，对目标市场竞争情况调研，掌握目标市场的竞争状况，以便合理确定谈判价格水平，以免过高过低报价。定价过高可能丧失成交机会或影响谈判效率。定价过低，又会使企业业务利润受损失。同时，了解国外市场竞争情况可以让谈判有多种方案和选择，为谈判获取更多讨价还价的筹码，有利于货比三家，维护我方企业的利益。

3. 了解交易对象

商务谈判之前，企业应该做到"知己知彼"，以便在谈判中心中有数，准备好相应的谈判方案。首先，应该通过各种途径了解谈判对方背景、经营范围、经营能力、经营作风。由此分析企业在贸易中的支付能力，和与其进行贸易业务的风险大小，能否建立长期贸易关系。其次，了解谈判对手的真实需要和习惯做法。针对对手的真实需要和潜在需要，来制订谈判方案和计划。尽量尊重对手的贸易习惯，以加快双方谈判速度，提高谈判效率。

4. 准备谈判方案和计划

商务谈判方案是指为了完成某种或某类商品的进出口任务而确定的经营意图，需要达到的最高或最低目标，以及为实现该目标所应采取的策略、步骤和做法，它是对外洽谈人员遵循的依据。方案的内容根据谈判标的的大小，可以是详尽的谈判方案，也可以是较为简单的计划。一般来说，大宗进出口商品方案比较详细具体。如某些大宗商品的交易或重点产品的谈判，应该考虑详细周全。对需要谈判的系列问题，应该分清主次，合理安排谈判次序。要明确对有关重要问题的把握尺度，准备好谈判中可能出现某些变化时的应对策略和应变措施，力争全盘谈判的成功。一般中小商品进出口，则只要拟定简单的价格方案即可。具体包括：确定企业谈判的最初报价和谈判底价，价格是双方谈判的焦点和重心，企业必须对成本心中有数；对谈判涉及的各项争议点，如产品质量、交货日期、成交价格、支付方式等重要项目需要设立企业谈判底线。任何低于谈判底线的报价和其他交易条件，企业都应拒绝。

谈判计划包括指导谈判的战略战术、谈判的议程和交流方式等。谈判团队还应制订谈判实施计划，如谈判目的的明确、谈判对方与我方的实力分析，谈判策略运用与实施步骤，谈判时间的掌握，谈判的最低和最高目标，甚至细到谈判地点的布置和谈判时间的安排等等。

二、交易磋商的形式

交易磋商的形式主要有面对面的谈判、电话谈判和网上函电交流谈判三种。

（一）面对面的谈判

即使在信息技术较发达的今天，面对面的谈判仍因其综合优势全面而在三种谈判方式中居首要位置。该种谈判方式的特点是双方人员面对面，直接以口头语言交流信息和协商交易条件。这种方式便于双方交流信息和思想感情，有利于成交。双方当面洽谈，能够对所提条件充分发表意见和建议，对有关内容作详细说明，有利于双方互相了解，促成交易。同时，面对面的谈判有利于观察对方表情和动作，掌握对方心理，及时根据对方反应来调整谈判策略。能够使谈判的内容深入细致，便于施展谈判的策略和技巧，及时了解交易方的态度和诚意，尤其适合于谈判内容复杂，涉及问题较多的交易。各种形式的展览会、客户来访、拜访客户和推销就是面对面谈判的主要形式。

1. 展览会

展览会是企业寻找客户，促进贸易业务扩展的主要形式。它的好处在于：第一，在特定的时间和专业参展环境聚集大量专业买卖双方，创造双方沟通平台，直接交流；第二，企业能了解客户需求，展示企业形象和产品，扩大影响，招揽潜在的买主，促进交易；第三，建立和发展客户关系，扩大企业产品销售地区和范围；第四，有利于市场调研，听到买家意见，改进质量，提高竞争力。

展览会形式多样，有展览会、博览会、洽谈会、交易会、订货会、采购会等。从企业参加和举办展会的地理区域来分，展会主要分为国际和国内展览会。

（1）国际展览会

国际展览会包括在国外举行的各种专业展、综合展和博览会。综合性展览一般各种商品均可参展。而专业性展览只限某类专业性商品参展。

国际展览会非常多，企业应该根据自己经营的产品和营销计划，有选择地参加国际展会，为企业产品拓展国际市场寻找合适的平台。纺织服装产品国外主要展览会如下：

- 孟加拉纺织面辅料展会
- 韩国国际纺织展览会
- 巴基斯坦亚洲纺织工业展
- 美国拉斯维加斯国际鞋、服装及面料展览会
- 乌兹别克斯坦国际纺织工业展（TEXTILEEXPO）
- 中东（迪拜）国际纺织服装及面辅料展览会
- 德国法兰克福国际纺织品及柔性材料缝制加工展
- 俄罗斯国际轻工纺织博览会
- 阿尔及利亚纺织及制衣机械展
- 伊朗国际纺织及制衣工业展
- 哥伦比亚纺织服装机械展
- 加拿大国际纺织品采购展
- 阿布扎比国际专业地毯、地铺展览会
- 巴基斯坦亚洲纺织面辅料纱线展
- 伊朗家纺、服装及面料辅料展
- 美国纽约家纺周（秋季）
- 斯里兰卡国际纱线面料及辅料展览会
- 越南国际纺织面料及服装辅料展览会
- 孟加拉国际纱线面料及辅料展览会
- 英国伦敦服装服饰展览会
- 英国伯明翰国际服装及鞋类展览会
- 慕尼黑成衣展
- 法国国际纺织面料博览会
- 美国国际服装面料及鞋材展览会
- 美国纽约 APP 服装展

- 日本东京服装展
- 美国纽约国际服装、面料展及家纺展
- 日本大阪纺织成衣展
- 日本名古屋纺织成衣展
- 美国拉斯维加斯国际服装展
- 法国巴黎国际服装采购展
- 德国亚洲服装及配饰博览会
- 英国伦敦服装服饰展览会
- 德国杜塞尔多夫国际鞋类及时尚配饰展览会
- 意大利米兰国际皮草时尚服装展览会
- 加拿大多伦多国际服装纺织品采购展
- 俄罗斯国际皮革皮草展览会
- 俄罗斯国际品牌服装展
- 美国纽约纺织品采购展览会
- 日本东京国际时尚展
- 美国拉斯维加斯服装面料及箱包配件展览会
- 摩洛哥纺织及服装工业展
- 法国巴黎国际服装采购展
- 越南纺织面料辅料纱线展及越南纺织机械展
- 日本东京 IFF 国际服装展览会
- 美国拉斯维加斯服装面料及箱包配件展览会
- 美国拉斯维加斯国际服装服饰家纺及面料博览会
- 中国土耳其贸易博览会
- 越南河内国际纺织面料及服装辅料展览会
- 南非国际服装纺织及鞋类展览会
- 孟加拉（达卡）国际纺织展
- 美国拉斯维加斯国际服装展
- 巴西圣保罗国际纺织服装采购展览会
- 法国巴黎国际服装采购展览会

- 美国拉斯维加斯国际时装展览会
- 美国纽约国际服装、面料及家纺采购展览会
- 德国杜塞尔多夫春秋季国际时装博览会
- 德国慕尼黑夏冬季国际体育用品及运动时装贸易博览会
- 日本国际家用及室内纺织品博览会

（2）国内展览会

它是指在中国国内举行的各种展览会，如广交会。广交会即"中国进出口商品交易会"，是中国也是世界规模最大的展览会。展馆按商品类别设置展区。分工业、纺织服装、食品医药、日用消费品、礼品等五大类。在商品类下设 35 个商品展区。展会分为每年 4 月份春交会和 10 月份秋交会。每次展览分三期。目前纺织服装类安排在第三期。广交会举办历史时间长，具有世界知名度，号称是全世界最大的展览会。每年汇集来自全世界的大量买家和国内有实力的卖家，是国内企业寻找海外客户的重要渠道和平台。国内除了广交会外，在其他各省市、地区也举办各种纺织品服装展览会，如上海举办的"中国华东进出口商品交易会"即华交会，哈尔滨举办的"哈交会"也是纺织服装行业拓展国际市场的重要窗口。

（3）参展注意问题

纺织服装外贸企业要取得好的参展效果，必须注意以下几个关键问题：

①参展前准备

第一，样品准备。参展样品在展会十分重要，特别是看样成交的产品。它是参展成功的基础。送展样品应专业化，反映企业生产与工艺水平。外贸公司一般自己没有生产产品，经营产品多样化，更要注意根据展览会的专业性质，选择专业产品。同时，注意使展品成系列化，品种齐，利于客户挑选。

第二，人员准备。参展人员需熟悉参展产品、价格、交货期等成交条件，提高在展会的促销能力。参展人员除了应具备国际营销人才需具备的素质外，还应根据展览会的专业性，配备专业人才。

第三，布展（摊位设计与展品安排）。专业设计能很好体现公司的实

力与产品特色，吸引客人，从而达到较好的参展效果。布展一定要认真细致，使公司展品的展示达到好的效果。同时，注意新样的保护，不要让同行随意参观、拍照。

②参展期间积极推销产品，了解客户需求

第一，了解同行竞争对手（展品，价格）。企业参展人员应该利用布展机会，了解生产同类产品企业的展品情况。对比自己的产品，分析出长短处，做到与客户洽谈时心中有数。有特色的产品，可以坚持好价钱。相同的产品，应懂得以自己的长处比别人的短处，争取在竞争中获胜。

第二，了解客户的商业经历、背景，以及同中国企业的贸易状况。知道客户的信誉，有利于掌握谈判策略和成交分寸。了解客户在中国的贸易状况，有助于掌握你所处的竞争状况。了解客户的渠道可以是与客人洽谈了解、通过银行和商会等各种渠道。

第三，了解客户的订货意图、价格目标和质量要求。谈判人员应该通过展会了解客户这次手头有没有现成的订单，还是只有意向或只想建立关系。如有订单在手，谈判人员应通过沟通了解客人的价格目标及对产品的质量要求，以便迅速判断成交的可能性。

参展期间推销人员的积极主动，认真推销产品，积极与客户沟通，了解客户需求是十分重要的。

③参展后总结

第一，展览会后，企业主管应会同参展人员总结展会情况。总结包括：参展样品的情况、与同行比较的竞争力高低、公司报价水平及利润情况、客户的来源和客户反映的问题等等。同时，应该会同有关部门和人员总结摊位布置、展品准备、人员安排、价格制订等问题，便于以后参展时改进。

第二，提出新产品的设计思路，公司产品的开发方案。参展人员根据客户反映和需求，结合国际市场流行趋势和企业设计能力，提出企业新产品设计思路和方向，结合成本核算，为企业产品开发提供思路和建议。

④展后客户与订单跟踪

第一，在展会上签订的订单，业务人员回公司后应认真落实履行。认真对待客人的第一次订单，给客人留下好的印象，争取以后再下单，发展成长期客户。

第二，对待没落单的客人，应对照参展笔记记下的询问内容认真落实。如客户在展会通常要求送样、进一步核算报价、交货期落实、产品改进等。

第三，有下单意向，但在展会上未下单的客人，要重点跟踪，以免订单旁落。

参展业务人员应注意避免"会上积极，会后怠慢客人"的状况。会后的跟踪更为重要，否则会前功尽弃。

2. 客户来访

企业接待国外客户来访是日常的一项重要工作。业务人员在接待外商来访时，要注意企业形象，积极向客人推荐公司与产品，对客人有礼有度有序的接待。这有助于企业推销与形象的树立，发现潜在的贸易机会。客户来访最能发现企业的管理水平和企业文化，应该充分重视。重要的客户要有企业的主管参加洽谈，以示重视。

3. 出国推销与拜访客户

企业出国参展或直接出国推销拜访客户是了解客户经营情况和需求的重要渠道。拜访是相互的，双方通过相互拜访可增强联系，巩固贸易关系。重要的客户或老客户，可定期出国拜访或登门推销产品。很多企业利用展览会后行程顺道拜访客户。这对企业增加展会效果，在当地拓展市场至关重要。通过上门推销与拜访客户，应达到如下目的：

（1）了解客户公司实力和信誉，其经营商品和经营规模；

（2）了解客户的需求和动态；

（3）增进双方了解与信赖度。

（二）电话谈判

电话谈判是随着电话通讯的广泛采用和日益普及而产生的，在当今生活、工作节奏不断加快的时代，为现代人所青睐。该种谈判方式的优势是快速方便，联系广泛。但电话磋商也有一定的缺陷，电话谈判双方相距较远，只能听到对方声音，不能看到对方的表情、手势等，容易造成磋商双方的误解。某些事情很容易被遗漏和删除，注意力难以集中，有时还增加了风险。同时，电话谈判需要当事人有良好的语言沟通能力和较好的外语口语水平。

（三）网上函电谈判

函电谈判是国际营销商务和地区营销商务中进行业务沟通、磋商交易的一种谈判方式，这种谈判方式在各国进出口公司、外贸部门、涉外企业应用最普遍、最频繁。它包括信件、传真、电子邮件等书面外贸函电联系。企业通过各种渠道了解外商名址，平时与客户联络可利用信件、传真、EMAIL 等方式向客户介绍公司、产品、报价及其他贸易条件，以争取订单。外贸函电联络基本上以外文作工具，业务人员应该学习外经贸函电知识，掌握对外联络的知识。

一方通过函电发盘或还盘，另一方以函电的形式表示接受，从而双方达成交易，签订协议或者合同，我们把这种函电来往的过程称作函电谈判。函电谈判有快速、准确无误、材料齐全、有据可查的优点。特别需要指出的是函电具有法律效力。

除此之外，随着移动电子网络的日益普及，目前国际贸易的谈判交流很多可以运用手提电脑、手机等移动电子设备，结合网络社交软件来进行。客户之间的交流日益方便和频繁，有利于买卖双方的沟通和业务达成。

三、交易磋商的内容

磋商的内容一般分为两部分：一部分是带有变动性的主要交易条件，如货物品质、规格、标准、数量、包装、价格、交货、支付等。这些交易条件因货物种类、交易数量及时间等因素不同，每笔交易也不尽相同。另一部分是相对固定的交易条件，称为一般交易条件，如商品检验、申诉索赔、仲裁和不可抗力等。它是由进出口商共同拟订的对每笔交易都适用的一套共性的交易条件，大多印在合同的背面或格式正面的下部。主要交易条件与一般交易条件的区分并不是绝对的。在实际业务中，买卖双方在初次接触时可就一般交易条件进行洽商，经双方共同确认后，作为将来交易的基础，在洽商具体交易时则不必逐条重复这些条件，只洽商主要条件即可，这样可以节省往来函电的费用和交易磋商的时间。双方通过交易磋商达成合同需明确的主要交易条件，即买卖合同的各项条款，包括：品名、品质、数量、包装、价格、装运、保险、支付、商检、索赔、仲裁和不可抗力等合同内容。

四、交易磋商的一般程序

国际货物买卖的交易磋商一般包括询盘（Inquiry）、发盘（Offer）、还盘（Counter Offer）和接受（Acceptance）四个环节。其中，发盘和接受是达成交易、合同成立不可缺少的基本环节和必经的法律步骤。当交易双方通过洽商就各项交易条件达成一致协议后，合同即告成立，交易双方当事人即存在合同关系。

（一）询盘

询盘是准备购买或出售商品的人向潜在的供货人或买主探询该商品的成交条件或交易的可能性的业务行为，它不具有法律上的约束力。在国际贸易中，一般多由买方主动向卖方发出询盘。

询盘的内容可以涉及某种商品的品质、规格、数量、包装、价格和装运等成交条件，也可以索取样品，其中多数是询问成交价格，因此在实际业务中也有人把询盘称作询价。如果发出询盘的一方只是想探询价格，并希望对方开出估价单，则对方根据询价要求所开出的估价单只是参考价格，它并不是正式的报价，因而也不具备发盘的条件。

在国际贸易业务中，发出询盘的目的，除了探询价格或有关交易条件外，有时还表达了与对方进行交易的愿望，希望对方接到询盘后及时作出发盘，以便考虑接受与否。这种询盘实际上属于邀请发盘。询盘不是每笔交易必经的程序，如交易双方彼此都了解情况，不需要向对方探询成交条件或交易的可能性，则不必使用询盘，可直接向对方作出发盘。

以下是外商向厦门拓威贸易有限公司询盘的范例：

信函2

Date：Aug. 08，2017

To：Xiamen Topway Trading Co.，Ltd

　15th FL.，Huayue Bldg，No. 168 Xiahe Road，

　Xiamen 361004，China

Dear sir,

　　We have received your fax dated Aug. 04，2017 with thanks. We are very glad to learn of your desire of establishing business relations with us. After studying your catalog, we find your item No. 1001，1003，1005 are suitable for our market. We are willing to order one 20' container with all these art. no. equally assorted. Please quote us your lowest prices for the above-mentioned items on the basis of FOB Xiamen with details including packing，shipment and terms of payment.

　　We are looking forward to your early reply.

Yours faithfully,
Future Textiles Co.，Ltd
Kevin Cluze（manager）

　　业务人员必须很好地掌握交流规则和语言表达，准确地了解客户需求并及时做好回复。以下是客户经常在询盘函电中运用的语句，清楚地表明客户有购买的意愿，需要了解供货方的价格等交易条件。

　　（1）As we are in the market for …，we should be pleased if you would send us your best quotations.

　　（2）We should be grateful if you would quote for…

　　（3）Please send us samples and quote your lowest prices for…

　　（4）We would appreciate it if you let us know what discount you may grant us if we place an order for 20 000 yards.

　　（5）We have an enquiry for large quantities of…

　　（二）发盘

　　1. 发盘的含义

　　发盘又称发价或报价（Offer），在法律上成为要约。根据《联合国国际货物销售合同公约》第 14 条第 1 款的规定："凡向一个或一个以上的特

定的人提出的订立合同的建议，如果其内容十分确定并且表明发盘人有在其发盘一旦得到接受就受其约束的意思，即构成发盘。"发盘既可由卖方提出，也可由买方提出，因此，有卖方发盘和买方发盘之分。后者习惯上称为递盘（Bid）。

发盘应向一个或一个以上特定的人（Specific Persons）提出。向特定的人提出，即是向有名有姓的公司或个人提出。提出此要求的目的在于，把发盘同普通商业广告及向广大公众散发的商品价目单等行为区别开来。对广大公众发出的商业广告是否构成发盘的问题，各国法律规定不一。大陆法规定，发盘需向一个或一个以上特定的人提出，凡向公众发出的商业广告，不得视为发盘。如北欧各国认为，向广大公众发出的商业广告，原则上不能作为发盘，而只是邀请看到广告的公众向登广告的人提出发盘。英美法的规定则与此相反，如英国有的判例认为，向公众发出的商业广告，只要内容确定，在某些场合下也可视为发盘。《联合国国际货物销售合同公约》（以下简称《公约》）对此问题持折中态度。该《公约》第14条第2款规定："非向一个或一个以上特定的人提出的建议，仅应视为邀请发盘，除非提出建议的人明确地表示相反的意向。"根据此项规定，商业广告本身并不是一项发盘，通常只能视为邀请对方提出发盘。但是，如商业广告的内容符合发盘的条件，而且登此广告的人明确表示它是作为一项发盘提出来的，如在广告中注明"本广告构成发盘"或"广告项下的商品将售给最先支付货款或最先开来信用证的人"等，则此类广告也可作为一项发盘。

鉴于《公约》对发盘的上述规定既有原则性又有具体性，且有一定的灵活性，加之世界各国对发盘又有不同的理解，因此，在实际应用时要特别小心。我方对外做广告宣传和寄发商品价目单，不要使对方理解我方有"一经接受，即受约束"的含义。在寄发商品价目单时，最好在其中注明"可随时调整，恕不通知"或"需经我方最后确认"等字样。

2. 构成发盘（实盘）的要件

（1）发盘的内容必须十分确定

根据《公约》第14条第1款的规定，发盘的内容必须"十分确定"

46

（Sufficiently Definite）。所谓"十分确定"，指在提出的订约建议中，至少应包括下列三个基本要素：

①标明货物的名称；

②明示或默示地规定货物的数量或规定数量的方法；

③明示或默示地规定货物的价格或规定确定价格的方法。

凡包含上述三项基本因素的订约建议，即可构成一项发盘。如该发盘被对方接受，买卖合同即告成立。

在实际业务中，发盘人发盘时，如能明确标明要出售或要购买的货物的价格和数量，当然是最好的处理办法。但是，合同项下货物的数量，有时只能由当事人酌情处理或只能在交货时具体确定。例如，某商人向对方提出，在一年内向对方提供或购买一年生产的某项产品，可以认为在数量问题上是十分确定的。同样，确定价格也是如此。例如，在远期交货的情况下，交易双方为了避免承担价格波动的风险，可采取较为灵活的作价办法，即不规定具体价格，只规定一个确定价格的办法，如规定按交货时某个市场的价格水平来确定该货物的价格。

在这里需要特别指出的是，订约建议中关于交货时间、地点及付款时间、地点等其他内容虽然没有提到，并不妨碍它作为一项发盘，因而也不妨碍合同的成立。因为，发盘中没有提到的其他条件，在合同成立后，可以双方当事人建立的习惯做法及采用的惯例予以补充，或者按《公约》中关于货物销售部分的有关规定予以补充。

构成一项发盘应包括的内容，各国的法律规定不尽相同。有些国家的法律要求对合同的主要条件，如品名、品质、数量、包装、价格、交货时间与地点以及支付办法等，都要有完整、明确、肯定的规定，并不得附有任何保留条件，以便受盘人一旦接受即可签订一项对买卖双方均有约束力的合同。《公约》关于发盘内容的上述规定，只是对构成发盘的起码要求。在实际业务中，如发盘的交易条件太少或过于简单，会给合同的履行带来困难，甚至容易引起争议。因此，在对外发盘时，最好将品名、品质、数量、包装、价格、交货时间、地点和支付办法等主要交易条件一一列明。

（2）表明经受盘人接受发盘人即受约束的意思

必须表明发盘人对其发盘一旦被受盘人接受即受约束的意思。发盘是订立合同的建议，这个意思应当体现在发盘之中，如发盘人只是就某些交易条件建议同对方进行磋商，而根本没有受其建议约束的意思，则此项建议不能被认为是一项发盘。例如，发盘人在其提出的发盘建议中加注诸如"仅供参考""须以发盘人的最后确认为准"或其他保留条件，这样的订约建议就不是发盘，而只是邀请对方发盘。

在公司业务中，确定的发盘一般表达为 "Our offer is subject to your confirmation reaching here on or before the 25th this month.（本报盘以你方在本月 25 日之前确认复到本地为有效）"。如果对方在此日期之前确认接受该发盘，双方即确立买卖合同关系。

在此需要指出，《中华人民共和国合同法》（以下简称《合同法》）对发盘及构成要件的规定同上述《公约》的规定与解释基本上是一致的。我国《合同法》第 14 条规定：要约是希望和他人订立合同的意思表示，该意思表示应当符合下列规定：内容具体确定；表明经受要约人承诺，要约人即受该意思表示约束。

在公司业务中，业务人员由于各种不确定因素的影响和以发盘作为联络客户、推销产品的一种办法，往往在发盘中加入很多条件和不确定性内容。我们把这类发盘称为虚盘，以便与上述实盘区别开来。虚盘的特点主要是：

① 内容不明确不肯定。

发盘内容含糊不清，没有在发盘中有订立合同的肯定表示。如在发盘中加上"以现行国际市场价格为参考""此报盘仅供参考"等。

② 主要交易条件不完整。

发盘中未列出交易的主要条件，除非双方对未在发盘中列明的条件事先已有约定，或是双方的习惯做法，否则都属于虚盘的性质。

③ 有保留条件。

发盘中写明一些保留条件，如 "This offer is subject to our final confirmation.（本报盘以我方最后确认为准）" "This offer is subject to the goods being unsold.（本报盘以我方货未售出为准）"等等。这类发盘对发盘人没有约束力，在受盘人表示接受后，还需要发盘人表示确认同意才有效，否则合同不成立。

3. 发盘的有效期

在通常情况下，发盘都具体规定一个有效期，作为对方表示接受的时间限制，超过发盘规定的时限，发盘人即不受约束，当发盘未具体列明有效期时，受盘人应在合理时间内接受才能有效。何谓"合理时间"，需根据具体情况而定。根据《公约》的规定，采用口头发盘时，除发盘人发盘时另有声明外，受盘人只能当场表示接受，方为有效。采用函电成交时，发盘人一般都明确规定发盘的有效期，其规定方法有以下几种：

（1）规定最迟接受的期限

例如："限6月6日复"或"限6月6日复到此地"。当规定限6月6日复时，按有些国家的法律解释，受盘人只要在当地时间6月6日24点以前将表示接受的通知投邮或发出即可。但在国际贸易中，由于交易双方所在地的时间大多存在差异，所以发盘人往往采取以接受通知送达发盘人为准的规定方法。按此规定，受盘人的接受通知不得迟于6月6日内送达发盘人。

（2）规定一段接受的期限

例如："发盘有效期为6天"或"发盘限8天内复"。采取此类规定方法，其期限的计算，按《公约》规定，这个期限应从发盘发出时刻或信上载明的发信日期起算。如信上未载明发信日期，则从信封所载日期起算。采用电话、电传发盘时，则从发盘送达受盘人时起算。如果由于时限的最后一天在发盘人营业地是正式假日或非营业日，则应顺延至下一个营业日。

此外，当发盘规定有效期时，还应考虑交易双方营业地点不同而产生的时差问题。

4. 发盘生效的时间

发盘生效的时间有各种不同的情况：以口头方式作出的发盘，其法律效力自对方了解发盘内容时生效；以书面形式作出的发盘，其生效时间，主要有两种不同的观点与做法：一是发信主义，即认为发盘人将发盘发出的同时，发盘就生效；另一种是受信主义，又称到达主义，即认为发盘必须到达受盘人时才生效。根据《公约》规定，发盘送达受盘人时生效。我国《合同法》关于发盘生效时间的规定同上述《公约》的规定是一致的，即也采取到达主义。此外，我国《合同法》第 16 条还同时对采用数据电文方式的到达时间如何确定作出了具体规定，即"采用数据电文形式订立合同，收件人指定特定系统接收数据电文的，该数据电文进入特定系统的时间，视为到达时间；未指定特定系统的，该数据电文进入收件人的任何系统的首次时间，视为到达时间。"明确发盘生效的时间，具有重要的法律和实践意义，这主要表现在下列两个方面：

（1）关系到受盘人能否表示接受

一项发盘只有在送达受盘人时，才能发生效力。即只有当受盘人收到发盘之后，也就是发盘生效之后，受盘人才能表示接受，从而导致合同的成立。在受盘人收到发盘之前，即使受盘人通过其他途径已经知道发盘的发出及发盘的内容，也不能作出接受。

（2）关系到发盘人何时可以撤回发盘或修改其内容

一项发盘即使是不可撤销的，只要在发盘生效之前，发盘人仍可随时撤回或修改其内容，但撤回通知或更改其内容的通知，必须在受盘人收到发盘之前或同时送达受盘人。如发盘一旦生效，那就不是撤回发盘的问题，而是撤销发盘的问题。发盘的撤回（Withdrawal）与撤销（Revocation）是两个不同的概念：前者是指在发盘送达受盘人之前，将其撤回，以阻止其生效；后者是指发盘已送达受盘人，即发盘生效之后将发盘取消，使其失去效力。

5. 发盘的撤回与撤销

（1）发盘的撤回

发盘发出后，发盘人是否可以撤回发盘或变更其内容，在这个问题上，英美法与大陆法两大法系之间存在着尖锐的矛盾。英美法认为，发盘原则上对发盘人没有约束力。发盘人在受盘人对发盘表示接受之前的任何时候，都可撤回发盘或变更其内容。而大陆法则认为，发盘对发盘人有约束力，如《德国民法典》规定，除非发盘人在发盘中订明发盘人不受发盘的约束，否则发盘人就要受到发盘的约束。

根据《公约》的规定，一项发盘（包括注明不可撤销的发盘），只要在其尚未生效以前，都是可以修改或撤回的。因此，如果发盘人发盘内容有误或因其他原因想改变主意，可以用更迅速的通讯方法，将发盘的撤回或更改通知赶在受盘人收到该发盘之前或同时送达受盘人，则发盘即可撤回或修改。了解这一点，对我国从事进出口业务的工作人员具有实际意义，假如想撤回或修改已经发出的发盘，就必须要有准确的时间概念。例如，发盘是何时发出的，预计何时可送达对方，然后再考虑采取最快的通讯方法是否可以撤回或修改发盘。但实际业务操作很难做到，因为目前的业务发盘主要通过电话或电子邮件方式进行，不存在可以撤回的条件。

（2）发盘的撤销

关于发盘能否撤销的问题，英美法和大陆法存在严重的分歧。英美法认为，在受盘人表示接受之前，即使发盘中规定了有效期，发盘人也可以随时予以撤销，这显然对发盘人方面有利。这种观点，在英美法国家中也不断受到责难。有的国家在制定或修改法律时，实际上已在不同程度上放弃了这种观点。大陆法系国家对此问题的看法相反，认为发盘人原则上应受发盘的约束，不得随意将其发盘撤销。例如，德国法律规定，发盘在有效期内或没有规定有效期，则依通常情况在可望得到答复之前不得将其撤销；法国的法律虽规定发盘在受盘人接受之前可以撤销，但若撤销不当，发盘人应承担损害赔偿的责任。

为了调和上述两大法系在发盘可否撤销问题上的分歧，《公约》采取了折中的办法，其中第16条规定，在发盘已送达受盘人，即发盘已经生效，但受盘人尚未表示接受之前这一段时间内，只要发盘人及时将撤销通知送达受盘人，仍可将其发盘撤销。如一旦受盘人发出接受通知，则发盘人无权撤销该发盘。

此外，《公约》还规定，并不是所有的发盘都可撤销，下列两种情况下的发盘，一旦生效，则不得撤销：第一，在发盘中规定了有效期，或以其他方式表示该发盘是不可能撤销的；第二，受盘人有理由信赖该发盘是不可撤销的，并本着对该发盘的信赖采取了行动。如已经付款、开出信用证等行为已经发生，就不能撤销发盘。

6. 发盘效力的终止

任何一项发盘，其效力均可在一定条件下终止。发盘效力终止的原因，一般有以下几个方面：

（1）在发盘规定的有效期内未被接受，或虽未规定有效期，但在合理时间内未被接受，则发盘的效力即告终止。

（2）发盘被发盘人依法撤销。

（3）被受盘人拒绝或还盘之后，即拒绝或还盘通知送达发盘人时，发盘的效力即告终止。

（4）发盘人发盘之后，发生了不可抗力事件，如所在国政府对发盘中的商品或所需外汇发布禁令等。在这种情况下，按出现不可抗力可免除责任的一般原则，发盘的效力即告终止。

（5）发盘人或受盘人在发盘被接受前丧失行为能力（如精神病等），则该发盘的效力也可终止。

以下是厦门拓威贸易公司针对外商询盘发出的发盘范例：

信函 3

厦门拓威贸易有限公司

XIAMEN TOPWAY TRADING COMPANY LIMITED

Date：Aug. 10, 2017

To：Future Textiles Co., Ltd.
168 West 53rd Street, Suite 1088, New York,
NY10019, USA

Dear Sirs,

Thank you for your fax of Aug. 08 from which we learn of your interest in our textiles Art No. 1001, 1003, and 1005. We are sure that they are well up to your high standards of quality and service. Hereby, we quote our favorable prices as follows：

（1）COMMODITY：
Printed fabrics 100% cotton 40×40/68×68 36"

（2）UNIT PRICE：　　FOB XIAMEN

1001 USD0. 80/yard

1003 USD0. 85/yard

1005 USD0. 90/yard

（3）QUANTITY：

10, 000 yards per item, total 30, 000 yards

（4）PACKING：

50yards per bale, 200 bales for each art no. total 600 bales in one 20' FCL container.

（5）PAYMENT：

To be payable by an irrevocable sight letter of credit which should reach the seller one month before the shipment, for full contract value through a bank acceptable to the seller.

（6）SHIPMENT：

From Xiamen to New York to be effected before the end of Sept. 2017.

（7）INSURANCE：

To be covered by the buyer.

（8）OTHER CONDITIONS：

Quotation valid until Aug. 17, 2017.

In addition, we have sent you some samples for your promoting sales. Please show to your buyers with above offer. As we are receiving orders day to day and the items are in urgent needs of other buyers, please place your order as soon as possible to meet early delivery. Thanks and hope for your early reply.

Yours faithfully,

Xiamen Topway Trading Co., Ltd

Lin Jiarui（manager）

　　企业在运用函电交流发盘中必须使用规范的语言，由于发盘具有法律效力，正式规范的发盘表达更为必要。发盘主要的表达语言如下：

（1）to quote sb. a price for sth. 向某人报……价

In reply（response, answer）to your enquiry dated Dec. 10, we quote you the price CFR Hamburg for 5 M/T of cotton.

现回复贵方12月10日询盘，报5公吨棉花CFR汉堡价。

（2）to quote for sth. at... 报某货物价

We quote for this article（at）US $ 10 per bale FOB Shanghai.

我方报此货 FOB 上海价，每包 10 美元。

（3）to send（make，give）sb. one's（best，lowest）quotation for…

向某人报……（最低价）

Thank you for your enquiry of May 21 and we are pleased to send you our best quotation for Men's Shirts.

谢谢贵方 5 月 21 日询盘，现高兴地向贵方报男式衬衫最低价。

（4）to offer sb. sth. 向某人报盘

We offer you 1,500 pcs of jacket at US $ 32 per pc CIF Lagos for delivery in May.

我方向贵方报盘 1 500 件夹克，CIF 拉各斯价，每件 32 美元，5 月份交货。

（5）to offer CFR（CIF，FOB）报 CFR（CIF，FOB）价

We offer CFR Darwin for 60 tons rayon fibre.

兹报盘 60 吨 黏胶纤维丝 CFR 达尔文价。

（6）to offer as follows 报盘如下：

Thank you for your enquiry dated March 18 and now，we offer as follows.

贵方 3 月 18 日询价函已收到，谢谢。现报盘如下：

（7）to make（give，send）sb. an offer for（on）sth. 向某人报盘

Please make us an offer CIF Kobe for 10 tons of polyester fibres.

请报 10 吨聚酯纤维 CIF 神户价。

（8）to be firm for… 有效期为……

This offer is firm（valid，good，open，effective）for 5 days.

这个报盘的有效期为 5 天。

（9）subject to one's confirmation（goods being unsold，reply reaching here within…days）

以某人确认（货物未售出，在……日内复到）为有效

We offer firm 10 M/T wool at US $ ＊ ＊ ＊ FOB ＊ ＊ ＊ prompt shipment，subject to our final（cable）confirmation.

兹报即期装船羊毛 10 公吨实盘，每公吨 FOB 价 ＊ ＊ ＊ 美元，以我方

最后（电报）确认为有效。

（三）还盘

还盘又称还价（counter-offer），在法律上称为反要约。还盘是指受盘人不同意或不完全同意发盘提出的各项条件，并提出了修改意见，建议原发盘人考虑，即还盘是对发盘条件进行添加、限制或其他更改的答复。受盘人的答复如果在实质上变更了发盘条件，就构成对发盘的拒绝，其法律后果是否定了原发盘，原发盘即告失效，原发盘人就不再受其约束。根据《公约》的规定，受盘人对货物的价格、付款、品质、数量、交货时间与地点、一方当事人对另一方当事人的赔偿责任范围或解决争端的办法等条件提出添加或更改，均视为实质性变更发盘条件。

此外，对发盘表示有条件的接受，也是还盘的一种形式。还盘的内容，凡不具备发盘条件，即为"邀请发盘"。如还盘的内容具备发盘条件，就构成一个新的发盘，还盘人成为新发盘人，原发盘人成为新受盘人，他有对新发盘作出接受、拒绝或再还盘的权利。

在国际贸易业务中，一方发盘，如果另一方对其内容不同意，可以进行还盘。同样，一方还盘后，另一方如果对其内容不同意也可以进行还盘或再还盘，直至双方同意达成协议或无法达成协议而放弃为止。还盘不是一笔交易必须经过的步骤，有些交易可以不经过还盘即接受成交，有些交易则要经过多次还盘才能达成协议。

以下是外商根据厦门拓威贸易有限公司的上述发盘进行的还盘范例：

信函4

Reply from the manager of Future Textiles Co., Ltd

Date：Aug. 15, 2017

To：Xiamen Topway Trading Co., Ltd

15th FL., Huayue Bldg, No. 168 Xiahe Road,

Xiamen 361004, China

Dear sirs,

We write to thank you for your fax of Aug. 10, 2017 and confirm we have received your samples.

We appreciate the good quality of these fabrics, but your prices seem to be a bit on the high side. As you know, there are many competitors in our market for this kind of items. We have received many better offers from other suppliers at the same time. Therefore, may we suggest that you go down by 10% in order to facilitate our business. Otherwise we have no choice but turn to other suppliers.

Besides, could you please, see your way to accept payment by D/P at 30 days' sight which is our usual practice dealing with Chinese companies?

Please take these matters into serious consideration and quote your new price with better trade conditions as soon as possible.

Yours faithfully,

Future Textiles Co., Ltd

Kevin Cluze (manager)

（四）接受

1. 接受的含义

接受在法律上称为承诺，它是指受盘人在发盘规定的时限内，以声明或行为表示同意发盘提出的各项条件。可见，接受的实质是对发盘表示同意。这种同意，通常应以某种方式向发盘人表示出来。根据《公约》的规定，受盘人对发盘表示接受，既可以通过口头或书面向发盘人发表声明的方式接受，也可以通过其他实际行动来表示接受。沉默或不行为本身，并不等于接受，如果受盘人收到发盘后，不采取任何行动对发盘做出反应，而只是保持缄默，则不能认为是对发盘表示接受。因为，从法律责任来看，受盘人一般并不承担对发盘必须进行答复的义务。但是，如沉默或不行为与其他因素结合在一起，足以使对方确信沉默或不行为是同意的一种表示，即可构成接受。假定交易双方有协议或按业已确认的惯例与习惯做法，受盘人的缄默也可以变成接受。例如，交易双方均为老客户，根据原定协议、惯例或习惯做法，几年来卖方一直按买方的定期订货单发货，并不需要另行通知对方表示接受其订货单。若卖方收到买方订货单后，既不发货，也不通知买方表示拒绝其订货单，则卖方的缄默就等于接受，买方就可以控告卖方违约。

2. 构成接受的条件

构成一项有效的接受，必须具备下列各项要件：

（1）接受必须由受盘人做出。

发盘是向特定的人提出的，因此，只有特定的人才能对发盘做出接受。由第三者做出的接受，不能视为有效的接受，只能作为一项新的发盘。

（2）接受的内容必须与发盘相符。

根据《公约》的规定，一项有效的接受必须是同意发盘所提出的交易条件，只接受发盘中的部分内容，或对发盘条件提出实质性的修改，或提出有条件的接受，均不能构成接受，而只能视作还盘。但是，若受盘人在表示接受时，对发盘内容提出某些非实质性的添加、限制和更改（如要求增加重量单、装箱单、原产地证明或某些单据的份数等），除非发盘人在不过分延迟的时间内表示反对其间的差异外，仍可构成有效的接受，从而使合同得以成立。在此情况下，合同的条件就以该项发盘的条件以及接受中所提出的某些更改为准。

（3）接受必须在发盘规定的时效内做出。

当发盘规定了接受的时限时，受盘人必须在发盘规定的时限内做出接受，方为有效。如发盘没有规定接受的时限，则受盘人应在合理的时间内表示接受。对何谓"合理时间"，往往有不同的理解。为了避免争议，最好在发盘中明确规定接受的具体时限。

接受通知在规定期限内到达发盘人，对于合同的成立具有重要作用。各国法律通常都对接受到达发盘人的期限做出了规定。我国《合同法》第23条也对此作了明确规定，即：承诺应当在要约确定的期限内到达要约人。要约没有确定承诺期限的，承诺应依照下列规定到达：第一，要约以对话方式做出的，应当及时做出承诺，但当事人另有约定的除外；第二，要约以非对话方式做出的，承诺应在合理期限内到达。

（4）接受必须表示出来。

接受应由受盘人以声明或实际行动的方式表示出来，并传达到发盘人才能生效。默认或不行动不构成接受。所谓声明，即用口头或书面文字表达出接受的意思；所谓做出行动，即根据该发盘的意思或双方之间已经确立的习惯做法或惯例所做出的行动，如卖方发运货物或买方开出信用证，或支付货款等行为来表示同意。

3. 接受生效的时间

接受是一种法律行为，这种行为何时生效，各国法律有不同的规定。在接受生效的时间问题上，英美法与大陆法存在着严重分歧。英美法采用"投邮生效"的原则，即接受通知一经投邮或电报发出，则立即生效；大陆法系采用"到达生效"的原则，即接受通知必须送达发盘人时才能生效。《公约》第 18 条第 2 款明确规定，接受送达发盘人时生效。如接受通知未在发盘规定时限内送达发盘人，或者发盘没有规定时限，且在合理时间内未曾送达发盘人，则该项接受称作逾期接受（Late Acceptance）。按各国法律规定，逾期接受不是有效的接受。由此可见，接受时间对双方当事人都很重要。

此外，接受还可以在受盘人采取某种行为时生效。《公约》第 8 条第 3 款规定，如根据发盘或依照当事人业已确定的习惯做法或惯例，受盘人可以做出某种行为来表示接受，无须向发盘人发出接受通知。例如，发盘人在发盘中要求"立即装运"，受盘人可做出立即发运货物的行为对发盘表示同意，而且这种以行为表示的接受，在装运货物时立即生效，合同即告成立，发盘人就应受其约束。

4. 逾期接受

逾期接受又称迟到的接受。虽然各国法律一般认为逾期接受无效，它只能视作一个新的发盘，但《公约》对这个问题作了灵活的处理。《公约》第 21 条第 1 款规定，只要发盘人毫不迟延地用口头或书面通知受盘人，认为该项逾期的接受可以有效，愿意承受逾期接受的约束，合同仍可于接受通知送达发盘人时订立。如果发盘人对逾期的接受表示拒绝或不立即向受盘人发出上述通知，则该项逾期的接受无效，合同不能成立。《公约》第 21 条第 2 款规定，如果载有逾期接受的信件或其他书面文件显示，依照当时寄发情况，只要传递正常，它本来是能够及时送达发盘人的，则此项逾期的接受应当有效，合同于接受通知送达发盘人时订立，除非发盘人毫不迟延地用口头或书面通知受盘人，认为其发盘因逾期接受而失效。以上表明，逾期接受是否有效，关键要看发盘人如何表态。

5. 接受的撤回或修改

在接受的撤回或修改的问题上，《公约》采取了大陆法"送达生效"的原则。《公约》第 22 条规定："如果撤回通知于接受原发盘应生效之前或同时送达发盘人，接受得予撤回。"由于接受在送达发盘人时才产生法律效力，故撤回或修改接受的通知，只要先于原接受通知或与原发盘接受通知同时送达发盘人，则接受可以撤回或修改。如接受已送达发盘人，即接受一旦生效，合同即告成立，就不得撤回或修改其内容，因为这样做无异于撤销或修改合同。

需要指出的是，与发盘的撤回和撤销相同，在当前通信设施非常发达和各国普遍采用现代化通信手段的条件下，当发现接受中存在问题而想撤回或修改时，往往已经来不及了。为了防止出现差错和避免发生不必要的损失，在实际业务中，应当审慎行事。

以下就是厦门拓威贸易公司经过与外商多次协商，多次发盘和还盘最终客户确认接受的函件。双方最终达成买卖合同关系。

信函 5

厦门拓威贸易有限公司
XIAMEN TOPWAY TRADING COMPANY LIMITED

To：Future Textiles Co., Ltd.
168 West 53rd Street, Suite 1088, New York,
NY10019, USA　　　　　　　　　　　　　　Date：Aug. 17, 2017

Dear sirs,

We have carefully read your fax dated Aug. 15, 2017. Thanks for your reply.

We regret that you can't accept our offer. You can find these prices are reasonable since the materials and labor costs are keeping rising these days. But after discussing the matter with our manufacturers, we would gladly inform you that you could get a 5% reduction. Please note that this is a big concession on our part which shows our goodwill and sincerity in establishing business relations between us. You can surely find later that the quality of our products is second to none, and that a 5% reduction is the best you can obtain.

By the way, as we are new to each other, your suggestion of D/P at 30 days sight is unacceptable. Maybe after some transactions are successfully executed, you can obtain such favorable payment terms as D/P at sight. We remain sight L/C as our payment terms.

Meanwhile we would like to inform you that owing to a recent sharp increase in the cost of labor and materials we would be forced to adjust our price soon. Early reply would be in your interest.

> Yours faithfully,
> Xiamen Topway Trading Co., Ltd
> Lin Jiarui (manager)

信函 6

根据厦门拓威贸易公司的再次发盘，对方发来的接受函

Date: Aug. 19, 2017

Dear Sirs,

Your offer of Aug. 17 has been accepted and we are glad to place our order NO. SIP0819 as follows:

ART. NO. 1001 USD0. 76 /yard FOB XIAMEN

ART. NO. 1003 USD0. 81 /yard FOB XIAMEN

ART. NO. 1005 USD0. 85 /yard FOB XIAMEN

Other terms and conditions are the same as we agreed before.

As this is the very first transaction we have concluded, your cooperation would be very much appreciated. Please send us your sales confirmation in duplicate for counter-signature.

> Yours faithfully
> Future Textiles Co., Ltd
> Kevin Cluze (manager)

收到客户接受函后，双方即达成买卖合同关系，并正式签订合同。双方的交易磋商经过询盘、发盘、还盘，最终接受。

信函 7

厦门拓威贸易有限公司
XIAMEN TOPWAY TRADING COMPANY LIMITED

Date: Aug. 20, 2017

To: Future Textiles Co., Ltd.

168 West 53rd Street, Suite 1088, New York,

NY10019, USA

Dear Sirs,

Thank you for your order of Aug, 19, 2017. We are pleased to do business with you and are sending you our signed Sales Confirmation No. XMTW090820 in duplicate. Please return one copy with your counter-signature for our file.

You can be assured that we will try our best to execute the order, and that the good quality of our commodities will meet your request. As the shipment date is approaching, please open the relevant L/C which should reach here before 31 Aug. 2017 so that we can effect shipment on time.

Yours faithfully

Xiamen Topway Trading Co., Ltd

Lin Jiarui（manager）

五、纺织服装贸易合同的订立

买卖双方经过交易磋商，一方的发盘经对方有效接受，合同即告成立。依法成立的合同，具有法律约束力，合同自成立时生效。但合同成立与合同生效是两个不同的概念。合同成立的判断依据是接受是否生效；而合同生效是指合同是否具有法律上的效力。在通常情况下，合同成立之时，就是合同生效之日，二者在时间上是同步的。但有时，合同虽然成立，却不立即产生法律效力，而是需要其他条件成立时，合同才开始生效。

（一）合同成立的时间

根据《公约》的规定，合同成立的时间为接受生效的时间，而接受生效的时间，又以接受通知到达发盘人或按交易习惯及发盘要求做出接受的行为为准。在实际业务中，有时双方当事人在洽商交易时约定，合同成立的时间以订约时合同上所写明的日期为准，或以收到对方确认合同的日期为准。我国《合同法》第32条规定："当事人采用合同书形式订立合同的，自双方当事人签字或盖章时合同成立。"签字或盖章不在同一时间的，最后签字或盖章时合同成立。

（二）合同的形式

在国际贸易中，订立合同的形式有三种：书面形式、口头形式、以行为表示。随着国际贸易的迅速发展和国际通信技术的不断改进，当前国际货物买卖合同一般都是通过现代化的通信方法达成的，在此情况下，很难要求一定要用书面形式订立合同。为了加速成交和简化订立合同的手续，许多国家对于国际货物买卖合同一般不作形式上的要求，即使要求书面形式，也只是起证据作用。

目前在我国的国际贸易中，很多外贸公司根据国际贸易的一般习惯做法，交易双方通过口头或来往函电磋商达成协议后，多数情况下特别是大金额交易，还是应该签订一定格式的正式书面合同。签订书面合同具有以下三方面的意义：

1. 合同成立的证据

合同是否成立，必须要有证明，而书面合同即可以作为合同成立的证明。尤其是口头磋商达成的协议更需要签订一份书面的合同。否则，一旦买卖双方发生纠纷和争议，需要提交仲裁或诉讼时就缺少充足的证据来证明双方的买卖关系和责任，难以得到法律保护。

2. 合同生效的条件

交易双方在发盘或接受时，如声明以签订一定格式的正式书面合同为准，则在正式签订书面合同时合同方为成立。

3. 合同履行的依据

交易双方通过口头谈判或函电磋商达成交易后，把彼此磋商一致的内容集中订入一定格式的书面合同中，双方当事人可以以此书面合同为准，作为合同履行的依据。

在我国对外贸易实践中，书面合同的形式包括合同（contract）、确认书（confirmation）、协议书（agreement）和订单（order）等，其中以采用"合同"和"确认书"两种形式的居多。从法律效力来看，这两种形式的书面合同没有区别，所不同的只是格式和内容的繁简有所差异。在我国对外贸易业务中，合同或确认书通常一式两份，由双方合法代表分别签字盖章后各执一份，作为合同订立的证据和履行合同的依据。

（三）合同的内容

我国对外贸易企业与外商签订的买卖合同，不论采取哪种形式，都是调整交易双方经济关系和规定彼此权利与义务的法律文件。其内容通常包括约首、基本条款和约尾三部分。

1. 约首部分

一般包括合同名称、合同编号、缔约双方名称和地址、电话号码、电传号码等项内容。

2. 基本条款

这是合同的主要内容，它包括品名、品质规格、数量（或重量）、包装、价格、交货条件、运输、保险、支付、检验、索赔、不可抗力和仲裁等项内容。商定合同，主要是指洽商如何约定这些基本条款。下面章节将介绍国际贸易合同的主要条款内容。

3. 约尾部分

一般包括订约日期，订约地点和双方当事人签字等项内容。合同的订约地点往往涉及合同准据法的问题，应该重视。我国出口合同的订约地点一般都写我国。

为了提高履约率，在规定合同内容时应考虑周全，力求使合同中的条款明确、具体、严密和相互衔接，且与洽商的内容一致。双方应该争取在平等互利的基础上达成协议和签订书面合同，并使约定的合同条款既公平合理又切实可行。

第三章　纺织服装贸易合同主要条款操作

纺织服装贸易合同主要包含品名、品质、数量、包装、价格、运输、保险、货款支付、检验与索赔、不可抗力和仲裁等条款。每个合同条款在国际贸易业务操作中都必须结合纺织服装产品的特点，掌握各条款主要内容和操作注意要领，以保证贸易的顺利进行，避免贸易风险。

第一节　纺织服装产品的品名、品质、数量与包装

一、纺织服装产品名称

商品的名称，或称品名（Name of Commodity），是指能使某种商品区别于其他商品的一种称呼或概念。商品的品名在一定程度上体现了商品的自然属性、用途以及主要的性能特征，它是国际贸易合同中不可缺少的主要交易条件之一，是进出口双方交接货物的基本依据，关系到买卖双方的权利和义务。

国际上为了便于以共同的标准对商品进行统计和征税，早在 1950 年由联合国经济理事会发布了《国际贸易标准分类》（Standard International Trade Classifications，简称"SITC"）。其后，世界各主要贸易国又在比利时布鲁塞尔签订了《海关合作理事会商品分类目录》（Customs Cooperation Council Nomenclature，CCCN），又称《布鲁塞尔海关商品分类目录）。CCCN 与 SITC 对商品的分类有所不同，为了避免采用不同目录分类在关税和贸易、运输中产生分歧，在上述两个规则的基础上，海关合作理事会主持制定了《协调商品名称及编码制度》（Harmonized Commodity Description and Coding System，简称 H.S.编码制度），该制度于 1988 年 1 月 1 日生效。它可用于商品的计费与统计、计算机数据传递、国际贸易单证简化、普惠制的利用、海关税则、贸易统计等方面，目前广泛地应用于世界各国的航运业、国际经济分析及国际贸易中。我国于 1992 年 1 月 1 日起采用 H.S.编码制度，我国的进出口商在为商品命名时，应与该制度规定的品名相对应。

国际贸易中纺织面料一般以主要成分或原料命名，服装常以主要用途和功能来命名。

（1）纺织面料（fabrics）

纺织面料根据加工制造不同分为机织面料（woven fabric）、针织面料（knitted fabric）和非织造面料（nonwoven fabric）。针织面料手感柔软舒适主要用于内衣材料。机织面料普遍用于外衣材料。按照材料的主要成分可以分为棉（cotton）、毛（wool）、丝（silk）、麻（linen）、涤纶（polyester）、锦纶（nylon）、粘胶（rayon）、醋酯（acetate）、腈纶（acrelic）等。纺织面料的名称一般由材料成分和品名两部分组成。

（2）服装辅料（accessory）

服装的辅料主要包括里料（lining fabric；lining）、衬料（interlining；interfacing）、填料（filling；filler；wad；wadding；padding）、线（thread）、纽扣（button）、拉链（zip；zipper）、绳带（cord；rope；string；drawstring）、商标（labcl）、徽章（hadge）等。辅料的名称也是加上材料成分。

（3）服装（garment，clothing）

服装名称可以按照穿着的部位、穿着功能、特定穿着人群来命名。

根据穿着部位的不同可以分为上装、下装、内衣。上装主要包括大衣（coat）、夹克（jacket）、毛衣（sweater）、开衫（cardigan）、衬衫（shirt）、马甲（vest）；下装主要包括裤子（trousers；pants；longs）、裙子（skirt）、短裤（shorts）；另外还有上下关联的连衣裙（dress）、套装（suits）、风衣（weather - all coat）等。内衣（underwear；undershirt）的品种包括胸衣（corsage）、三角裤（briefs）、睡衣裤（pajamas）等等。

根据服装功能的不同可分为多个种类。如运动装（sweat suit；play suit）包括游泳装（swimming suit）、登山服（mountaineering suit）、滑雪服（ski suit）、沙滩服（beach suit）等。

纺织服装产品花色款式复杂，在规定品名的同时一般还要加上布料规格和货号，这样更清楚。

二、纺织服装产品的品质

（一）品质的重要性

商品的品质（Quality of Goods）是指商品内在品质和外观形态的综合表现，是进口商在选择商品时的主要关注因素，品质的优劣是决定商品使用效能和影响商品市场价格的重要因素。在国际市场竞争日趋激烈和贸易保护主义盛行的形势下，提升商品品质是企业打开国际市场、提高声誉、增强出口竞争力的重要手段，也是企业应对"绿色壁垒""技术壁垒"等非关税壁垒的重要举措。纺织服装产品的内在质量包括成分、缩水率、物理机械性能、化学性能等；外观形态包括纱线的细度、长度，布料里料的颜色、幅宽，服装的款式造型等。品质条款在进出口合同中非常重要，是买卖双方交接货物时对品质进行检验的依据。

（二）表示品质的方法

在国际货物买卖中，商品种类繁多、特点各异，表示商品品质的方法也多种多样，归纳起来可分为两大类：一是以实物表示，二是以文字说明表示。

1. 以实物表示商品品质

以实物表示商品品质的方法，是指以作为交易对象的实际商品或以代表商品品质的样品来表示商品的品质，它包括"看货买卖"和"凭样品买卖"两种。

（1）看货买卖

看货买卖是根据现有商品的实际品质进行的交易。采用这种方法时，通常是先由买方（或其代理人）在卖方所在地验货，交易达成后，只要卖方交付的是经买方验看过的商品，买方就不得对交货品质提出异议。实务中，由于交易双方距离遥远，看货成交的情况较少，主要在处理库存、拍卖、寄售、展卖等业务中采用。

（2）凭样品买卖

样品（Sample）通常是指从一批商品中抽出来的或由生产使用部门设计加工出来的、足以反映和代表整批商品质量的少量实物。凭样品买卖（Sale by Sample）是指买卖双方按约定的足以代表实际货物的样品作为交货品质依据的交易。在纺织服装产品国际货物贸易中，布料和服装因为有花色和款式的多样性，品质难以用文字说明，无法确定固定的标准或难以用科学的指标说明其质量的，只能借助样品来确定其品质。特别是用样品来规定交易产品的花色和款式。

在实际业务中，"凭样品买卖"按样品提供者的不同，可分为下列几种：

第一，凭卖方样品买卖（Sale by Seller's Sample）。指按卖方提供的样品进行磋商和订立合同，并以卖方样品作为交货的品质依据。凭卖方样本成交时，卖方提供的必须是能充分代表日后交货品质的代表性样品（Representative Sample）。在向买方送交代表性样品时，应留存一份或数份相同的样品，即复样（Duplicate Sample）或留样（Keep Sample），以备将来组织生产、交货或处理质量纠纷时作核对之用。

第二，凭买方样品买卖（Sale by Buyer's Sample）。在我国又称"凭来样成交"，指按买方提供的样品进行磋商和订立合同，并以买方样品作为交货品质的依据。在纺织服装贸易中接受外商的来样是非常常见的方式。采用来样成交时，卖方应充分考虑按来样生产特定商品的可能性及可行性，即是否具备按来样生产的原材料、技术、设备和生产能力，还需考虑购置所需原料、设备需花费的成本是否超过交易的收益等。此外，还需防止被卷入侵犯第三者工业产权的纠纷。

第三，凭对等样品买卖（Sale by Counter Sample）。所谓对等样品，是指卖方根据买方提供的样品，加工复制出一个类似的样品提供买方确认，经确认后的样品，就是对等样品，有时也称"回样"，或"确认样"（Confirming Sample）。凭对等样品买卖适用于卖方认为按来样成交无确切把握时，这种交易方式相当于把"凭买方样品买卖"转变为"凭卖方样品买卖"。

样品除了按提供方可分为"买方样品"与"卖方样品"之外，还可按用途分为"参考样品"（Reference Sample）与"标准样品"（Standard Sample）。参考样品是促成交易的媒介，它的作用在于使交易对方对商品的品质有一个大致的了解，以便考虑是否可能谈成交易，因此参考样品仅供参考，不作为交货的最终依据。标准样品又称成交样品，是买卖双方成交货物品质的最后依据，采用这种方式时，卖方要保证其所交的货物与样品完全一致。

采用凭样品买卖时，应当注意以下事项：第一，凡凭样品买卖，卖方交货品质必须与样品完全一致；第二，采用凭样品成交而对品质无绝对把握时，在合同中应约定交货品质与样品大体相同或相似；第三，凡能用科学的指标表示商品质量时，不宜采用凭样品买卖方式，此法只能酌情使用。

2. 以文字说明表示商品品质的方法

国际货物买卖中，大多数商品采用文字说明来规定其质量。具体包括下列几种：

第一，凭规格买卖（Sale by Specification）。

商品的规格是指用以反映商品质量的主要指标，如化学成分、含量、纯度、性能、容量、长短、粗细等。在国际贸易中，买卖双方洽谈交易时，对于适于凭规格买卖的商品，应提供具体规格来说明商品的基本品质状况，并在合同中订明。用规格表示商品品质的方法具备科学性且简单易行、明确具体，故在纺织服装国际贸易中使用最为广泛。

例：Grey Fabric，　 Poly/Cotton 65/35　40×40/68×68 38"

第二，凭等级买卖（Sale by Grade of Goods）。

商品的等级（Grade of Goods）是指同一类商品，按其规格上的差异，分为品质优劣各不相同的若干等级，如特级、一级、二级等。等级的产生是长期生产与贸易实践的结果，等级不同的商品规格不同。按此方法成交的前提条件是买卖双方对等级的含义理解一致，如双方不熟悉等级的内容或对等级的含义有不同看法，则合同中应同时列明每一等级对应的规格。

第三，凭标准买卖（Sale by Standard of Goods）。

商品的标准（Standard of Goods）是指将商品的规格和等级予以标准化。商品的标准有国际标准、国外先进标准、本国标准、同业工会标准等。国际标准如国际标准化组织（ISO）标准，国外先进标准如英国的BS、美国的 ANSI，日本的 JIS 等，这些标准均在国际贸易中被广泛采用。我国有国家标准、行业标准、地方标准和企业标准。

纺织原料的品质指标主要包括长度、细度、强度、捻度等，另外棉花还包括成熟度、含杂率、含水率，羊毛纤维还包括卷曲度、色泽，化学纤维还包括伸长率、含油率、沸水收缩率等。

机织面料的品质指标主要包括纱线细度、织物密度、幅宽、匹长等。纱线细度的表示方法为：经纱细度×纬纱细度。国际贸易中织物的密度一般用英制表示，方法为：每英寸经纱根数×每英寸纬纱根数。织物的幅宽单位一般用英寸表示，并有一定机动幅度。如：cotton fabrics 40×40/68×68 38/39"。

针织面料是由线圈相互穿套而成，机构不同于机织面料。其密度有横向密度、纵向密度和总密度。

纺织面料的物理化学性能指标主要包括原料成分和比例、缩水率、色牢度、有害物质含量及织物后整理的要求，如柔软整理、砂洗整理、拒水整理、抗菌整理等。

服装的品质除了对面料、里料的要求，还包括服装型号、尺寸、公差范围、款式、色彩及其搭配、制作工艺细节、印花或绣花说明、特殊工艺说明等内容。外商一般会提供详细的制作单和尺寸表，以便企业下单生产。

需要注意的是，在规格标准与样品同时使用的进出口贸易中，必须明确表明是以规格为准，还是以样品为准。因为根据国外一些法律的规定，凡是既凭样品、又凭规格达成的交易，卖方所交货物必须既符合样品，又要与规格保持一致，否则买方有权拒收货物，并可以提出索赔要求。

（三）品质公差与品质机动幅度

在国际货物买卖中，卖方交货品质必须与合同规定的质量条款相符。但是，由于纺织服装产品自身特点、生产工艺、自然损耗等诸多方面原因，有时难以保证交货质量与合同规定完全一致。对于这些商品，如质量指标订得过于绝对化，必然会给卖方履约带来困难。为了避免交货品质与合同稍有不符而造成违约，保证交易的顺利进行，可以在合同条款中做出某些变通规定。常见的规定办法有以下两种：

1. 品质公差（Quality Tolerance）

"品质公差"指产品的质量由于科技水平或生产水平所限制而产生的国际上公认的误差。这种公认的误差，即使合同没有规定，只要卖方交货在公差范围内，也不视为违约，买方不得拒收货物。但为了明确起见，最好在合同中规定一定幅度的品质公差，如 cotton fabrics 40×40/68×68 39" + -1" 等类似条款，即该全棉面料的幅宽可以有加减 1" 的误差，以免卖方交货时由于幅宽没有绝对按照合同规定的幅宽导致品质不符，被买方拒收。

2. 品质机动幅度（Quality Latitude）

由于卖方所交货物品质难以完全与合同规定的品质相符，为便于卖方交货，合同中规定允许所交货物的特定质量指标在一定范围内灵活浮动。机动幅度的规定方法主要有以下两种：一是规定一定的差异范围。二是规定上下极限，如最大、最高、最多（maximum；max），最小、最低、最少（minimum；min）等。如 cotton fabrics 40×40/68×68 38-39" 等类似条款。

卖方交货质量在品质公差或品质机动幅度允许的范围内时，一般均按合同单价计价，通常不再按质量高低另作调整。

（四）订立品质条款的注意事项

1. 品质条款应具体明确

为防止品质纠纷，合同中的品质条款应尽量具体、明确，避免采用"大约""左右"之类笼统含糊或模棱两可的措辞，以免在交货品质问题上引起争议。

2. 正确选用表示品质的方法

规定品质条款时，应根据商品的特性和行业习惯选择表示品质的方法。对于可用科学的指标来说明其质量的商品，尽量用"凭规格买卖"等文字说明的方法，不要轻易采用看货成交或凭样品成交的方法。因为看货成交一般用于库存处理、寄售、展卖、拍卖等业务中，其使用具有局限性；而"凭样品买卖"的做法在双方交接货物的过程中很容易引起争议，故不宜随意使用。但在纺织服装贸易中，以标准规定产品内在主要品质结合样品体现产品花色和款式是经常使用的方法。

3. 实事求是地约定品质条件

订立品质条款时，要根据需要和可能，实事求是地确定品质条件，避免品质条件出现偏高或偏低的现象。例如，在出口业务中，订立商品的品质条件除考虑客户的需求外还应考虑自身的供货能力，如客户对品质要求过高，而属我方做不到的条件，则不应接受。反之，在进口业务中，订立商品的品质条件也应从实际需要出发，防止盲目提高质量要求，从而造成不必要的浪费。

4. 合理选订质量指标

在品质条款中，凡对品质有重大影响的重要指标应当具体订明，相对次要的质量指标可少订，与品质无关紧要的条件和说明则不宜订入，以免条款过于繁琐。此外，订立品质条款时还应注意各项质量指标之间的内在联系，避免出现指标间相互矛盾的情况。

5. 合理采用品质机动幅度条款

应在合同中加列品质机动幅度条款，避免把商品质量订得过死或绝对化。采用凭样品成交的方式时，往往买卖双方带有一些主观因素，对所交货物是否达到质量标准意见不一，容易引起争议。买卖双方应该在订立品质条款时加上"交货品质与样品大致相同或相似"之类的条文，以利于生产加工和合同履行。

三、纺织服装产品的数量

在国际货物买卖中，商品的数量不仅是国际货物买卖合同的主要交易条件之一，而且是构成有效合同的必备条件。《公约》把商品数量作为构成发盘内容不可缺少的基本要素之一，要求在提出的订约建议中，必须明示或默示地规定货物的数量或规定数量的方法。《公约》第35条规定，卖方交付的货物必须与合同所规定的数量相符。如果卖方交货数量少于约定的数量，卖方应在规定的期限内补交，由此造成的损失，买方有权提出损害赔偿要求；如果卖方交货数量多于约定的数量，买方可以拒收多交的部分，也可收取多交部分的全部或一部分，但买方对其多收的货物，仍应按合同价格付款。

（一）纺织服装产品的计量单位

1. 长度单位

主要用在纺织服装面料的长度、幅宽及服装尺寸。包括：码（yard），米（meter），英尺（foot），英寸（inch）、厘米（centimeter）等。常用的换算关系是：

1 米 = 1.094 码 = 3.280 8 英尺 = 39.37 英寸

2. 重量单位

主要用于纺织原料、服装填充料的交易。包括：公吨（metricton）、公斤（kilogram）、克（gram）、长吨（long ton）、短吨（short ton）、磅（pound）、盎司（ounce）。主要换算关系是：

1 公吨 = 0.984 2 长吨 = 1.102 3 短吨

1 公斤 = 2.204 6 磅 = 35.273 6 盎司

3. 面积单位

主要用于皮革、地毯的交易。包括：平方米（square meter）、平方码（square yard）。其换算关系是：

1 平方米 = 1.195 99 平方码

4. 数量单位

主要用于服装交易。包括：件（piece，pc）、套（set）、打（dozen，

doz）等。

（二）计算重量的方法

根据纺织品贸易习惯，计算重量的方法有：

1. 毛重（Gross Weight）

毛重是指商品本身的重量加皮重，即商品连同外包装的重量。这种计重方法一般适用于价值较低的商品，它以毛重作为计算价格和交付货物的计量基础。

2. 净重（Net Weight）

用净重计量主要适用于价值较高的商品。用净重计量时，应在毛重的基础上扣除皮重（即外包装的重量）。去除皮重的方法有四种：一是实际皮重（Actual Tare），指将所有商品的包装逐一称重，取得实际皮重。二是平均皮重（Average Tare），指从整批商品中抽取一定件数，称出皮重，除以抽取的件数，即得到平均皮重，再乘以整批商品的总件数，作为整批商品的总皮重。三是习惯皮重（Customary Tare），某些商品的包装形成规格化，皮重成为市场所公认的固定值。四是约定皮重（Computed Tare），即按买卖双方事先约定的包装重量。在纺织品贸易中，大部分按重量成交的商品都是以净重作价。有些价值较低的纺织原料产品有时采用"以毛作净"的方法计量。所谓"以毛作净"，实际上就是把毛重当作净重计价。由于这种计重方法直接关系到价格的计算，因此，在销售这类商品时，不仅在规定数量时需明确"以毛作净"，在规定价格时，也应加注此条款。

3. 公量（Conditioned Weight）

纺织品中棉花、羊毛、生丝等商品具有较强的吸湿性，其所含的水分受客观环境的影响较大，故其重量很不稳定。为准确计算这类商品的重量，国际上通常采用按公量计算的方法，即除去商品所含实际水分，加上标准水分以求得重量的做法，所得重量即为公量。其计算公式有下列两种：

（1）公量＝商品干净重×（1+公定回潮率）

（2）公量＝商品净重×（1+公定回潮率）/（1+实际回潮率）

例题：我某公司从澳大利亚进口羊毛，双方约定单价为 6 200 美元每公吨（公量），羊毛的公定回潮率为10%。该批羊毛测得实际净重（含水分的重量）为50公吨，实际回潮率为8%。问该批货物的总价多少？

解：公量＝商品净重×（1+公定回潮率）／（1+实际回潮率）

　　　　＝50×（1+10%）／（1+8%）

　　　　＝50.93（公吨）

总价＝50.93×6 200＝315 766.00（美元）

（三）数量条款

1. 数量条款的基本内容

合同中的数量条款主要包括成交数量和计量单位，有的合同还需规定确定数量的方法。如：100% Pure Cotton Apron Art. No. 49394，3000PCS；Rayon 200M/T gross for net，5% more or less allowed at Seller's option

2. 溢短装条款（More or Less Clause）

在国际货物买卖中，有些商品受本身特性、生产、运输或包装条件以及计量工具的限制，在交货时不易精确计算。交货数量往往难以完全符合合同约定的某一具体数量。为了便于合同顺利履行，减少争议，买卖双方通常都要在合同中规定数量的机动幅度条款即溢短装条款（More or Less Clause），允许卖方交货数量可以在一定范围内灵活掌握。卖方交货数量只要在允许增减的范围内即为符合合同有关交货数量的规定。溢短装条款的内容主要包括：

第一，溢短装幅度。溢短装幅度通常由当事人在合同中订明。在合同中未明确规定机动幅度的情况下，根据国际商会《跟单信用证统一惯例》（第600号出版物）第30条b款的规定，只要总支取金额不超过信用证金额，货物的数量可允许有不超过5%的增减幅度，但货物数量按包装单位或个体计数时，此项规则不适用。根据这一规定，凡属散装货物，在信用证未规定增减幅度、也未使用"约"量时，可以有5%的数量机动幅度。

第二，溢短装的选择权。合同中规定有溢短装条款，具体伸缩量的掌握大都由卖方决定（At Seller's Option），在由买方派船装运时，也可由买方决定（At Buyer's Option）。在采用租船运输时，为了充分利用船舱容积，便于船长根据轮船的运载能力考虑装运数量，也可授权船方掌握并决定装运增减量。在此情况下，买卖合同应明确由承运人决定伸缩幅度（At Carrier's Option）。

第三，溢短装数量的价格。在数量机动幅度范围内，多装或少装货物一般都按合同价格结算货款。但是，实务中溢短装条款存在被一方当事人刻意利用的可能。例如，就卖方而言，在市场价格下跌时大都按照最高约定数量交货，反之则往往尽量争取少交货，从而使买方处于不利地位。据此，为了防止拥有数量增减选择权的当事人利用数量机动幅度，根据市场价格情况故意多装或少装货物以获取额外收益，买卖双方可在合同中规定，多装或少装数量的价款，不按合同计价，而是按装运日或到货日的市场价格计算，以体现公平合理的原则。

四、纺织服装产品的包装

包装条款是国际货物买卖合同中的一项主要条款，按照合同约定的包装要求提交货物，是卖方的主要义务之一。如卖方交付的货物未按约定包装，或者货物包装不符合行业习惯，买方有权拒收货物。

（一）包装的种类

根据包装在流通过程中所起作用的不同，可将商品包装分为运输包装（即外包装）和销售包装（即内包装）两大类。前者的作用在于保护商品、防止出现货损货差；后者除起保护商品的作用外，还有促销功能。

1. 运输包装（Transport Packing）

运输包装又称外包装（Outer Packing）、大包装（Big Packing），它是将货物装入特定的容器，或以特定的方式成件或成箱地包装。

常见的运输包装：

（1）纸箱包装：纺织品服装一般用纸箱包装，同时采取内外防潮保护，如产品装入塑料袋密封后再装入纸箱。注意纸箱尺寸和集装箱尺寸的关系，以便多装货物，节约运费。

（2）捆包包装：包括棉布捆包、麻布捆包和塑料袋捆包等，适用于羊毛、棉花、布匹、生丝、羽绒等可压紧打包的纺织品。

（3）袋类包装：包括麻袋、布袋、塑料袋、编织袋等，以塑料袋为多。通常是纺织品服装先装入塑料袋，再装纸箱。

2. 销售包装

销售包装又称"内包装"（Inner Packing）或"小包装"（Small Pack-ing），其主要作用是美化商品、便于陈列展销、促进商品销售。如床单、被套、衬衫等产品通常用纸盒包装。

（二）运输包装的标志

运输包装的标志是指货物因运输、装卸、仓储的识别需要，在运输包装上刷写的文字和图形。根据其用途，运输包装的标志可分为运输标志（Shipping Mark）、指示标志（Indicative Mark）和警告标志（Warning Mark）三类。

1. 运输标志

运输标志又称唛头（Shipping Mark），通常由一个简单的几何图形和一些英文字母、数字及简单的文字组成，其作用在于使货物在运输过程中的每个环节便于识别，例如在装卸、运输、存放、保管等过程中易于被有关人员辨别，以防发生错装、错运、错转、错交和无法交付等情况。此外，当由于某种原因发生票货分离时，运输标志也便于港务工作人员能很快地确认货物所有人。

运输标志的内容繁简不一（如图 3-1 所示），由买卖双方根据商品特点和具体需要商定。

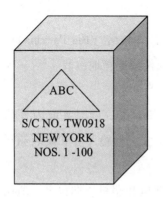 

图 3-1　运输唛头范例

鉴于运输标志的内容差异较大，有的过于繁杂，联合国欧洲经济委员会简化国际贸易程序工作组，在国际标准化组织和国际货物装卸协调协会的支持下，制定了一项运输标志向各国推荐使用。该"标准化运输标志"包括四个组成部分：

①收货人代号。收货人或买方名称的英文缩写字母或简称。

②参考号。如贸易合同号、订单号、发票号或运单号。

③目的地。货物运送的最终目的地或目的港的名称。

④件数代号。本批每件货物的顺序号和该批货物的总件数。

运输标志在国际贸易中还有其特殊的作用。按《公约》规定，在商品特定化以前，风险不转移到买方承担。而商品特定化最常见的有效方式，是在商品外包装上，标明运输标志。此外，国际贸易主要采用的是凭单付款的方式，而主要的出口单据如发票、提单、保险单上，都必须显示出运输标志。商品以集装箱方式运输且是"整箱货"时，运输标志可被集装箱号码和封口号码取代。

2. 指示性标志

指示性标志（Indicative Mark）是指根据商品的特性，在外包装上用醒目的图形或文字标出的操作标志，用以提示人们在搬运、装卸、存放和保管货物过程中需要注意的事项。例如，在易碎商品的外包装上标以"小心轻放（Handle With Care）"，在受潮后易变质的商品外包装上标以"保持干燥（Keep Dry）"，在倒置后箱内货物功能易受影响的商品外包装上标以"此端向上（This Way Up）"等，并配以图形指示。

为了统一各国运输包装指示标志的图形与文字，一些国际组织，如国际标准化组织（ISO）、国际航空运输协会（LATA）分别制定了包装储运指示性标志，并建议各会员国予以采纳。我国制定有运输包装指示性标志的强制性国家标准《包装储运图示标志》，其所用图形与国际上通用的图形基本一致。表3-1列举了纺织服装产品包装常用的指示性标志。

表 3-1 　　　　　　　　　　　　纺织服装产品常用的指示性标志

标志图形及标志名称	使用说明	标志图形及标志名称	使用说明
怕晒 （KEEP COOL）	表明运输包装件不能直接照射。	禁用手钩 （USE NO HOOK）	搬运运输包装时禁用手钩。
向上 （THIS WAY UP）	表明运输包装件的正确位置是竖直向上。	怕雨 （KEEP DRY）	包装件怕雨淋

资料来源：《包装储运图示标志》（GBT191-2008）

3. 警告性标志

警告性标志（Warning Mark）又称危险品标志（Dangerous Cargo Mark），是指在装有爆炸品、易燃物品、有毒物品、腐蚀物品、氧化剂和放射性物质等危险货物的运输包装上用图形或文字表示各种危险品的标志，以示警告，使装卸、运输和保管人员按货物特性采取相应的防护措施，以保护物资和人身的安全。纺织服装产品的特性决定了其包装使用警告性标志较少。

（三）定牌、无牌与中性包装

1. 定牌

定牌（OEM）是指卖方按照买方的要求，在其出售的纺织服装产品及包装上标明买方指定的商标或牌号。定牌在纺织品服装国际贸易中经常出现，出口方使用定牌包装的主要原因是利用买方的企业商誉或品牌声誉，以提高商品售价和扩大销售数量。有时出口商为迎合进口国在商品包装上及商标品牌上的特殊要求，也可使用定牌包装。从进口商角度看，采用定牌方式交易，则往往是在自身无生产能力或生产能力不足，以及本国生产成本过高时，委托出口方代工生产。在我国出口贸易中，接受定牌生产的通常做法是，在商品或包装上采用买方指定商标或品牌，同时注明"中国制造"字样。

2. 无牌

无牌是指按照买方的要求在出口商品或包装上免除任何商标或牌名的做法。它主要是用于一些尚待进一步加工的半制成品，如供印染用的棉坯布，或供加工成批服装用的呢绒、布匹和绸缎等。其目的主要是避免浪费，降低成本。除非另有约定，采用无牌时，在我出口商品和或包装上均须标明"中国制造"字样。

3. 中性包装

中性包装（Neutral Packing）是指商品的内外包装上既不标明生产国别、地名和厂商名称，也不标明商标或品牌。中性包装有"无牌中性包装"和"定牌中性包装"之分。前者是指包装上既无生产国别和厂商名称，又无商标和牌名；后者是指包装上仅有买方指定的商标或牌名，但无生产国别和厂商的名称。

中性包装的做法是国际贸易中常见的包装方式，其目的是避开某些进口国家与地区的关税和非关税壁垒，以及适应交易的特殊需要（如转口销售等），它是出口国家厂商加强对外竞销和扩大出口的一种手段。近年来中性包装的做法在国际上屡遭非议，中性包装商品的出口受到种种限制，因此，出口商品采用中性包装时应了解进出口国的相关规定、谨慎从事。

第二节　纺织服装产品的价格核算

纺织服装产品的价格直接关系到买卖双方的经济利益。确定双方可以接受的合理价格涉及进出口商品的作价原则，对国际市场行情的了解，对商品成本和利润的测算，国际货币的运用和换算，以及影响价格的各有关因素的把握。价格条款与使用的贸易术语和合同中的其他交易条件密切相关，有着不可分割的内在联系。正确掌握价格和订好合同中的价格条款，具有十分重要的意义。

一、商品作价原则

（一）按照国际市场价格水平作价

国际市场价格是以商品的国际价值为基础并在国际市场竞争中形成的，它是交易双方都能接受的价格，是我们确定进出口商品价格的客观依据。企业在制定进出口价格时应该注意参考世界主要产地该商品的价格，世界主要消费地区的价格水平和国际市场某种商品的平均价格水平。在对外成交中，企业应注意国际市场价格水平的变化，来调整企业对外成交价格。

（二）要结合国别、地区政策和经济发展水平作价

企业的报价在关注国家对外政策的同时，应该根据成交国家和地区的经济发展水平，正确选择适合的产品，以合适的价格对外成交。不同经济发展水平的国家和地区，对产品的质量标准和要求不同，企业应该根据客户需要，针对不同质量的产品和要求，做出不同的报价。

（三）要结合企业营销战略和购销意图作价

进出口商品价格战略是企业战略管理的重要内容。企业对外成交作价应该以企业的营销战略为指导，根据自己的购销意图来制定价格。如企业计划开拓新市场，推销新产品，价格可以适当低些；产品技术性强，属于企业独有开发的新产品，价格可以定得高点；对信誉较好、有长期贸易关系的老客户价格可以优惠一些；市场需求量大，货源紧张的产品，企业可以制定较高的价格。

（四）以成本核算为基础，制定合理价格，保证企业利润

企业的对外定价归根到底应该以企业自身产品成本为依据，以产品的成本核算为基础，结合企业的利润要求合理定价，以保证企业从效益出发，注重企业自身管理，保证企业合理利润和健康发展。认真进行成本核算，以企业效益为中心，是企业对外报价最基本的原则。

二、影响报价的各种因素

（一）商品的质量和档次高低

在国际市场上，一般都贯彻按质论价的原则，即好货好价，次货次价。品质的优劣，档次的高低，包装装潢的好坏，式样的新旧，商标、品牌的知名度，都会影响商品的价格。

（二）运输距离长短

国际货物买卖，一般都要经过长途运输。运输距离的远近，影响运费和保险费的开支，从而影响商品的价格。因此，确定商品价格时，必须认真核算运输成本，做好比价工作，以体现地区差价。

（三）交货地点和交货条件不同

在国际贸易中，由于交货地点和交货条件不同，买卖双方承担的责任、费用和风险有别，在确定进出口商品价格时，必须考虑这些因素。如装运港和目的港的港口装卸条件不同，也应该考虑价格的不同。

（四）成交数量大小

按国际贸易的习惯做法，成交量的大小影响价格。即成交量大时，在价格上应给予适当优惠，例如采用数量折扣的办法；反之，如成交量过少，甚至低于起订量时，则可以适当提高售价。

（五）支付条件和汇率变动的风险

支付条件是否有利和汇率变动风险的大小，都影响商品的价格。例如，同一商品在其他交易条件相同的情况下，采取预付货款、信用证付款方式和托收支付方式等不同的付款条件，其价格应当有所区别。同时，确定商品价格时，一般应争取采用对自身有利的货币成交，如采用对自身不利的货币成交时，应当把汇率变动的风险考虑到货价中去，即适当提高出售价格或压低购买价格。企业在国际货物贸易中，主要应该从两个方面考虑货币的选择：第一，使用国际通用可自由兑换的货币，如美元、欧元、日元等。这种货币有利于调拨和运用，在必要时容易操作，避免汇价风险。第二，选择对自己有利的货币。一般说来，出口交易应该选择币值相对稳定或币值有上浮趋势的"硬币"，即尽可能多使用从成交到收汇这段时间内汇价比较稳定且趋势上浮的货币。进口业务应该争取多使用从成交到付汇这段时间汇价比较疲软且趋势下浮的货币，即所谓"软币"。

除上述各种因素外，交货期的长短、市场贸易习惯和消费者的爱好等因素，也对确定价格有一定程度的影响。

三、出口成本及盈亏核算

价格核算是企业对外成交报价的基础。进口商品的价格构成主要包括：进口货物的 FOB 价、运费、保险费、进口税费、目的港卸货费、码头费用、检验费、仓储费用、国内运杂费、其他杂费、佣金和预期利润等。而出口商品的价格构成主要包括成本、费用和利润，其中成本是指进货成本，费用包括国内费用和国外费用。

（一）出口商品换汇成本

出口商品换汇成本（Exchange Cost），又称出口商品换汇率，是指以某种商品的出口总成本（Total Cost for Export Commodity）与出口所得的外汇净收入（Net Income of Foreign Exchange in Export）之比，得出用多少人民币换回一美元。其计算公式如下：

出口商品换汇成本＝出口商品总成本（人民币）／出口外汇净收入（美元）

出口外汇净收入是指出口商品外汇收入扣除以外汇支付的费用，如运费、保险费、佣金等的外汇净收入，即 FOB 出口外汇收入。出口换汇成本反映了出口商品的盈亏情况，它是考核企业出口业务有无经济效益的重要指标，其衡量标准是人民币对美元的汇价。如果出口商品换汇成本高于银行外汇牌价的现汇买入价，则出口亏损；反之，则出口盈利。例如，在一笔出口交易中，计算出的出口换汇成本为 5.9 元/美元，如果当时外汇牌价买入价为 1 美元折 6.9 元人民币，则出口 1 美元的该商品取得 1 元人民币的盈利。反之，如果计算出的出口换汇成本为 7.9 元，则出口 1 美元该商品，就会出现 1 元人民币的亏损。

出口总成本是指外贸企业为出口商品支付的国内总成本，其中包括进货成本和国内费用、出口退税收入（Export Tax Rebates）的扣减。如需缴纳出口税的商品，则出口总成本中还应加上出口税。

出口商品总成本=购进价（含增值税）+费用-出口退税收入

费用主要包括：利息，码头、报关杂费，银行费用，工资等。

$$退税收入 = \frac{购进价（含增值税）}{1 + 增值税率} \times 退税率$$

（二）出口盈亏额与盈亏率

出口盈亏额（Profit and Loss Amount of Export）是指出口销售的人民币净收入与出口总成本的差额。如差额是正数，为盈余额；如差额是负数，则为亏损额。

出口盈亏率（Profit and Loss Rate of Export）是盈亏额与出口总成本的比例，用百分比表示。它是衡量出口盈亏程度的一项重要指标。其计算公式为：

出口盈亏额=（出口外汇净收入×银行外汇买入价）-出口商品总成本

出口盈亏率=出口盈亏额/出口总成本 × 100%

（三）计算例题

例题：某公司出口服装 10 000 套，出口价 USD11.50/套 CIF NEW YORK，CIF 总价 USD115 000.00。其中运费 USD4 000.00，保险费 USD450.00。公司从工厂购进价每双人民币 85 元，共计人民币 850 000.00 元（含增值税 16%），费用定额率 3%，出口退税率 16%，银行买入价 1 美元=6.90 元人民币，求该出口服装的换汇成本、盈亏额和盈亏率。

解：

$$服装换汇成本 = \frac{850\ 000+(850\ 000\times3\%)-[850\ 000/(1+16\%)\times16\%]}{115\ 000.00-4\ 000.00-450.00}$$

$$= \frac{850\ 000+25\ 500-117\ 241.38}{110\ 550}$$

$$= 6.86 （元/美元）$$

盈亏额=110 550.00×6.90-758 258.62=4 536.38（元）

盈亏率=4 536.38/758 258.62×100%=0.6%

四、主要贸易术语及价格转换

商品价格通常指单价（unit price），包括：单位价格、计价数量单位、计价货币、贸易术语四个组成部分，如：USD3.30/yard CIF HAMBURG。贸易术语是进出口商品价格的组成部分，不同的贸易术语表示其价格构成因素不同，即包括不同的从属费用。例如：FOB 术语中不包括从装运港至目的港的运费和保险费；CFR 术语中则包括从装运港至目的港的通常运费；CIF 术语中除包括从装运港至目的港的通常运费外，还包括保险费。在对外洽商交易过程中，有时一方按某种贸易术语报价，而另一方不同意报价中使用的贸易术语，希望对方改用其他贸易术语报价。因此，外贸从业人员不仅要了解主要贸易术语的价格构成，还应了解主要贸易术语的价格换算方法。

（一）主要贸易术语

贸易术语（Trade Terms）又称价格术语（Price Terms），它是由三个英文字母组成的缩写，是在长期的国际贸易实践中产生的，用来表明商品的价格构成，说明商品在货物交接过程中有关的风险、责任和费用划分问题的专门用语。贸易术语明确了买卖双方在货物交接方面应承担的风险、责任和费用，也明确了商品的价格构成。

《国际贸易术语解释通则》（以下简称《通则》）原文为 International Rules for the Interpretation of Trade Terms，简称 INCOTERMS，它是国际商会为了统一对各种贸易术语的解释而制定的。《通则》最早的版本于 1936 年颁布，后经多次修订，最新版本是《2010 年国际贸易术语解释通则》（以下简称《2010 通则》），该通则于 2011 年 1 月 1 日起正式生效。该通则有 11 种贸易术语，具体如表 3-2 所示。

表 3-2　　　　　　《2010 通则》项下的 11 种贸易术语及其分类

组别	术语缩写	术语全称	中文翻译
第一组 适用于任何运输 方式或多式联运	EXW	EX Works	工厂交货
	FCA	Free Carrier	货交承运人
	CPT	Carriage Paid To	运费付至
	CIP	Carriage and Insurance Paid To	运费、保险费付至
	DAT	Delivered At Terminal	运输终端交货
	DAP	Delivered At Place	目的地交货
	DDP	Delivered Duty Paid	完税后交货
第二组 适用于海运及 内河运输方式	FAS	Free Alongside Ship	船边交货
	FOB	Free On Board	装运港船上交货
	CFR	Cost and Freight	成本加运费
	CIF	Cost, Insurance and Freight	成本加保险费运费

企业国际贸易业务使用最多的是 FOB、CFR 和 CIF 三个贸易术语。

1. FOB 术语

FOB 的英文全称是 Free on Board（insert named port of shipment），中文意思是"船上交货（插入指定装运港）"。"装运港船上交货"是国际货物买卖中最常用的贸易术语之一。按照《2010 通则》的解释，FOB 的含义是：卖方在指定装运港将货物装上买方指定的船舶，或通过取得已如此交付的货物，完成交货义务。货物灭失或损坏的风险在货物交到船上时转移，同时买方承担自卖方交货时起的一切费用。双方具体义务如下：

（1）交货地点（Point of Delivery）：装运港船上交货。卖方在指定装运港将货物装上买方指定的船即完成交货义务。

（2）风险划分（Division of Risks）：以"装运港船上"为界划分风险，此前的风险卖方承担，此后风险买方承担。

（3）责任划分（Allocation of Responsibilities）：买方负责租船或订舱、与承运人签订运输合同并办理保险。买卖双方各自负责本国的一切海关手续，包括取得进口（出口）许可证或其他官方批准证件。

（4）费用划分（Allocation of Costs）：卖方承担交货前所涉及的各项费用，买方承担交货后所涉及的各项费用。买方承担从装运港到目的港的运费和保费。买卖双方各自承担进出口关税和相关费用。

买卖双方在使用 FOB 术语时应该注意：

（1）风险划分界限变更。《2010 通则》中 FOB 术语的重大变化是删除了以"船舷为界"划分风险的传统标准，而代之以"船上为界"作为风险划分点。

（2）船货衔接的问题。按 FOB 术语成交时，买方有租船接货或订舱的义务，卖方则要在合同规定的期限内将货物装上买方指派的船，此时应注意船货衔接的问题，避免出现"船等货"或"货等船"的情况。例如，买方指派的船只按时到达装运港，而卖方却未能备妥货物，此时卖方应承担由此产生的空舱费（Dead Freight）、滞期费（Demurrage）等。反之，如卖方已备妥货物，而买方未能派船或延迟派到装运港，则卖方由此增加的仓储费等应由买方承担。

（3）仅适用于海运或内河运输。该术语不能用于空运方式或铁路运输方式以免贸易纠纷。业务人员务必要注意避免在其他运输方式下错用 FOB 术语。

2. CFR 术语

CFR 的英文全称是 Cost and Freight（insert named port of destination），中文意思是"成本加运费（插入指定目的港）"，该术语是国际货物买卖中常用的贸易术语之一，仅适用于海运或内河运输。按照《2010 通则》的解释，CFR 的含义是：卖方在（装运港）将货物装上船或通过"取得已如此交付的货物"，完成交货义务。货物灭失或损坏的风险在货物交到船上时转移。卖方必须订立运输合同，并且支付将货物运至指定目的港所需的成本和运费。从价格构成看，CFR 价中增加了货物从装运港至目的港的运费及杂费，因此 CFR＝FOB+Freight。买卖双方主要义务如下：

（1）交货地点（Point of Delivery）：装运港船上交货。卖方在指定装运港将货物装上船即完成交货义务。

（2）风险划分（Division of Risks）：以"装运港船上"为界划分风

险，此前的风险由卖方承担，此后的风险由买方承担。

（3）责任划分（Allocation of Responsibilities）：卖方负责租船或订舱、与承运人签订运输合同，将货物运到合同约定的目的港。买方自行办理保险。买卖双方各自负责本国的一切海关手续，包括取得出口（进口）许可证或其他官方批准证件。

（4）费用划分（Allocation of Costs）：卖方承担交货前涉及的各项费用，以及从装运港到目的港的运费和相关费用。买方自行支付保费。买卖双方各自承担进出口关税和相关费用。

买卖双方在使用 CFR 术语应该注意：

（1）卖方的装运义务。采用 CFR 术语成交时，卖方要承担将货物由装运港运往目的港的义务。为了保证能按时完成在装运港交货的义务，卖方应根据合同中规定的装运期及时租船订舱和备货，并按期发货。按照《联合国国际货物销售合同公约》的规定，卖方延迟装运或者提前装运均属违约，买方有权根据具体情况拒收货物或提出索赔。

（2）卖方必须及时发出装船通知。CFR 术语下存在"运输"与"保险"由不同当事人办理的情况，即卖方负责租船订舱并在装运港将货物装上船，而买方自行办理货物运输保险，如卖方装船后未及时通知买方，可能导致船舶启航后仍未办理保险的情况，即所谓"漏保"。一旦货物在海运途中灭失或损坏，其损失将得不到赔偿。因此，按 CFR 术语成交时卖方需特别注意的问题是，货物装船后必须毫不延迟地（without delay）向买方发出详尽的装船通知（Shipping Advice），以便买方办理投保手续。根据有关货物买卖合同的适用法律，卖方未能及时发出装船通知导致买方漏保的，货物在海运途中的风险和损失视为由卖方承担，不能以风险已在"装运港船上"转移为由免除责任。实务中，进口业务较多的外贸企业往往与保险公司订有"预约保险合同"，该合同下的货物一经装船保险自动生效，这也是避免漏保的有效方式之一。

3. CIF 术语

CIF 的英文全称是 Cost Insurance and Freight（insert named port of desti-nation），中文意思是"成本加保险费、运费（插入指定的目的港）"，该

术语是国际货物买卖中常用的贸易术语之一，仅适用于海运或内河运输。按照《2010 通则》的解释，CIF 的含义是：卖方在（装运港）将货物装上船或通过"取得已如此交付的货物"，完成交货义务。货物灭失或损坏的风险在货物交到船上时转移。卖方必须订立运输合同和保险合同，并且支付将货物运至指定目的港所需的成本、运费和保险费。从价格构成看，CIF 价中增加了货物从装运港至目的港的运费及保险费，因此 CIF＝FOB＋Freight＋Insurance Premium。

买卖双方的主要义务如下：

（1）交货地点（Point of Delivery）：装运港船上交货。卖方在指定装运港将货物装上船即完成交货义务。

（2）风险划分（Division of Risks）：以"装运港船上"为界划分风险，此前的风险卖方承担，此后风险买方承担。

（3）责任划分（Allocation of Responsibilities）：卖方负责租船或订舱、与承运人签订运输合同，将货物运到合同约定的目的港并负责办理保险。买卖双方各自负责本国的一切海关手续，包括取得出口（进口）许可证或其他官方批准证件。

（4）费用划分（Allocation of Costs）：卖方承担交货前涉及的各项费用，以及从装运港到目的港的运费保费和相关费用。买卖双方各自承担进出口关税和相关费用。

买卖双方在使用 CIF 术语时应该注意：

（1）卖方办理保险的责任。卖方负有办理货物运输保险的责任。但卖方只需按协会货物保险条款或其他类似的保险条款中最低责任的保险险别投保。如买方要求按更高的险别投保，或要求投保战争、罢工、暴动和民变险，则在买方承担风险和费用的情况下，卖方亦可代办。最低保险金额为合同价款加成 10%，并以合同币别投保。

（2）卖方租船或订舱的责任。按 CIF 术语成交时，卖方的基本义务之一是租船或订舱，办理从装运港至目的港的运输事项。如果卖方未能及时租船或订舱从而导致不能如期装船交货，即构成违约，需承担违约责任。卖方只负责按照惯常条件租船订舱，使用适合装运有关货物的通常类型的轮船，经惯驶航线装运货物。因此，买方如提出关于限制船舶国籍、船型、船龄、船级以及指定装载某班轮公司的船只等要求，卖方均有权拒绝接受。但卖方也可放弃这一权利，根据具体情况给予通融。

（3）象征性交货问题。从交货方式来看，CIF 是一种典型的象征性交货（Symbolic Delivery）。所谓象征性交货是针对实际交货（Physical Delivery）而言的。"实际交货"指的是卖方要在规定的时间和地点，将符合合同中规定的货物提交给买方或者其指定人，而不能以交单代替交货。"象征性交货"则指卖方只要按期在约定地点完成装运，并向买方提交合同中规定的包括物权凭证在内的有关单据，就算完成了交货义务，而无须保证到货。象征性交货的特点是："卖方凭单交货、买方凭单付款"，只要卖方如期向买方提交了合同规定的全套合格单据，即使货物在运输途中损坏或灭失，买方也必须履行付款义务。当然，买方付款后可凭提单向船方或凭保单向保险公司索赔。应当注意的是，采用 CIF 术语订立合同时，卖方不可在合同中承诺"到货时间"，否则该合同将成为一份有名无实的 CIF 合同。FOB 和 CFR 合同也是属于象征性交货。

（4）风险划分点与费用划分点分离。尽管费用划分点在"目的港"，即卖方不仅需自费将货物交至装运港船上，还需支付自装运港至目的港的正常运费和保险费，但是风险划分点在"装运港船上"。卖方在装运港将货物装上船后即完成了交货义务，风险也随之转移至买方。

表 3-3 是 FOB、CFR、CIF 三种贸易术语的比较表，我们可以清晰地看出他们的异同点和买卖双方的责任差异。

表 3-3　　　　　　　　传统三大贸易术语比较表

贸易术语	交货地点	风险划分界限	租船订舱支付运费	办理保险支付保费	出口报关	进口清关
FOB	装运港船上	装运港船上	买方	买方	卖方	买方
CFR	装运港船上	装运港船上	卖方	买方	卖方	买方
CIF	装运港船上	装运港船上	卖方	卖方	卖方	买方

（二）主要贸易术语的价格转换

1. 三种常用贸易术语的价格构成

FOB 价格＝进货成本价＋国内费用＋净利润

CFR 价格＝进货成本价＋国内费用＋国外运费＋净利润

CIF 价格＝进货成本价＋国内费用＋国外运费＋国外保险费＋净利润

2. 三种贸易术语的价格换算

在磋商交易过程中，交易双方都希望选用对自己有利的贸易术语，如一方对另一方提出的贸易术语不同意，而要求改用其他某种贸易术语时，则可采用下列价格换算方法：

CIF 价格＝FOB 价格＋国外运费＋国外保险费

国外保险费是以 CIF 价格为基础计算的。所以，如果写明保险费的计算方法，则应为：

CIF 价格＝FOB 价格＋CIF 价格×（1+保险加成率）×保险费率＋国外运费

（1）如已知 FOB 价格，现改报 CFR 价格或 CIF 价格，则 CFR 价格和 CIF 价格分别为：

CFR 价格＝FOB 价格＋国外运费

$$CIF\ 价格 = \frac{FOB\ 价格+国外运费}{1-（1+保险加成率）×保险费率}$$

（2）如已知 CIF 价格，现改报 FOB 价格或 CFR 价格，则 FOB 价格和 CFR 价格分别为：

FOB 价格＝CIF 价格×［1-（1+保险加成率）×保险费率］—国外运费

CFR 价格＝CIF 价格×［1-（1+保险加成率）×保险费率］

（3）如已知 CFR 价格，现改报 FOB 价格或 CIF 价格，则 FOB 价格和 CIF 价格分别为：

FOB 价格＝CFR 价格—国外运费

$$CIF\ 价格 = \frac{CFR\ 价格}{1-（1+保险加成率）×保险费率}$$

3. 计算例题

例题：某公司出口纺织纤维，价格为 USD3 000/MT CIF HAMBURG，现客户要求改报 FOB 厦门价。已知该货物出口运费为 USD160/MT，原报 CIF 价中投保险别为一切险，保险费率为 1%，按 CIF 价的 110% 投保。求应报的 FOB 厦门价。

解：

FOB 价＝CIF 价×（1-投保加成×保险费率）-运费

$\qquad\quad$＝3 000×（1-110%×1%）-160

$\qquad\quad$＝USD2 807.00

应报 FOB 厦门价为 2 807 美元/公吨。

五、佣金与折扣的计算

在国际货物贸易中，有些交易是通过中间代理商进行的。中间代理商因介绍生意或代买代卖而需收取一定的酬金，此项酬金叫佣金（Commission）。价格条款中所规定的价格，可分为包含佣金或折扣的价格和不包含这类因素的净价（net price）。包含有佣金的价格，在实际业务中，通常称为"含佣价"。折扣（discount, rebate, allowance）是指卖方给予买方一定的价格减让，即在价格上给予一定的优惠。佣金和折扣都是企业促进销售、维护客户的方法。

（一）佣金的规定方法

（1）在商品价格中如果包含佣金，一般都应该以文字进行说明。凡价格中包括佣金的，即为"含佣价"。如"USD5.68/yard CIF HAMBURG including3% commission"。

（2）用英文字母"C"代表佣金，并注明佣金的百分比。如"USD5.68/yard CIFC3% HAMBURG"。

（3）佣金也可以用绝对数表示。例如："Commission：USD0.17 per yard"。

买卖双方在洽谈交易时，如果将佣金明确表示出来并写入价格条款中，称为"明佣"。如果交易双方对佣金虽然已经达成协议，但却约定不在合同中表示出来，约定的佣金由乙方当事人按约定另行支付，则称为"暗佣"。国外中间商为了赚取"双头佣"（即中间商从买卖双方都获取佣金），或为了达到逃汇或逃税的目的等，往往要求采取"暗佣"的做法。

（二）佣金的计算方法

计算佣金有不同的方法，最常见的是以买卖双方的成交额或发票金额为基础计算佣金。

佣金的计算公式为：

含佣价=净价/（1-佣金率）

佣金额=含佣价×佣金率

净价=含佣价-佣金额

净价=含佣价×（1-佣金率）

例题：

我某公司对外报价某服装 USD23/set CIF NEW YORK，外商要求 5%佣金。在保证我方净收入不变的情况下，应该报含佣价是多少？

解：

CIFC5%=CIF 净价/（1-5%）

        =23/（1-5%）

        =USD24.21

（三）折扣的规定办法

在国际货物贸易中，折扣通常在约定价格条款时用文字明确表示出来。凡在价格条款中明确规定折扣率的，称为"明扣"；凡交易双方就折扣问题已达成协议，而在价格条款中却不明示折扣率的，称为"暗扣"。正确运用折扣，有利于调动采购商的积极性和扩大销路。

明示的折扣，可酌情采用适当的规定方法。例如："USD5.68 per yard CIF HAMBURG including 3% discount"。还可以这样表示："USD5.68 per yard CIF HAMBURG less 3% discount"。此外，折扣也可以用绝对数来表示，例如："Discount：USD0.17 per yard"。

（四）折扣的计算方法

折扣通常是以成交额或发票金额为基础来计算出来的。其计算方法如下：

单位货物折扣额=原价（或含折扣价）×折扣率

卖方实际净收入=原价-单位货物折扣价

例题：

某商品出口价为 USD2 000.00 减 5% 折扣，求该商品的折扣和卖方实际收入。

解：

折扣 = 2 000×5% = USD100.00

卖方实际收入 = 2 000-100 = USD1 900.00

第三节　国际货物运输业务

国际货物运输方式多种多样，包括海洋运输、航空运输、铁路运输、公路运输、邮政运输、多式联运等。海洋运输是纺织服装产品最常用的运输方式，并以班轮运输为主。因此，本节主要介绍纺织服装产品的国际班轮运输业务操作。

一、海洋运输

在国际货物运输中，海洋运输因其通过能力强、运量大、运费低等优点，成为国际贸易中最主要的运输方式。按照船舶经营方式的不同，海洋运输可分为班轮运输和租船运输两种。

（一）班轮运输

班轮运输（Liner Transport），又称定期船运输，是指船舶按照固定的船期表，沿着固定的航线和港口并按相对固定的运费率收取运费的运输方式。

班轮运输的特点如下：

（1）"四固定"。即固定的船期表（Sailing Schedule）、固定的航线、固定的停靠港口和相对固定的运费率。这是班轮运输的基本特点。

（2）"一负责"。货物由承运人负责配载和装卸，装卸费包含在运费内，船货双方不计算滞期费和速遣费。

（3）承运人和托运人双方的权利义务及责任豁免均以班轮公司签发的提单条款为依据。

（4）承载货物的品种繁多、数量灵活，可适应多种货物的运输要求。

（二）租船运输

租船运输（Charter Transport）又称不定期船（Tramp）运输，它具有"四不固定"的特点，即无固定的船期表、无固定的航线、无固定的挂靠港口、无固定的运价表。船期、航线、挂靠港、运费均按租船人（Charterer）和船东（Ship Owner）双方签订的租船合同（Charter Party）而定。租船运输通常适用于大宗货物的运输。包括定程租船（Voyage Charter）、定期租船（Time Charter）和光船租船（Bare Boat Charter）。

1. 定程租船

定程租船又称"程租船"或"航次租船"，是以航次为基础的租船方式。在这种方式下，由船东提供船舶，在指定港口之间进行一个或数个航次，承运指定的货物。

2. 定期租船定期租船简称"期租船"，它是指船舶所有人将船舶出租给租船人使用一定时期，并且按租赁时间计收租金的租船运输。

3. 光船租船

光船租船也称船壳租船。租期内船东只负责提供空船，由租方自行配备船长、船员、提供工资给养、负责船舶的经营管理和航行各项事宜。在租期内，租船人对船舶有使用权和营运权。光船租船在性质上属于"财产租赁"，实际业务中外贸公司采用"光船租船"方式运载货物的可能性微乎其微，通常是海运承运人在自身可供营运的船舶不足而购船资金又有限的情况下才会考虑"光船租船"。

（三）集装箱运输

集装箱运输（Container Transportation）是以集装箱为单位进行货物运输的现代化运输方式。它适用于海洋运输、铁路运输、公路运输、内河运输及国际多式联运等，并以高效、快速、低价、安全而被世界许多国家和地区广泛采用和推广。

1. 集装箱种类

集装箱的种类繁多，常用的有干货集装箱和冷冻集装箱两种。纺织服装产品主要使用干货集装箱。常用的集装箱术语主要有以下六种（如表3-4所示），特别是当集装箱运输与海洋运输相结合时，这些术语经常出现在海运提单上，对托运人和收货人正确理解某票货物的运输细项有着重要的提示作用。

表3-4　　　　　　　　　　　常用的集装箱术语

缩写	英文全称	中文翻译
TEU	Twenty-foot Equivalent Unit	20 英尺标准集装箱
FEU	Forty-foot Equivalent Unit	40 英尺标准集装箱
FCL	Full Container Load	整箱货
LCL	Less Than Container Load	拼箱货
CY	Container Yard	集装箱堆场
CFS	Container Freight Station	集装箱货运站

（1）TEU：20 英尺标箱，俗称"小柜"。TEU 是集装箱的基本单位。实际业务中，当提单上显示"1X20'FCL"时，表示货物装入一个 20 英尺标箱，箱内货物为整箱货。

（2）FEU：40 英尺标箱，俗称"大柜"。40 英尺的集装箱有普柜和高柜之分，实际业务中当提单上显示"1X40'HQ"时，表示货物装入一个 40 英尺的高柜，HQ 即"加高集装箱"之意。

（3）FCL：整箱货，指满足四个"同一"的货物：由同一个托运人托运，装载于同一个集装箱，运往同一个目的港，由同一个收货人收取的货物。

（4）LCL：拼箱货，指货量不足一整箱，需由承运人在集装箱货运站（CFS）负责将不同发货人的少量货物拼在一个集装箱内，货到目的地后，再由承运人拆箱分拨给各收货人的货。严格地说，只要上述四个"同一"的条件有任意一项不满足的，就称为"拼箱货"。

（5）CY：集装箱堆场，指堆放集装箱的场所。

（6）CFS：集装箱货运站，指拼箱货装箱和拆箱的场所。

2.集装箱交接业务

按货物的装箱方式划分，集装箱货物的交接方式可分为：

（1）整箱交/整箱接（FCL/FCL）：指发货人整箱交货，收货人整箱接货。

（2）整箱交/拆箱接（FCL/LCL）：指发货人整箱交货，收货人拆箱接货。

（3）拼箱交/整箱接（LCL/FCL）：指发货人拼箱交货，收货人整箱接货。

（4）拼箱交/拆箱接（LCL/LCL）：指发货人拼箱交货，收货人拆箱接货。

按承运人收取货物及交付货物的地点，集装箱货物的交接方式如表3-5所示：

表3-5   集装箱货物交接方式一览表

缩写	英文全称	中文	承运人提供运输服务的起止地点
D/D	Door to Door	门到门	由发货人仓库至收货人仓库
D/CY	Door to CY	门到场	由发货人货仓或工厂仓库至目的地的集装箱堆场
D/CFS	Door to CFS	门到站	由发货人货仓或工厂仓库至目的地集装箱货运站
CY/D	CY to Door	场到门	由起运地集装箱堆场至收货人仓库
CY/CY	CY to CY	场到场	由起运地集装箱堆场至目的地集装箱堆场
CY/CFS	CY to CFS	场到站	由起运地集装箱堆场至目的地集装箱货运站
CFS/D	CFS to Door	站到门	由起运地集装箱货运站至收货人仓库
CFS/CY	CFS to CY	站到场	由起运地集装箱货运站至目的地集装箱堆场
CFS/CFS	CFS to CFS	站到站	由起运地集装箱货运站至目的地集装箱货运站

二、运费核算

（一）散杂货班轮运费的计算

班轮运费包括基本运费和附加费两部分。

1. 基本运费

基本运费指货物从装运港到卸货港所应收取的运费，它是构成全程运费的主要部分。基本运费按班轮运价表（Liner's Freight Tariff）规定的标准计算收取。班轮运价表也称班轮运费率表，是班轮公司收取运费、货方支付运费的计算依据。在班轮运价表中，不同商品的计费标准是不一样的，例如，有的商品按重量（W）计费，有的商品按体积（M），有的则按价格（A.V.）计费，更多的是按重量或体积（W/M）计费。

应当注意的是，如果不同商品混装在同一包装内，则全部运费按其中较高者计收。同一种商品如包装不同，其计费标准及等级也不同。托运人应按不同包装分列毛重及体积，才能分别计收运费，否则全部货物均按较高者收取运费。同一提单内如有两种或两种以上不同货物，托运人应分别列出不同货物的毛重或体积，否则全部将按较高者收取运费。

2. 附加费

附加费是对一些需要特殊处理的货物或由于突发事件或客观情况的变化使运输成本增加，班轮公司为弥补损失而额外加收的费用。附加费的种类很多，而且随着客观情况的变化而变化。常见的附加费如：燃油附加费（Bunker Adjustment Factor，BAF），货币贬值附加费（Currency Adjustment Factor，CAF），港口拥挤附加费（Port Congestion Surcharge，PCS）等。

各种附加费的计算方法主要有两种：一种是以百分比表示，即在基本运费的基础上增加一个百分比；另一种是用绝对数表示，即每运费吨增加若干金额，可以与基本费率直接相加计算。应当注意的是，货币贬值附加费的计算较为特殊，它是在"基本运费与所有附加费之和"的基础上计算的附加费，其理由在于，既然运费的计价货币贬值了，那么基本运费和其他附加费就都存在贬值的问题，因此都需要计算货币贬值附加费（CAF）。

3. 运费计算例题

例：我国纺织出口商从厦门出口 2 000 箱印花布到德国汉堡。已知该批货物每箱体积为 55×45×38CM，每箱毛重为 90 公斤，计费标准为 W/M，每个运费吨的基本运费为 USD60.00，另加收燃油附加费（BAF）20%，货币贬值附加费（CAF）10%。试计算这批货物的总运费。

解：

该批货物总体积 M=0.55×0.45×0.38×2 000=188.1（CBM）

该批货物总重量 W=0.090×2 000=180（M/T）

M>W，所以应按货物的体积计收。

基本运费=188.1×60=USD11 286.00

燃油附加费=11 286×20%=USD2 257.2

货币贬值附加费=（11 286+2 257.2）×10%=1 354.32

总运费=基本运费+燃油附加费+货币贬值附加费

        =11 286+2 257.2+1 354.32

        =USD14 897.52

应当注意的是，上述例题只是件杂货（散货）班轮运输运费的计收方法，应与集装箱班轮运费的计算相区别。

（二）集装箱班轮运费的计算

20世纪90年代中期开始，国际海洋班轮运输货物大多数是通过集装箱运输的，运费的计算也大为简化。目前集装箱海运运费基本上分为两大类：一类适用于整箱货，即以每个集装箱为计费单位，采用"包箱费率"加"附加费"的计算方法；另一类适用于拼箱货，即以运费吨为计费单位，沿用传统的散杂货运费计算方法。目前总的趋势是"包箱费率"的计算方法逐步取代了传统散杂货运费的计算方法。以下介绍三种常见的包箱费率：

（1）FAK包箱费率（Freight for All Kinds）：即以每个集装箱为计费单位，对每一集装箱不细分箱内货物的货类级别，不计货量（在重量限额范围内），只按箱型和集装箱尺寸统一规定费率。例如：从厦门出口至德国汉堡的普通货物不分货类，统一报价"小柜（20'GP）USD1 600""大柜（40'GP）USD3 100"等。

（2）FCS包箱费率（Freight for Class）：即按不同货物等级制定的包箱费率。

（3）FCB包箱费率（Freight for Class & Basis）：即按不同货物等级或货物类别以及计算标准制定的费率。

三、运输单据

运输单据是承运人收到承运货物后签发给出口商的重要单据。不同的运输方式使用的运输单据各有不同，对应海洋运输方式的单据主要有海运提单和海运单。

（一）海运提单

海运提单（Bill of Lading，或 B/L），简称提单，是指由船公司或其代理人签发的，证明已收到特定货物，允诺将货物运到特定目的地并交付给收货人的凭证。

1. 海运提单的性质和作用

海运提单的性质和作用可以概括为以下三个方面：

（1）货物收据（Cargo Receipt）。提单是承运人或其代理人签发的货物收据，证明承运人已经收到或接管提单上所列的货物。

（2）物权凭证（Title Document）。提单是一种货物所有权的凭证，在法律上具有物权证书的作用，货物抵达目的港后承运人应向提单的合法持有人交付货物。提单可以通过背书转让，从而转让货物的所有权。提单的合法持有人亦可凭提单向银行办理抵押贷款或押汇。

（3）运输契约的证明（Evidence of Contract of Carriage）。提单是承运人与托运人之间订立运输契约的证明。提单条款明确规定了承运人和托运人之间的权利、责任与豁免，是处理他们之间有关海洋运输方面争议的依据。

2. 海运提单的内容和种类

班轮提单一般有正面内容和背面条款。正面内容一般包含：托运人（Shipper）、收货人（Consignee）、被通知人（Notify Party）、承运人（Carrier）、船名及航次（Name of Vessel and Voyage）、收货地（Place of Receipt）、装运港（Port of Loading）、卸货港（Port of Discharge）、交货地（Place of Delivery）、货名（Description of goods）、件数和包装种类（Number and Kind of Packages）、唛头（Shipping Marks）、重量和尺码（Gross Weight，Measurement）、集装箱号（Container No.）、封铅号（Seal

No.)、运费和费用（Freight and Charges）、运费预付或运费到付（Freight Prepaid or Freight Collect）、提单字样（Bill of Lading）、对提单性质的醒目提示（Not Negotiable Unless Consigned to Order）、提单号码（B/L No.）、正本提单份数（Number of Original B（s）/L）、签发地及签发日期（Place and Date of Issue）、提单签名（Signature）等内容。班轮提单背面条款主要是列明发货人和承运人的有关权责利条款。目前有关提单及海上货物运输的国际公约主要有《海牙规则》《维斯比规则》《汉堡规则》及《鹿特丹规则》。

海运提单的种类繁多，可以从不同的角度分为不同的种类。

（1）按货物是否已装船，可分为已装船提单和备运提单。

已装船提单（On Board B/L）是指承运人在货物已装上指定船舶后所签发的提单。已装船提单必须以文字表明货物已装上或已装于某具名船只。具体来说，这类提单上一般印有"On Board"字样，并同时具有装船日期、船名、航次。如提单上未明确说明装船日期，提单的签发日视为装船日期。

备运提单（Received for Shipment B/L），又称收妥待运提单，是指承运人在接管托运人送交的货物后，在装船之前，应托运人的要求签发的提单。银行结汇一般不接受备运提单。

（2）按提单上对货物外表状况有无不良批注，可分为清洁提单和不清洁提单。

清洁提单（Clean B/L）是指货物在装船时表面状况良好，承运人未在提单上加注任何货物残损、包装不良或存在缺陷等批注的提单。承运人签发清洁提单仅确认货物装船或待运时凭目视所及的范围，对其内在质量并不负责。国际贸易惯例一般都明确规定卖方提供的已装船提单必须是清洁提单。银行结汇时，也要求提交清洁提单。

不清洁提单（Unclean B/L，Foul B/L）是指承运人在签发的提单上明确加注"货物及/或包装状况不良或存在缺陷"等批注的提单。例如，提单上批注："ONE BAG BROKEN""TWO BOXES CRASHED，CONTENTS EXPOSED"等。买方一般不接受不清洁提单，同时不清洁提单也不能用于结汇。

（3）按提单的不同抬头，可分为记名提单、不记名提单和指示提单。

记名提单（Straight B/L）是指提单上的收货人栏内填明特定收货人的名称，只能由该特定收货人提货的提单。这种提单不能通过背书方式转让给第三方，不能流通，故在国际贸易中很少使用。

不记名提单（Bearer B/L）是指提单上的收货人一栏内未写明收货人，只填写"To Bearer"字样，即货交提单持有人，或收货人一栏为空白。这种提单无需背书即可转让，手续非常简单，流动性极强，因此风险很大，目前在实际业务中基本不用。

指示提单（Order B/L）是指在提单正面收货人一栏内填上"凭指示"（To Order）或"凭某人指示"（To Order of sb.）字样的提单。收货人一栏仅填上"To Order"字样的，称为"空白抬头"。指示提单是一种可转让提单。指示提单的持有人可通过背书方式把它转让给第三人，而无须经过承运人同意，所以这种提单为买方所欢迎。在国际贸易中，指示提单被广为使用。我国在出口业务中大多使用凭托运人指示、空白背书的提单，习惯上称为"空白抬头、空白背书"提单。

（4）按提单的签发人，可分为船东提单和货代提单。

船东提单和货代提单是实际业务中两个十分常见且重要的概念。

船东提单（Master B/L）是指船公司签发的海运提单，又叫船东单，简称"M单"。船东单是物权凭证，可直接用于提货。

货代提单（House B/L）指的是货代签发的提单，又叫货代单，简称"H单"。严格意义上货代提单应称为"无船承运人"提单，它是经交通部批准并备案取得 NVOCC 资格的货代所签发的提单。货代提单可用于拼箱货的出口，货代单不是物权凭证，收货人在目的港需办理换单手续后方能提货。

（5）按运输方式可分为直达提单、转船提单和联运提单。

直达提单（Direct B/L）是指货物从装运港装船后，中途不换船而直接运到目的港而使用的提单。直达提单上仅列有装运港和目的港的名称。凡合同和信用证规定不准转船者，必须使用这种直达提单。

转船提单（Transshipment B/L）是指货物须经中途转船才能达到目的

港而由承运人在装运港签发的全程提单。这种提单上应注明"转船"或"在XX港转船"字样。

联运提单（Through B/L）是指承运人对经由两种或两种以上运输方式（海/海、海/陆、陆/海）联运的货物所出具的覆盖全程的提单。转船、海陆、海空等联合运输均可签发联运提单。应当注意的是，联运提单中有一程必须是海运。

（6）按提单的签发日期，可分为过期提单、倒签提单和预借提单。

过期提单（Stale B/L）。有两种情况可以构成过期提单：第一种是信用证支付方式下，受益人向指定银行提交提单的时间晚于信用证规定的交单期限，从而导致"过期"；第二种是指由于航线较短或银行流转速度过慢，以致货物到达目的港时，收货人尚未收到提单，造成提货受阻。例如，从上海至大阪一般也就2-3天的航程，而单据（提单）流转到买方手上最快也得一周。这种情况下，提单晚于货物到达是很正常的。这类提单严格上不应属于"过期提单"的范畴。

倒签提单（Anti-dated B/L）是指货物装船完毕后，承运人应托运人的要求，在货物的实际装船日期迟于信用证或合同规定的装运时限时，倒签日期以符合装运期限的一种提单。倒签提单是一种既违约又违法的行为，在许多国家都被视为卖方和船方的共同欺诈，一经发现，承运人将不得不与托运人共同赔偿收货人因此而遭受的损失。

预借提单（Advanced B/L）是指货物在装船前或装船完毕前，托运人为即时结汇向承运人预先借用的提单。与倒签提单相比，预借提单的风险更大。预借提单也是一种违法的行为。

（7）根据提单的使用效力划分，可分为正本提单与副本提单。

正本提单是指提单上有承运人、船长或其代理人签名盖章并注明签发日期的提单。正本提单上必须注明"正本"（Original）字样。正本提单一般签发三份，凭其中任何一份提货后，其余各份即告失效。为了防止他人冒领货物，买方与银行通常要求卖方提供船公司签发的全部正本提单，即所谓"全套提单"或"3/3提单"。实际业务中，为了防止提单在邮寄过程中丢失，也有卖方自行留存一份正本的做法，此时卖方寄给国外买方的就是"2/3 提单"。

副本提单一般标明"副本"（Copy）或"不可转让"（Non-negotiable）字样，提单右下方没有承运人、船长或其代理人的签名盖章，且提单背面也无条款。这种提单主要是供工作参考之用。

（8）根据提单内容的繁简，可分为全式提单和略式提单。

全式提单（Long Form B/L）是指提单除了正面有完整必要的记载事项外，背面还列有承运人或托运人的权利、义务、责任和豁免等详细条款的提单。

略式或简式提单（Short Form B/L）是指仅保留提单正面的必要记载事项，而无背面详细条款的提单。这种提单一般都列有"本提单货物的收受、保管、运输和运费等项，均按本公司全式提单内所印的条款为准"的字眼。租船合同项下所签发的提单通常是简式提单。

3. 业务操作中电放提单的做法

电放提单的产生主要是为了解决目的港"货到提单未到"的问题。随着国际集装箱运输的普及、造船技术的提高和先进导航设备的应用，货物从装运港运至目的港所需的时间大大缩短；另一方面，提单的流转速度并没有加快，仍将经历背书、审查、结汇、邮寄等环节，一般在十几天之后才到达最后收货人手中，这样不可避免地产生"货等单"的矛盾，这一矛盾在近洋运输中显得更加突出。在"货等单"情况下，如果坚持凭正本提单提货，势必造成货物在目的港的滞箱费、港口费用和仓储费用大幅增加，买方也失去了及时销售货物的有利商机。为了解决这个问题，实践中产生了"电放"的做法，由托运人（卖方）向船公司提出申请并提供保函后，由船公司电传通知目的港代理，某票货物无须凭正本提单放货，收货人可凭加盖公章的"电放提单"传真件或凭身份证明提取货物。

企业在业务操作中对待"电放提单"要注意贸易风险，应该在确保货款收汇安全的前提下，发货人才可以允许收货人无单提货。特别是 FOB 情况下，出口商更应该小心买方与船方勾结骗取货物。

（二）海运单

海运单（Sea Waybill）是证明海上运输合同和货物由承运人接管或装

船，以及承运人保证据以将货物交付给单据所载明的收货人的一种不可流通的单据，因此又称"不可转让海运单"。

海运单的基本特点是，它只具备"货物收据"和"运输合同证明"的性质，但不代表货物的所有权，故不能凭其提货也不能转让。货到目的港后，收货人仅凭承运人或其代理人的到货通知提货。海运单能方便收货人及时提货，手续简便、费用较低，并可避免因提单遗失或伪造带来的风险，因此受到欧洲、北美和某些远东、中东地区贸易界人士的青睐。当然，由于收货人仅凭到货通知提货，卖方对货物的控制权在货物装运后就已失去，故在收到货款前面临着很大的风险。企业应该避免使用这类单据。

四、装运主要条款

装运条款的内容及其订立与合同的性质和运输方式有着密切的关系。装运的主要条款包括：

（一）装运时间

装运时间又称装运期（Time of Shipment），是指卖方将合同规定的货物装上运输工具或交给承运人的期限。装运时间是买卖合同的要件，如违反这一要件，买方有权撤销合同，或要求卖方赔偿损失。企业在规定装运时间时应该注意以下操作事项：

1. 根据生产情况或货源情况掌握装运时间

如工厂生产进度快或货源充足，装运时间可定得早一些；如工厂资金短缺、原材料难以采购、生产能力不足或货源紧张，装运期就应定得晚一点。

2. 装运时间不可定得过死

例如，"Shipment on Sept. 30, 2 017"（2017 年 9 月 30 日装运），这种方法把装运时间定在指定的某一天，明显缺乏弹性，实际业务中很难执行。如这一天适逢无船期或舱位已满，或遭海关抽验货物无法在当天装船等，任何一个环节出问题都将使卖方处于非常被动的局面。

3. 装运时间应具体、明确、规范，避免使用"近期装运"术语

例如"立即装运"（Immediate Shipment）、"迅速装运"（Prompt Shipment）、"尽快装运"（Shipment As Soon As Possible）等，这类术语各国、各地区和各行业中并无统一解释，且其主观性非常强，合同中使用这类规定方法将使装运条款显得含混不清，极易引起买卖双方的争议。

4. 装运期不可过短或过长

装运期的长短应根据商品的特性及租船订舱、商检、出口通关的情况而定，特别应注意与船期相匹配，不可过短，以免造成船货衔接困难；也不宜过长，以免行情变化、合同落空。

5. 装运时间应尽量避开大型节假日

特别应注意避免节日前后一周装运，以免相关运作部门人员不齐影响装运。

6. 避免合同中既规定装运时间又规定到货时间

在出口业务中，有时国外客户对销售季节性很强的商品，不仅要求在合同中规定装运时间，还要求保证到货时间，这种既规定装运时间又规定到货时间的做法，往往会破坏原有的合同性质。实际业务中，FOB、CFR、CIF 合同是装运合同只规定装运时间。

（二）装运港（地）和目的港（地）

装运港（port of shipment）是指货物起始装运的港口。目的港（Port of Destination）是指最终卸货的港口。在国际贸易中，装运港（地）一般由卖方提出，经买方同意后确认；目的港（地）一般由买方提出，经卖方同意后确认。

企业在规定装运港时应该注意：出口贸易中，对国内装运港的规定，原则上应选择靠近产地或货源地、交通便捷、基础设施完善的地方，且不能接受内陆城市为装运港的条件；进口业务中，对方提出的装运港或装运地必须是我国政府允许进行贸易往来的国家和地区的港口或地方，其装载条件应当是良好的。

企业在规定目的港时应该注意：对目的港或目的地的规定，应力求明确具体。一般不要使用"欧洲基本港""非洲基本港"之类的笼统规定；

目的港应接近用货单位或消费地区，且不能接受以内陆城市为目的港的条件；注意目的港的具体条件，例如：有无直达班轮、港口和装卸条件以及运费和附加费水平等；目的港必须是船舶可以安全停泊的港口，避免把正在进行战争或有政治动乱的地方作为目的港或目的地；注意国外港口有无重名情况。如有重名，港口后应加上国别名称；选卸港的数目一般不超过三个，且备选港必须在同一航线上。必须是班轮公司都停靠的基本港。

（三）分批装运

分批装运（Partial Shipment）是指一个合同项下的货物分若干批装运。在大宗货物或成交数量较大的交易中，买卖双方根据交货数量、运输条件和市场等因素，可在合同中规定分批装运条款。分批装运条款可以原则规定允许分批，对于分批的具体时间、批次和数量均不作规定。也可以具体订明每批装运的时间和数量。

企业有关分批装运的业务操作应该注意：

（1）当合同中未明确规定允许分批时，各国法律及国际惯例对卖方能否分批装运有着不同的规定。有鉴于此，为了避免不必要的误解、争议和防止交货时发生困难，除非买方坚持不允许分批装运，卖方原则上应明确在贸易合同中规定"允许分批转运"（Partial Shipment to be Allowed）。

（2）认定某种交货方式是否属于分批装运时，应注意《跟单信用证统一惯例》第31条b款的如下规定："运输单据表面上注明货物是使用同一运输工具装运并经同一路线运输的，即使每套运输单据注明的装运日期不同，以及/或装运港、接受监管地不同，只要运输单据注明的目的地相同，也不视为分批装运"。因此，满足"同一运输工具""同一航次""同一目的地"的多次装运不视为分批装运。

（3）对于限批、限时、限量的条款，卖方的机动余地很小，只要其中任何一批未按时按量装运，即构成违反合同（合同另有规定的除外）。《跟单信用证统一惯例》对限期、限量分批装运还规定："信用证规定在指定时期内分期支款及/或发运，其中任何一期未按时支款及/或发运，除非信用证另有规定，则信用证对该期及以后各期均告失效。"

（四）转运

按《跟单信用证统一惯例》（UCP600）第 19 条的规定，转运是指在从信用证规定的发运接受监管或装运地至目的地的运输过程中，从一运输工具卸下，再装上另一运输工具（不论是否为不同运输方式）的行为。国际货物运输过程中需要转运的情况不少，如海运方式下驶往目的港没有直达船或船期不定或航次间隔时间太长等情况，转运都不可避免。为了明确责任和便于安排运输，买卖双方是否同意转运以及有关转运的办法等问题，应在买卖合同中订明，以利合同的履行。

（五）装运通知

装运通知（Shipping Advice）是指卖方在货物装船后或把货物交付给承运人后向买方发出的列明货物详细装运情况的通知。其作用在于方便买方办理保险、办理进口报关手续和做好接卸货物的准备等。特别是 CFR 合同情况下，卖方必须在装运完成后立即发出装运通知，以便买方及时投保。如果卖方不及时发出装船通知，买方不能及时投保，货物遭受损失应该由卖方承担，而不能援用 CFR 条件下货物装船后风险转移给买方的规定。装运通知的内容一般包括合同号、货物名称、数量、质量、发票金额、船名、航次及装船日期等。合同中规定"装运通知"条款的目的在于明确买卖双方的责任，促使买卖双方互相合作，共同做好船货衔接工作。

第四节　国际货物运输保险业务

海洋运输货物保险保障的范围，包括承保的风险、承保的损失与承保的费用三方面内容。

一、风险

海洋货物运输保险承保的风险包括海上风险和外来风险两类。海上风险包括自然灾害和意外事故；外来风险则有一般外来风险和特殊外来风险之分，如表 3-6 所示。

表 3-6　　　　　　　海洋运输货物保险承保的风险类型

风险类型	主要类别	风险内容
海上风险 （Perils of the Sea）	自然灾害 （Natural Calamity）	恶劣气候、雷电、海啸、地震、洪水 火山爆发、浪击落海等
	意外事故 （Fortuitous Accidents）	船舶搁浅、触礁、沉没、碰撞、互撞 遇流冰、失火、爆炸等
外来风险 （Extraneous Risk）	一般外来风险 （General Extraneous Risks）	偷窃、提货不着、淡水雨淋、短量、 混杂沾污、渗漏、破损破碎、串味、 受潮受热、钩损、包装破裂、锈损等
	特殊外来风险 （Special Extraneous Risks）	战争、罢工、交货不到、拒收等

（一）海上风险

海上风险是指船舶或货物在海上航行中或随附海上运输所发生的风险，在现代海上保险业务中，保险人所承保的海上风险是有特定范围的：一方面，它并不包括在海上发生的一切风险；另一方面，它又不局限于航海中所发生的风险，还包括发生在与海上航运相关联的内陆、内河、内湖运输过程中的一些风险。海上风险一般包括自然灾害和意外事故两种。

1. 自然灾害

自然灾害（Natural Calamities）是指不以人的意志为转移的自然界力量所引起的灾害，如恶劣气候、雷电、海啸、地震、洪水、火山爆发等。这些灾害在保险业务中都有其特定的含义。

2. 意外事故

意外事故（Accident）是指由于偶然的、难以意料的原因所造成的事故，如船舶搁浅、触礁、沉没、碰撞、互撞、遇流冰、失火、爆炸等。

（二）外来风险

外来风险是指海上风险以外的其他外来的原因所造成的风险，外来风险包括下列两种类型：一是"一般外来风险"，指偷窃、提货不着、淡水雨淋、短量、混杂沾污、渗漏、破损破碎、串味、受潮受热、钩损、包装破裂、锈损等外来风险。它们分别由 11 种对应的一般附加险承保。二是"特殊外来风险"，主要指由于军事、政治、国家政策法令和行政措施等原因所致的风险损失，如战争、罢工、交货不到、拒收等。它们分别由战争险、罢工险、黄曲霉素险、交货不到险等 8 种对应的特殊附加险承保。

二、损失

被保险货物因遭受海洋运输中的风险所导致的损失称为海上损失，或简称为海损（Average）。海损按损失程度的不同，可分为全部损失和部分损失；按性质的不同，可分为共同海损和单独海损。

（一）全部损失与部分损失

1. 全部损失

全部损失简称全损，可以分为实际全损（Actual Total Loss）和推定全损（Constructive Total Loss）

（1）实际全损。海上保险标的发生实际全损的表现形式主要包括以下几种：

①保险标的物全部灭失。即发生保险事故后，保险标的的物质实体完全毁损和不复存在。例如，船载货物被大火烧毁，船舱进水致使糖、盐等货物被海水溶解等。

②保险标的物失去原有商业价值或用途。即保险标的受损后，虽然物质形体尚在，但已失去了原有的使用价值。例如，水泥受海水浸泡后结块，食品被有毒物质沾污等。

③被保险人对保险标的失去所有权，且无法挽回。指保险标的仍然存在，也没有丧失原有用途，但被保险人已丧失了对它的有效占有，且无法挽回。例如，货物被敌国没收等。

④船舶失踪。船舶在合理时间内未从被获知最后消息的地点抵达目的地，除合同另有约定外，满两个月后仍没有消息的，为船舶失踪。船舶失踪视为实际全损。

被保险货物在遭到实际全损时，被保险人可按其投保金额获得保险公司全部损失的赔偿。

（2）推定全损。根据《中华人民共和国海商法》（以下简称《海商法》）的规定，货物发生保险事故后，实际全损已经不可避免，或者为避免发生实际全损所需支付的费用与继续将货物运抵目的地的费用之和超过保险价值的，为推定全损。

当保险标的发生推定全损时，被保险人有两个选择：一是要求按全部损失赔偿。此时被保险人必须向保险人发出委付通知（Notice of Abandonment），声明愿意将保险标的的一切权利和义务转让给保险人，并要求保险人按全损给予赔偿的一种行为。委付需经保险人同意后方能生效，但保险人应当在合理的时间内将接受委付或者不接受委付的决定通知被保险人。委付一经接受，不得撤回。二是被保险人保留标的，而向保险人要求部分损失的赔偿，此时无须发出委付通知。

2. 部分损失

不属于实际全损和推定全损的损失为部分损失，即没有达到全部损失程度的损失。

（二）共同海损与单独海损

1. 共同海损

共同海损（General Average）是指在同一海上航程中，船舶、货物和其他财产遭遇共同危险，为了共同安全，有意地、合理地采取措施所直接造成的特殊牺牲、支付的特殊费用。共同海损应当由受益方按照各自分摊价值的比例分摊。

构成共同海损，必须具备以下条件：第一，导致共同海损的危险必须是真实存在的或不可避免的，而非主观臆测的；第二，船方采取的措施，必须是为了船货的共同安全而有意采取的紧急、合理的措施；第三，所做的牺牲具有特殊性，支出的费用是额外的，是为了解除危险，而不是由危险直接造成的；第四，所采取的措施必须是最终有效的，即最终避免了船货的同归于尽，船舶和货物的全部和部分最后安全抵达航程目的港。

共同海损牺牲（Sacrifice）是指由于共同海损措施直接造成的船舶或货物或其他财产的特殊损失和支付的特殊费用。例如，载货船舶在航行遭遇暴风雨导致船身严重倾斜，船长为了使船、货脱险，下令将部分货物抛弃，弃货后船身恢复平衡转危为安、安全抵达目的港，被抛弃的货物就是共同海损牺牲。

共同海损分摊（Contribution）是共同海损法律制度中的一项基本原则，它指船舶发生共同海损事件后，凡属共同海损范围内的牺牲和费用，均可通过共同海损理算，由有关获救受益方（即船方、货方和运费收入方）根据获救价值按比例分摊。共同海损的分摊价值，应该根据船舶遭遇共同海损事故的航程终止日期和地点各项财产的实际净值来计算。

2. 单独海损

单独海损（Particular Average）是指保险标的在运输过程中遭遇海上风险而直接造成船舶或货物的部分损失，除共同海损以外的部分损失。这些损失只能由标的物的所有人单独负担。当然，如果损失是由承保风险所引起的，被保险人可以向保险人索赔。

3. 共用海损和单独海损的区别

共同海损与单独海损的主要区别表现在：

（1）造成损失的原因不同。单独海损是由海上风险直接造成的货物损失，没有人为因素在内；共同海损则是在遭遇共同危险的紧急情况下人为有意地采取措施而导致的损失。

（2）承担损失的责任方不同。单独海损的损失一般由受损方自行承担，如涉及第三者责任方的过失，则由过失方负责赔偿。如受损方投保了海上保险，其损失由保险公司根据保险条款承担赔偿责任。共同海损损失是为了船货的共同安全做出的，因此应由各受益方按获救财产价值的比例共同分摊。如受益方投保了运输货物保险或船舶险，保险公司对于受益方应承担的分摊金额予以赔偿。

三、费用

保险人不仅负责赔偿由于承保风险而造成的损失，也承担为营救被保险货物所支出的施救费用和救助费用。

（一）施救费用

施救费用（Sue & Labor Charge），是指被保险货物在遭遇承保责任范围内的灾害事故时，被保险人或其代理人、雇用人员或保单受让人为了避免或减少货物损失，采取各种抢救与防护措施所支出的合理费用。保险人对这种施救费用负责赔偿。值得注意的是，施救费用的赔偿并不考虑措施是否成功。只要措施得当，费用支出合理，即使施救措施不成功，没有达到目的，保险人对施救费用也应负责。这一规定调动了被保险人对保险标的进行施救的积极性，从而也保护了保险人自己的利益。

（二）救助费用

救助费用（Salvage Charge）是指海上保险财产在遭遇承保范围内的灾害事故时，由保险人和被保险人以外的第三者采取救助措施并获成功，由被救方支付给救助方的一种报酬。

保险人对救助费用的赔偿以获救财产的保险金额为限，且救助费用与保险标的本身损失的赔偿相加不得超过保险金额。这就意味着如果保险标的发生全损，保险人对于救助费用不再赔偿。

四、海洋运输货物保险的险别

对我国进出口商而言，海运货物保险最常用的两类条款是《中国保险条款》（China Insurance Clauses）下的《海洋运输货物保险条款》（Ocean Marine Cargo Clauses）以及英国伦敦保险协会的《协会货物保险条款》（Institute Cargo Clauses）。

（一）中国海洋运输货物保险的险别

中国海洋运输货物保险可以分为基本险和附加险，其中基本险是指可以单独投保的险别。附加险是对基本险的补充和扩大，只有在投保了基本险的基础上才可以加保。

1. 基本险

基本险别分为平安险、水渍险和一切险三种。

（1）平安险

平安险（Free from Particular Average，简称 F.P.A.）是三种险别中责任范围最小的险种。按照我国的《海洋运输货物保险条款》，平安险的责任范围共有如下八项：

第一，被保险货物在运输途中由于恶劣气候、雷电、海啸、地震、洪水等自然灾害造成整批货物的全部损失或推定全损。

第二，由于运输工具遭受搁浅、触礁、沉没、互撞、电与流冰或其他物体碰撞以及失火、爆炸等意外事故造成货物的全部或部分损失。

第三，在运输工具已经发生搁浅、触礁、沉没、焚毁等意外事故的情况下，货物在此前后又在海上遭受恶劣气候、雷电、海啸等自然灾害所造成的部分损失。

第四，在装卸或转运时由于一件或数件的整件货物落海造成的全部或部分损失。

第五，被保险人对遭受承保责任范围内危险的货物采取抢救、防止或减少货损的措施而支付的合理费用，但以不超过该批被救货物的保险金额为限。

第六，运输工具遭遇海难后，在避难港由于卸货所引起的损失以及在中途港、避难港由于卸货、存仓以及运送货物所产生的特别费用。

第七，共同海损的牺牲、分摊和救助费用。

第八，运输契约包含"船舶互撞责任"条款，根据该条款规定应由货方偿还船方的损失。

（2）水渍险

水渍险（With Particular Average，简称 W.P.A.）的英文原意是"负责赔偿单独海损"，其责任范围比平安险大，但比一切险小。除包括上述平安险的各项责任外，水渍险还包括被保险货物由于恶劣气候、雷电、海啸、地震、洪水等自然灾害所造成的部分损失。

（3）一切险

一切险（All Risks，简称 A.R.）是三种基本险中责任范围最大的险种，但不能如其字面一样解释为保险人负责赔偿所有风险造成的损失。一切险的承保范围除包括上述平安险和水渍险的各项责任外，还负责被保险货物在运输途中由于一般外来风险所致的全部或部分损失。

对海洋运输货物保险的三种基本险，保险公司规定有如下除外责任：

（1）被保险人的故意行为或过失所造成的损失。

（2）属于发货人责任所引起的损失。

（3）在保险责任开始前，被保险货物已存在的品质不良或数量短差所造成的损失。

（4）被保险货物的自然损耗、本质缺陷、特性以及市价跌落、运输延迟所引起的损失或费用。

（5）海洋运输货物战争险条款和货物运输罢工险条款规定的责任范围和除外责任。

在保险责任起讫方面，与国际保险市场的习惯做法一样，我国《海洋运输货物保险条款》规定的责任期间也采用"仓至仓"条款（Warehouse to Warehouse Clause，W/W Clause），即保险责任自被保险货物运离保险单所载明的起运地仓库或储存处所开始运输时生效，包括正常运输过程中的海上、陆上、内河和驳船运输在内，直至该项货物到达保险单所载明目的地收货人的最后仓库或储存处所或被保险人用作分配、分派或非正常运输的其他储存处所为止。如未抵达上述仓库或储存处所，则以被保险货物在最后卸载港全部卸离海轮后满 60 天为止。如在上述 60 天内被保险货物需转运到非保险单所载明的目的地时，则以该项货物开始转运时终止。

2. 附加险

目前，《中国保险条款》中的附加险可以分为一般附加险和特殊附加险两类。

（1）一般附加险

一般附加险所承保的是由于一般外来风险所致的全部或部分损失，其险别共有如下 11 种：

● 偷窃、提货不着险（Theft，Pilferage and Non-delivery，T.P.N.D.）。承保被保险货物因偷窃行为所致的损失和整件提货不着导致的损失。

● 淡水雨淋险（Fresh Water and/or Rain Damage）。承保被保险货物直接由于淡水、雨淋所造成的损失。雨淋所致损失包括雨水、冰雪融化等给货物造成的损失；淡水所致损失包括因船舱内水汽凝聚而成的舱汗、船上淡水舱或淡水管漏水给货物造成的损失。

● 短量险（Risk of Shortage）。承保被保险货物在运输过程中因外包装破裂或散装货物发生数量散失和实际重量短缺的损失，但正常的途耗除外。

● 渗漏险（Risk of Leakage）。承保液体、流质类货物在运输过程中因容器损坏而引起的渗漏损失，装运原油等油类的管道破裂造成的渗漏损失，以及用液体储藏的货物因储液渗漏而引起的货物腐烂变质等损失。纺织服装产品由于产品性质不同，这种险别一般不需要。

- 混杂、玷污险（Risk of Intermixture and Contamination）。承保被保险货物在运输途中因混进杂质或被玷污所造成的损失。例如，散装粮食、谷物、矿砂等，容易混进泥土、碎石、草屑等，以致质量受损；布匹、服装等纺织品可能被油类或带色物质污染而引起损失。当然，如货物属集装箱运输方式下的整箱货，则被他物混杂玷污的可能性极小。

- 碰损、破碎险（Risk of Clash and Breakage）。承保被保险货物在运输途中因震动、碰撞、受压或搬运不慎造成的破碎、裂损、弯曲、凹瘪、脱瓷、脱漆等损失。易发生碰损的主要是家具、漆木制品、金属制品等；易破碎的则包括玻璃制品、陶瓷制品、大理石板等。应当注意的是，碰损破碎险作为一种一般附加险，主要是对搬运不慎或装卸不当等一般外来原因导致的碰损破碎损失承担赔偿责任，因自然灾害或运输工具发生意外事故导致的碰损破碎损失并不在本险的赔偿范围内。纺织服装产品一般是外包装箱的破损，内在货物的破碎较少。

- 串味险（Risk of Odor）。承保被保险货物在运输途中因受其他物品气味的影响而引起的串味、变味损失。易发生串味损失的货物如食品、茶叶、中药材、化妆品等，它们在运输途中如与有腥味、异味的物品存放在一起，则很可能被串味而使本身品质受损；此外，这些货物如装载在未洗净有异味的集装箱内，也极易受串味影响。

- 受潮受热险（Damage Caused by Sweating and Heating）。承保被保险货物在运输过程中因气温突变或由于船上通风设备失灵致使船舱内水汽凝结、发潮或发热所造成的损失。

- 钩损险（Risk of Hook Damage）。承保被保险货物在运输、装卸过程中，因使用手钩、吊钩等钩类工具而致本身被钩破，或外包装被钩坏造成货物外漏的损失。袋装布匹发生钩损的情况较多。保险人不但要负责赔偿货物被钩坏的损失，对因包装被钩破而进行修补或调换所支付的合理费用也要予以承担。

- 锈损险（Risk of Rust）。承保被保险货物在运输过程中因生锈而造成的损失。易发生锈损的有金属、金属制品等。对于极易生锈的铁丝、钢丝绳、水管零件等，以及不可避免生锈的裸装金属条、金属板等，保险人往往拒绝承保该险。纺织服装一般也不必投保该险种。

- 包装破裂险（Loss or Damage Caused by Breakage of Packing）。承保被保险货物在运输过程中因搬运或装卸不慎，导致包装破裂所造成的损失，以及为继续运输安全需要而产生的修补或调换包装所支付的费用。如果包装破裂是由于包装不良等原因所致，则保险人不承担赔偿责任。

由于一切险的承保范围已包含了所有一般附加险的责任，所以在投保了一切险之后，就无须再加保一般附加险。而在投保了平安险或水渍险时，则可根据货物的特性或根据需要加保一种或几种一般附加险。

（2）特殊附加险

特殊附加险承保由于特殊外来原因导致的全部或部分损失，共有以下8种：

- 战争险（War Risk）。承保人对直接由于战争、类似战争行为和敌对行为、武装冲突或海盗行为所致的损失，以及由于上述行为引起的捕获、拘留、扣留、禁制、扣押所造成的损失；各种常规武器，包括水雷、鱼雷、炸弹所致的损失，以及由于以上原因造成的共同海损的牺牲、分摊和救助费用负赔偿责任。但对使用原子或热核武器所致的损失和费用不负赔偿责任。战争险的责任起讫不是采用"仓至仓"，而是"水面危险"原则，即自被保险货物装上保险单所载起运港的海轮或驳船时开始，到卸离保险单所载目的港的海轮或驳船时为止。如果被保险货物不卸离海轮或驳船，保险责任最长期限以海轮到达目的港的当日午夜起算满15天为止，待再装上海轮续运时恢复有效。

- 罢工险（Strike Risk）。承保人对被保险货物由于罢工者、被迫停工工人或参加工潮、暴动、民动、民众斗争的人员的行动，或任何人的恶意行为所造成的直接损失和上述行动或行为所引起的共同海损、牺牲、分摊和救助费用负赔偿责任。投保罢工险应注意以下几方面问题：①罢工险只承保罢工行为所致的被保险货物的直接损失，因罢工行为使货物无法正常运输装卸导致的间接损失不在赔偿范围内；②罢工险的责任起讫和基本险一样，是"仓至仓"而不是"水面危险"；③在投保战争险的前提下，加保罢工险不另收费。

• 黄曲霉素险（Aflatoxin Risk）。承保被保险货物因所含黄曲霉素超过进口国的限制标准，被拒绝进口、没收或强制改变用途而遭受的损失。花生、大米等往往含有黄曲霉素，进口国对这种毒素的含量都有严格的限制标准，一旦超标，就会被拒绝进口或强制改变用途。可见，黄曲霉素险是一种专门的拒收险。但纺织服装产品一般不涉及该险种。

• 交货不到险（Failure to Deliver Risk）。承保不论任何原因，已装上船的被保险货物不能在预定抵达目的地的日期起 6 个月内交货的损失。引起交货不到的原因，以政治上的原因居多，如禁运或在中途港被强行卸载等。

• 舱面险（On Deck Risk）。又称"甲板险"，除按保险单所载条款负责外，还承保存放在舱面的货物被抛弃或被风浪冲击落水的损失。随着集装箱运输的发展，装于舱面的集装箱货物提单早已为国际贸易界普遍接受，因此，保险人通常把装载在舱面的集装箱货物视为舱内货物承保。

• 进口关税险（Import Duty Risk）。当被保险货物遭受保险责任范围以内的损失，而被保险人仍须按完好货物价值完税时，保险公司对损失部分货物的进口关税负责赔偿。投保该险时，应注意保险金额应为被保险货物须缴纳的关税，而非货物本身的保险金额。

• 拒收险（Rejection Risk）。承保被保险货物在目的港被进口国政府或有关当局拒绝进口或没收所造成的货物的损失。

• 货物出口到香港（包括九龙）或澳门存仓火险责任扩展条款（Fire Risk Extension Clause—for Storage of Cargo at Destination Hong Kong, including Kowloon or Macao）承保被保险货物到达目的地卸离运输工具后，如直接存放于保险单载明的过户银行所指定的仓库所造成的存仓火险损失，直至银行收回抵押款解除货物的权益为止，或运输责任终止时期满 30 天为止。

（二）伦敦协会海洋运输货物保险条款

《协会货物保险条款》最早制定于 1912 年，后经多次修改，其中影响较大的版本是 1982 年 1 月 1 日修订完成并于 1983 年 4 月 1 日起实施的 ICC 条款。最近一次修订是在 1982 年版本的基础上做出的，于 2009 年 1 月 1 日生效。

1. 协会条款的主要险别

2009 版的《协会货物保险条款》主要险别为六种：

（1）协会货物条款（A）（Institute Cargo Clause A）。

（2）协会货物条款（B）（Institute Cargo Clause B）。

（3）协会货物条款（C）（Institute Cargo Clause C）。

（4）协会战争险条款（货物）（Institute War Clause-Cargo）。

（5）协会罢工险条款（货物）（Institute Strike Clause-Cargo）。

（6）恶意损害险条款（Malicious Damage Clause）。

以上六种保险条款中，前三种为主险，ICC（A）相当于中国保险条款中的一切险，其责任范围采用"一切风险减除外责任"的方式说明；ICC（B）、ICC（C）都采用"列明风险"的方式表明其承保范围，ICC（B）大体相当于水渍险，ICC（C）相当于平安险。六种险别中，只有恶意损害险不能单独投保，其他五种险结构统一、体系完整、均可作为独立的险别单独投保。应当注意的是，由于恶意损害险的责任范围已被列入 ICC（A）的承保风险，因此，只有在投保 ICC（B）和 ICC（C）时，才在需要时予以加保。恶意损害险承保被保险人以外的其他人（如船长、船员等）的故意损坏、故意破坏保险标的或其任何部分所造成的损失或费用。但恶意行为若出于政治动机，则不属于本险别的承保范围，而属于罢工险的承保范围。

2. ICC 三种主险的责任起讫

2009 年版《协会货物保险条款》扩展了保险人的责任起讫，即保险责任自保险标的开始进入仓库或储存处所时就生效，包括正常运输过程，直至运到下述地点时终止：

（1）合同载明的目的地最后仓库或储存处所，从运输车辆或其他运输工具完成卸货；

（2）合同载明的目的地任何其他仓库或储存处所，或在途中任何其他仓库或储存处所，从运输车辆或其他运输工具完成卸货，上述任何其他仓库或储存处所是由被保险人或者其雇员选择用作在正常运送过程之外的储存货物或分配货物，或分派货物；

（3）被保险人或其雇员在正常运输过程之外选择任何运输车辆或其他运输工具或集装箱储存货物；

（4）自保险标的在最后卸货港卸离海轮满 60 天为止。

上述情况以先发生者为终止条件。如果保险标的在最后卸货港卸离海轮后，但本保险责任终止前，需被转运至非保单载明的其他目的地时，则该项保险标的开始转运之时保险责任即告截止。

五、保险费计算

货物运输险的保险费是以保险金额为基础计算的，因此首先应掌握保险金额的构成及其计算方法，在此基础上结合具体保险费率算出保费。

（一）保险金额的构成

保险金额是保险人承担赔偿责任的最高限额，也是保险人计收保险费的基础。投保人投保运输货物保险时，应向保险人申报保险金额。

国际货物运输保险的保险金额，一般是按 CIF 或 CIP 发票金额加成10%计算的。之所以要按 CIF 或 CIP 计算，主要是为了使被保险人在货物发生损失时，不仅货价的损失可获补偿，对已经支出的运费和保险费也能获得补偿；而加一成投保的原因在于使买方为进行这笔交易所支付的费用和预期利润也能得到补偿。

对于加成投保的问题，贸易合同中如未作规定，则按《跟单信用证统一惯例》（国际商会 600 号出版物）及《2010 年国际贸易术语解释通则》的规定，卖方有义务按 CIF 或 CIP 价格的总值另加 10%作为保险金额。当然，如买方要求按较高的金额投保，而保险公司也同意承保，卖方亦可接受，但由此而增加的保险费原则上应由买方承担。

（二）保险金额的计算

1. 出口货物保险金额的计算

在已知 CIF 发票价和加成率的情况下，保险金额计算公式如下：

保险金额＝CIF 价格×（1+加成率）

从上述公式可知，保险金额是以 CIF 价格为基础计算的，如果对外报价为 CFR 价格，而国外买方要求改报 CIF 价，或者在 CFR 合同下，由卖方代办保险，则保险金额不能直接以 CFR 价为基础来计算，而应先把 CFR 价换算为 CIF 价，再加成计算保险金额。即：

$$CIF \text{ 价格} = \frac{CFR \text{ 价格}}{1-（1+\text{保险加成率}）\times \text{保险费率}}$$

保险金额 = CIF（或 CIP）价格 ×（1 + 保险加成率）

2. 进口货物保险金额的计算

按照某些保险公司的理论和做法，进口货物的保险金额直接以进口货物的 CIF 或 CIP 价为准，一般不再加成，即：

保险金额 = CIF 进口货价

或：保险金额 = FOB ×（1 + 平均运费率 + 平均保险费率）

上述公式中，平均运费率及平均保险费率由进口企业与保险公司共同议定。应当注意的是，"进口保险不加成"的做法只是保险理论上的一种"惯例"。在实际工作中，如进口商要求加成投保，保险公司也可接受。

（三）保险费的计算

货物运输险的保险费以货物的保险金额和保险费率为基础计算，其计算公式为：保险费 = 保险金额 × 保险费率

例如：我某公司出口一批纺织面料到欧洲汉堡，原报 CFR 汉堡，总计金额为 20 000 美元，现客户要求我方代办保险，投保一切险及战争险（保险费率为 0.5%），保险加成率为 10%，问该批货物的保险金额和保险费是多少？

解：

$$CIF \text{ 价} = \frac{CFR \text{ 价格}}{1-（1+\text{保险加成率}）\times \text{保险费率}}$$

$$= \frac{20\ 000}{1-（1+10\%）\times 0.5\%}$$

$$= 20\ 110.61（\text{美元}）$$

保险金额 = 20 110.61 ×（1 + 10%）= 22 121.67（美元）

保险费 = 保险金额 × 保险费率

$$= 22\ 121.67 \times 0.5\%$$

$$= 110.61\ （美元）$$

当然，上例中保险费也可通过将 CIF 价与 CFR 价相减而得。

六、保险业务操作

国际货物贸易中，进出口商在办理货物运输保险时通常涉及的工作有选择保险公司及投保方式、确定险别及保险金额、办理投保并交付保费、领取保单以及在货损发生时办理保险索赔等。

（一）选择保险公司

保险人的选择直接影响到发生损失时被保险人能否顺利获得赔偿。对投保人而言，选择保险人时应考虑以下因素：

1. 保险公司的经济实力和经营的稳定性

保险公司履行对投保人的承诺，是以其经济实力和经营的稳定性为基础的。投保人一般要选择经济实力雄厚、经营稳健、操作规范、资信好的保险公司，以便保险标的受损时能得到应有的赔偿。

2. 保险公司的综合服务水平

投保前，投保人需要进行很多有关保单的咨询，保险人或其代理人是否能够给予全面的、客观的回答；投保后，投保人或被保险人的一些合理需要能否得到满足；保险标的发生损失后，保险理赔是否迅速、合理，是否和此前的承诺一致等，这些都是保险公司服务水平、态度的表现。为此，投保人在投保前有必要做好市场调查，对各个保险公司的服务水平尤其是理赔反应和理赔能力进行比较和了解，在此基础上做出正确选择。

3. 保险公司的收费水平

保险公司的收费水平主要体现在保险费率的高低上，因费率高低决定了保费的多少，故也是选择保险人时应考虑的因素。同等情况下选择收费较低的保险公司，有利于节省不必要的保费支出，提高经济效益。

（二）选择投保方式

1. 预约保险

对于进口业务较多的外贸公司，为了简化保险手续并防止进口货物在国外装运后因信息传送不及时，而发生漏保或来不及办理投保等情况，进口商可以采取预约投保方式，即与保险公司签订预约保险合同，合同中规定承保货物的范围、险别、费率、责任、赔款处理等条款。凡属预保合同规定范围内的进口货物，一经起运，保险公司即按预保合同订立的条件自动承保。预约保险方式下，进口商无须对每批进口货物填制投保单，只需在获悉货物装运详情后填写《国际运输预约保险起运通知书》送交保险公司即可。

2. 逐笔投保

我国出口货物的投保一般采用逐笔投保，即被保险人就每一批货物单独向保险公司提出书面投保申请，投保单经保险公司接受后，由保险公司签发保险单。如果时间急促，也可采用口头或电话向保险公司申请投保，如获允许，保险也可生效，但随后一定要补填投保单。对于不常有进口业务的外贸公司，一般也采用逐笔投保，即在接到国外的装船通知后，立即向保险公司投保。

（三）选择险别

在国际货物运输保险中，选择何种投保险别，需综合考虑多种因素。既要考虑使货物得到充分保障，又要尽量节约保险费的支出，降低贸易成本，提高经济效益。

1. 货物的特性

不同性质和特点的货物，在运输途中可能遭遇的风险和发生的损失往往有很大的差别。因此，在投保时必须充分考虑货物的特性，据以确定适当的险别。服装等纺织品，容易受到水湿及玷污损失，可在水渍险的基础上加保淡水雨淋险和混杂玷污险。

2. 货物的包装

货物的包装方式和包装材料直接影响货物在运输途中的安全和损失程度，因此，选择险别时，应参照包装条件而定。例如：有些用布袋包装的纺织原料和布料，担心装卸过程中被钩破，需要加保钩损险。应当注意的是，若因货物包装不足或不当，以致不能适应国际货物运输的一般要求而使货物遭受损失，则属于发货人责任，保险人一般不予负责。

3. 货物价值

价值的高低对投保险别的选择也有影响。对贵重商品，由于其价格昂贵，一旦损坏对其价值影响很大，所以应投保一切险，同时在保险公司能接受的条件下提高加成投保的比例，以期获得充分的保障。

4. 运输路线及停靠港口

就运输路线而言，一般地，运输路线越长，所需的运输时间越长，货物在运输途中可能遭遇的风险就越多；反之，运输路线越短，货物可能遭受的风险就越少。运输路线和停靠港口不同，对货物可能遭受的风险和损失也有很大的不同。某些航线途经气候炎热的地区，如果载货船舶通风不良，就会增大货损，此时可考虑加保受热受潮险。而在政局动荡不定，或在已经发生战争的海域内航行，货物遭受意外损失的可能性自然增大，应加保战争险。所以，投保前要进行适当的调查，考虑到可能发生什么样的损失，以便选择适当的险别予以保障。

5. 运输方式

货物通过不同的运输方式进行运输，途中可能遭遇的风险并不相同，可供选择的险别也因运输方式而各异。例如，海运方式下可选择的基本险包括平安险、水渍险和一切险；空运方式下可选择航空运输险或航空运输一切险；陆运运输方式下可选择陆运险或陆运一切险等。所以投保人或被保险人应根据不同的运输方式和运输工具选择适合的保险险别。随着运输技术的发展，多式联运方式越来越多地被采用，货主在投保时应全面考虑整个运输过程中采用的各种运输方式，分段选择相应的保险险别。

6. 国际惯例与各国贸易习惯

险别的选择还与国际惯例和各国的贸易习惯有关。例如，按照国际商会《INCOTERMS 2010》的规定，如无相反的明示协议，CIF术语下的卖方只需按协会货物保险条款或其他类似条款中最低责任的险别投保；再如，按比利时的贸易习惯，CIF条件下卖方常负责投保水渍险；按澳大利亚的行业习惯，CIF条件下卖方须负责投保水渍险和战争险等。

（四）确定保险金额、支付保费

国际货物运输保险业务中，进出口商在选定保险公司、投保方式及投保险别后，还需确定保险金额、办理保险并交付保费。保险金额及保险费的计算方法前文已做了详细解释，这里不再赘述。

（五）获取保单

1. 取得保险单据

保险单（Insurance Policy）是保险人与被保险人之间订立保险合同的证明文件。当发生保险责任范围内的损失时，它是保险索赔和理赔的主要依据。信用证方式下，保单还是一种议付单据，保单与信用证相符是开证行付款的条件之一。因此，出口商在收到保险公司出具的保险单后，应根据合同、信用证等对保单进行逐项审核。

2. 保险单的批改

保险单在签发后，在保险单有效期内，其内容一般不宜更改。但在实际业务中，投保人由于种种原因可能需要补充或变更保单内容，此时可向保险公司提出书面申请，以批单（Endorsement）方式注明更改或补充的内容。批改内容如涉及保险金额增加和保险责任范围扩大，保险公司只有在核实货物未出险的情况下才同意办理。批单原则上须粘贴在保单上，并加盖骑缝章，作为保险单不可分割的一部分。保险单一经批改，保险公司即按批改后的内容承担责任。

3. 保险单的转让

保险单的转让，即保单权利的转让。这种转让，可以采用由被保险人在保险单上背书或其他习惯方式进行。按照习惯做法，采取空白背书方式转让的保险单，可以自由转让；采取记名背书方式转让的保险单，则只有被背书人才能成为保险单权利的受让人。保险单的转让无须取得保险人的同意，也无须通知保险人。即使在保险标的发生损失后，只要被保险人对保险标的仍然具有可保利益，保单仍可有效转让。

（六）保险索赔

1. 报损

一旦获悉或发现被保险货物受损，被保险人应立即向保险公司或其指定的代理人发出损失通知。保险人或指定的代理人接到货损通知后，一方面对货物提出施救意见并及时对货物进行施救，避免损失扩大；另一方面会尽快对货物的损失进行检验，核定损失原因，确定损失责任等，以免因时间过长而导致货物损失原因难以查清，责任无法确定。

2. 报验

被保险人在向保险人或其代理人发出损失通知的同时，还应向其申请货物检验。在出口运输货物保险单中，发生货损后，被保险人必须采取就近原则，向保险单指定的代理人申请检验。对于进口运输货物保险，当货物在运抵目的地和发现有损失时，一般由保险人或其代理人和被保险人进行联合检验，共同查明损失的原因，确定损失金额以及责任归属。如果货损情况非常复杂，一般应申请检验检疫部门或保险公证机构进行检验，出具检验报告。检验报告是保险人据以核定保险责任及确定保险赔款的重要依据。

3. 索取货损货差证明

被保险人或其代理人在提货时发现被保险货物整件短少或有明显残损痕迹，除向保险公司报损外，还应立即向承运人、港务当局或装卸公司索取货损货差证明。货损货差证明是指货物运抵目的港或目的地卸下船舶或其他运输工具的过程中出现残损或短少时，由承运人、港口、车站、码头或装卸公司等出具的理货单据，如货物残损单、货物溢短单和货运记录等，这类单据须由承运人或其他责任方签字认可。如货损货差涉及承运人、码头、装卸公司等方面责任的，还应及时以书面形式向有关责任方提出索赔，并保留追偿权利。

4. 提交索赔单证

被保险货物的损失经过检验，并办妥向承运人等第三者责任方的追偿手续后，应立即向保险公司或其代理人提出赔偿要求。按照中国货物运输保险条款的规定，被保险人在索赔时应提供以下单证：

（1）正本保险单（Original Policy）

（2）运输单据（Transportation Document）

（3）发票（Invoice）

（4）装箱单（Packing List）和重量单（Weight Memo）

（5）货损货差证明（Certificate of Loss or Damage）

（6）检验报告（Survey Report）

（7）索赔清单（Statement of Claim）

（8）海事报告（Master's Report or Marine Accident Report）

（9）保险人要求的其他证明和资料

5. 获赔

被保险人在有关索赔手续办妥后，即可等待保险公司最后确定保险责任、领取赔款。如果向保险公司提供的证件已经齐全，而未及时得到答复，应该催赔。如果货损涉及第三者责任方，被保险人在获得赔偿的同时应签署一份"权益转让书"，作为保险人取得代位追偿权（Right of Subrogation）的证明，使保险人得以凭此向第三者责任方追偿。

第五节 国际货款结算业务

国际货款结算的基本方式有汇付、托收和信用证三种，汇付是其中最简单的一种。汇付和托收都属于商业信用，信用证是银行信用。企业贸易结汇业务应该了解几种付款方式的流程和风险，根据具体业务情况灵活运用。

一、汇付

汇付（Remittance），又称汇款，指付款人（债务人）主动通过银行将款项汇交收款人（债权人）的一种结算方式。国际贸易中采用汇付结算方式时，买方按贸易合同中规定的条件和时间主动地通过银行渠道将货款汇给卖方。汇付的当事人主要有汇款人（Remitter）、收款人（Payee or Beneficiary）、汇出行（Remitting Bank）、汇入行（Paying Bank）。

（一）汇付的种类及其业务流程

1. 电汇

电汇（Telegraphic Transfer，简称 T/T）是指应汇款人的申请，汇出行通过发送 SWIFT 电文（MT100）的方式，指示其国外分行或代理行（即汇入行）解付一定金额给收款人的一种汇款方式。早期汇出行向汇入行发出付款指示（Payment Order, P.O.）的方式包括电报、电传等，现在基本都被 SWIFT 电文方式取代。

从银行角度看，电汇业务中最关键的环节是汇入行判断汇出行发出的付款指示的真伪，即需验证收到的电讯付款指示是否为电文上所称的银行发出。实际业务中，核对密押（Test Key）是验证汇出行真伪的唯一方式，各银行都有专门人员根据本行程序和规则审核密押正确与否。电汇业务流程如下图 3-2 所示：

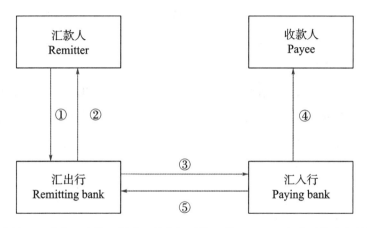

①申请 T/T 业务、交款、付费　②电汇回执　③以 SWIFT 方式对外发出付款命令
④验证密押并付款　　⑤ 付讫借记通知书

图 3-2　电汇业务流程图

2. 信汇

信汇（Mail Transfer, 简称 M/T）是指汇出行应汇款人的申请，将信汇委托书邮寄给汇入行，授权其解付一定金额给收款人的一种汇款方式。信汇业务流程与电汇流程基本相同，唯一的区别是信汇业务下汇出行以邮寄方式将书面的付款指示发送给汇入行，而电汇业务下付款指示是以 SWIFT 电文方式发出的。信汇方式虽然费用低廉，但邮寄速度慢，资金在途时间长，且书面付款指示还有丢失、延误的风险。现代国际结算中 M/T 方式已基本不用，许多银行早已停办 M/T 业务。

3. 票汇

票汇（Remittance by Banker's Demand Draft，简称 D/D）是指汇出行应汇款人的申请，开立以其分行或代理行为解付行的银行即期汇票，交由汇款人自行携带出国或寄送给收款人，收款人凭汇票向解付行（汇入行）取款的一种汇款方式。票汇业务中，汇出行向汇入行发出的付款指示以汇票方式体现并传递，该汇票具有如下特点：

（1）D/D 项下的汇票是银行汇票，出票人和受票人都是银行。其中，出票人为汇出行，受票人（付款人）为汇入行。

（2）D/D 项下的汇票是即期汇票，汇入行见票即付。

（3）汇票抬头可灵活处理。D/D 业务中汇票的抬头一般是国外的收款人，但也可以做成凭汇款人指示。国外收款人拿到汇票后既可自己取款，也可通过背书方式转让汇票。

综上所述，票汇业务较为灵活，但由于该业务下的汇票在银行体系之外传递，传递环节较多、速度较慢，且存在丢失、被盗风险，因此安全性降低。票汇业务流程如下图 3-3 所示：

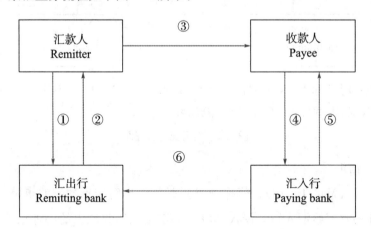

① 申请 D/D 业务、交款、付费　② 开立银行即期汇票　③ 寄送汇票
④ 提示付款　⑤ 验证汇票后付款　⑥ 汇入行向汇出行发出付讫借记通知书

图 3-3　票汇业务流程图

（二）汇付方式在国际贸易中的应用

目前企业在三种汇付方式中主要运用电汇方式。该种方式在企业国际

贸易中主要用于：

1. 装船前汇付（前 T/T）

"装船前 T/T"是进口商先将货款的全部或一部分汇交出口商，出口商收到货款后，按约定时间将货物发运给进口商的一种汇款结算方式，也称预付货款。预付货款有"全额预付"和"部分预付"之分。"全额预付"方式下买方承担极大风险，因此通常只适用于本企业联号、分支机构、个别极可靠的客户或买卖紧俏商品；"部分预付"主要指出口商在装船前向进口商收取一定比例的定金，通常占合同金额的 20%~30%。

2. 装船后汇付（后 T/T）

实务操作中，"装船后汇付"与"货到付款"有一定的区别，它指出口商先发货，待取得提单（海运方式下）后将提单传真给进口商（收货人）作为已发货证明，收货人收到提单传真件后将货款的全部或一部分汇交出口商，出口商收妥约定的款项后将提单正本连同其他单据寄给进口商以便后者提货。100%后 T/T 方式下，出口商承担着极大风险，因为货物发出后进口商可能由于各种原因拒收货物，从而导致出口商陷入极度被动的局面。

3. "前 T/T"加"后 T/T"

前述两种方式下，无论是 100%前 T/T 还是 100%后 T/T 都将造成买卖双方资金和风险承担的极大不平衡。目前企业贸易收汇，买卖双方经过谈判往往是采取"前 T/T"加"后 T/T"结算方式，使买卖双方的权责及风险承担趋于平衡。如买卖双方规定：T/T 20% deposit, 80% within 7 days against fax copy of original shipping documents.（以 T/T 方式支付 20%定金，剩余 80%货款在收到正本运输单据传真件后 7 日内支付），即使用了 20%前 T/T 加 80%后 T/T 的结算方式，对买卖双方也均较公平。

4. 赊销

赊销交易（Open Account，简称 O/A）又称"货到付款"，如前所述，实务中"货到付款"与"后 T/T"是有一定区别的。"赊销"或"货到付款"是指出口商先发货，待进口商收到货物后，立即或在一定期限内将货款汇交出口商的一种汇款结算方式。例如 "O/A 30 days, payment by T/T"，意即"货到后 30 天以 T/T 方式支付货款"。

二、托收

托收（Collection）是委托收款的简称。在国际货物贸易中，托收是指出口商出具债权凭证委托银行向进口商收取货款的一种支付方式。我国进出口贸易实践中，托收结算方式并不少见，它是一种商业信用，卖方货款能否顺利收取取决于买方的资信状况和财务状况。

托收的当事人主要有委托人（Principal）、托收行（Remitting Bank）、代收行（Collecting Bank）、付款人（Drawee）。

（一）托收的种类及业务流程

根据委托人签发的汇票是否附有单据，托收可以分为光票托收和跟单托收。

1. 光票托收

光票托收（Clean Collection）是指委托人仅签发金融单据而不附带商业单据的托收，即提交金融单据委托银行代为收款。这里的金融单据包括汇票、本票、支票等资金单据，商业单据指代表物权的货运单据。应当注意的是，如果一张汇票仅仅附有一些非货运单据，如发票、垫款清单等，这种托收也被视为光票托收。光票托收的金额一般都不大，通常用于收取货款的尾数、样品费、佣金等贸易从属费用或小额款项。

2. 跟单托收

跟单托收（Documentary Collection），是指委托人签发汇票并附上相关商业单据一并提交银行委托收款的方式。在实务中，为了减少贸易商用于汇票的印花税支出，跟单托收还存在无汇票仅凭商业单据托收的情况，此时发票金额代替汇票金额成为托收金额。按照代收行向进口商交单条件的不同，跟单托收又分为付款交单和承兑交单两种。

（1）付款交单（Documents against Payment，简称 D/P）：指代收行以进口商付款为条件向进口商交单，如果进口商拒付，就不能从代收行取得全套货运单据，从而也无法提取运输单据项下的货物。付款交单有"即期付款交单"和"远期付款交单"之分。

● 即期付款交单（D/P at sight）：托收单据寄到进口国后，经代收行提示，进口商付款，代收行交单。即期付款交单业务流程如图 3-4 所示：

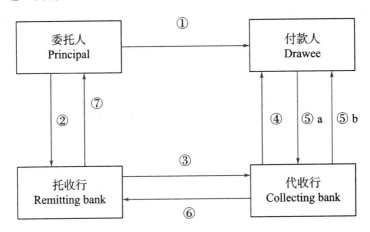

① 发货　② 填写托收委托书、交单　③ 寄单　④ 提示付款
⑤ a 付款　　⑤ b 放单　　⑥ 付款　　⑦ 付款

图 3-4　即期付款交单业务流程图

● 远期付款交单（D/P after sight）：托收单据和汇票寄到进口国后，经代收行提示，进口商即在汇票上签字承兑；汇票到期后，代收行向进口商提示付款，进口商付款后向代收行取得单据。汇票到期付款前，汇票和运输单据由代收行掌握。采用远期付款交单的目的通常是为了给予进口商一段时间以准备或筹集资金。远期付款交单业务流程如图 3-5 所示：

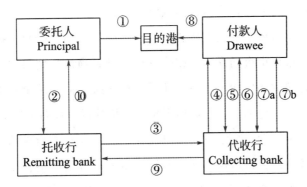

①发货　②交单（并填写托收委托书）　③寄单　④提示承兑　⑤承兑
⑥（汇票到期）提示付款　⑦a 付款　⑦b 放单　⑧提货　⑨付款　⑩付款

图 3-5　远期付款交单业务流程图

（2）承兑交单（Documents against Acceptance，简称 D/A）：指代收行以进口商的承兑为条件向进口商交单。托收单据寄到进口国后，经代收行提示，进口商在汇票上承兑，代收行交单，待汇票到期时进口商再履行付款义务。承兑交单业务流程如图 3-6 所示：

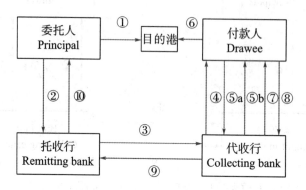

①发货　②交单（并填写托收委托书）③寄单　④提示承兑　⑤a 承兑
⑤b 放单 ⑥提货　⑦提示付款　⑧付款　⑨付款　⑩付款

图 3-6　承兑交单（D/A）业务流程图

（二）托收方式下的资金融通

1. 对出口商的资金融通

"出口押汇"（Outward Bill Purchased）是托收项下银行向出口商提供资金融通的主要方式，它指托收银行以买入出口商向进口商开立的跟单汇票的办法，向出口商垫付货款以提供资金便利。

托收项下出口押汇的基本做法是：出口商将汇票及全套单据交托收行请求其购买，银行审查同意，并扣除从垫款日到预计收到票款日的利息及手续费后，将净款垫付给出口商。随后银行凭跟单汇票及全套单据通过代收行向进口商收回全额货款。如出现拒付，垫款行有权向出口商追索。

简言之，出口押汇是银行向出口商提供的一种有追索权的买单垫款融资服务。实务中，银行对托收项下的押汇申请审批很严格，如要求进出口商双方资信良好、押汇单据是全套货权单据、考虑出口商品的市场行情等，一般情况下出口商在托收行（垫款行）需有综合授信额度才能获得此项融资。

2. 对进口商的资金融通

在远期付款交单的托收业务中，货物已到达目的地而付款日未到时，进口商想提前赎单而资金不足时，可通过出具信托收据（Trust Receipt，T/R）向代收行借单提货，于到期时再付清货款。这实际上是代收行凭T/R 给予进口商提货便利的一种融资方式，又称进口押汇。

信托收据是进口商借单提货时提供的书面信用担保文件，具有保证书性质。进口商借单提货并售出货物后，所得款项最迟应于汇票到期时交到银行。如代收行借出单据后到期不能收回货款，则应由代收行承担责任。在实务中，代收行为了控制风险，对进口商凭信托收据借单是很慎重的，通常情况下进口商在代收行需有综合授信额度方能获得此项融资便利。

需要注意的是，如系出口商主动授权代收行通过信托收据放单，即所谓远期付款交单凭信托收据借单（D/P·T/R），到期时如进口商拒付，则与代收行无关，一切风险由出口商自行承担。D/P·T/R 方式与 D/A 相差无几，使用时需谨慎。

（三）企业操作托收方式的注意事项

1. 托收方式下出口商的注意事项

托收是商业信用，交易的完成靠的是买卖双方的信用。它对于出口商风险更大，出口商在操作托收收款方式时应该注意：

（1）认真调查进口商资信。出口商在同意采用托收结算方式前，应当对进口商的资信状况和经营状况进行调查，在确信进口商的付款能力和付款意愿的情况下，方能采用托收方式。掌握市场行情，控制额度与交货进度。进口商信誉度是出口方成功收款的关键。如果出口产品行情看涨，买方一般会尽快买单提货，用托收方式对出口商就较为安全。出口商在分批交货时还必须密切关注付款情况，如果上批货物买方没有付款提货或拖延较久，出口方应该谨慎，不要轻易再发货。

（2）国外代收行一般不由买方指定，要征求托收行同意。目的是防止买方与国外代收行勾结，未付款骗取卖方的货运单据。

（3）注意货物安全，争取出口方办理保险（CIF 或 CIP 成交）。在买方不付款提货的情况下，货物可能在目的港停留等待处理，遇到的风险加大。卖方自办保险，有利于在货损时及时凭保险单索赔。

（4）采用远期 D/P 要慎重。很多国外银行在付款人承兑汇票后，随即将单据交付付款人，把 D/P 改作 D/A 处理。这样会加大出口方的风险。

（5）对贸易管制和外汇管制较严的国家，慎重使用 D/P。应了解进口国的政治、经济、法律是否稳定，尤其应了解进口国有无外汇管制，或进口许可证是否容易获得，避免因进口商未申请到进口许可证或对外付汇受限而影响交易的进行及货款的收取。

（6）运输单据作空白抬头并加背书，如需代收行作抬头，需与银行联系，以免在买方不要货的情况下影响转让货物。

（7）严格按合同装运货物，制作单据，以防买方找借口拒付货款。

2. 托收方式下进口商的注意事项

托收业务中进口商面临的风险主要体现在 D/P 结算方式下的两个方面：一是付款提货后发现货物与合同规定不符，是次货、错货甚至是假货；二是付款赎单后发现单据不足或造假，以致无法顺利清关提货或销售。此时，进口商尽管可以与出口商协商换货、退货等，但因货款已付，处理起来往往十分被动；进口商也可就上述问题起诉出口商并要求赔偿，但跨国官司往往很难打，即使胜诉也未必能执行。为避免上述两类风险，进口商应注意以下几个问题：

（1）慎重选择贸易伙伴。通过适当途径，对出口商的资信、经营作风等事先做好充分调查。

（2）D/P 项下，由于在付款赎单前无法验货，进口商可要求出口商提供由权威商检机构出具的品质检验证书及数量（重量）检验证书，以降低货物与合同不符的风险。

（3）事先了解本国清关或货物最终销售所需要的一切单据、证明、授权等，并在合同中明确规定卖方需提交的单据清单。

（4）付款前进口商应仔细验单以确保全套单据符合要求，防止票据、单据的伪造。

三、信用证

信用证作为一种银行信用，已成为国际结算中一种重要的支付方式。

信用证（Letter of Credit，简称 L/C）是银行根据申请人的申请和指示，向受益人开立的承诺在一定期限内凭规定的单据支付一定金额的书面文件。简单地说，信用证是银行开立的一种有条件的承诺付款的书面文件。

上述定义中的银行称为开证行，由一家进口地银行担任；进口商因申请开立信用证，称为开证申请人；出口商可以利用信用证交单收款获得利益，故称为受益人。开证行承诺付款的条件是"单证相符，单单相符"，即受益人提交的全套单据与信用证的规定相符，且单据与单据间不存在互不一致的情况。在受益人满足"相符交单"条件的情况下，开证行保证付款；反之，开证行就有拒绝付款的权利。由此可见，信用证本质上是开证行以其自身信用向受益人做出的有条件的付款保证，是一种银行信用。

信用证结算方式的主要当事人有四个，即开证申请人（applicant）、开证行（issuing bank）、通知行（advising bank）、受益人（beneficiary）。此外还涉及其他关系人，如保兑行（confirming bank）、议付行（negotiating bank）、付款行（paying bank）、偿付行（reimbursing bank）等。

（一）信用证业务的基本流程

信用证的基本流程可细分为开证流程、改证流程及使用结算流程。

1. 开证流程（L/C issuance）

（1）申请开证。以信用证为支付方式的贸易合同签订后，进口方必须在合同规定的期限内，或合同签订后的合理期限内，向本地信誉良好的银行（开证行）提交开证申请书。开证申请书是开证银行开立信用证的依据，也是申请人对开证行的开证指示。因此，其内容应与买卖合同条款相一致，且完整、简洁和准确，而不要将过多细节列入。

（2）开证。收到开证申请后，开证行审查开证申请人的资信并进行授信核定。 般情况下进口商需向银行提供保证金、抵押品或第三方担保，银行才会考虑开出信用证。以抵押品或第三方担保为条件申请开证时，通常银行在审批后会授予开证总额度，即一次审批、额度范围内可多次开证。资质审查及授信核定后，银行根据申请人的开证申请书开立信用证，以 SWIFT 方式传递给出口商所在地的银行，委托其向出口商通知信用证。

（3）通知来证。出口地的通知行收到信用证后，应首先凭密押（电开信用证）验定和注明其真实性。另外，根据我国的实际做法，通知行收到信用证后，为保证安全及时收汇，还要对开证行资信、受证额度、索汇路线及方式以及其他信用证条款进行全面审查。如图3-7所示：

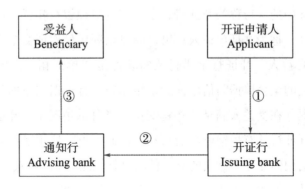

①申请开证　②开证行开证　③通知来证

图3-7　信用证开证流程

2. 审证、改证流程（L/C amendment）

受益人收到经通知行通知的信用证后，首先要对信用证进行仔细审核，以确定来证是否与合同一致、是否存在软条款（soft clause）。如果来证与合同不符或含有对其不利或无法执行的条款，必须立即联系开证申请人，向其提出修改信用证的要求，申请人再通过原来开证的路线，最终将修改内容转递到受益人处。如图3-8所示：

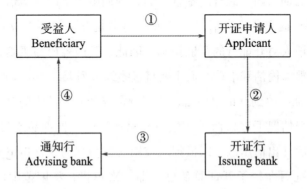

①提出改证要求　②申请改证　③发出改证通知　④通知改证

图3-8　改证流程

3. 信用证使用及结算流程（L/C utilization and settlement）

（1）发货。受益人在确定信用证无误后，应在信用证规定的装运期内保质保量地装船发货。

（2）交单。受益人备妥全部单据后，应在信用证规定的交单期内，向指定银行交单议付，获得银行的资金融通。

（3）议付。议付行根据开证行的授权，凭相符单据向受益人垫款。

（4）寄单索偿。议付行垫款后向开证行寄单索偿，要求开证行偿付自己垫付的款项。

（5）开证行偿付。开证行接到议付行寄来的单据后，应立即审核单据，凭表面与信用证条款相符的单据于五个银行工作日内（从收到单据翌日起算）向议付行付款。如果开证行发现不符点，而且是实质性的不符点，根据《UCP600》第十六条 a 款规定，可以拒绝付款，解除开证行的第一性付款责任。当开证行确定交单不符时，也可以自行决定联系申请人是否愿意放弃不符点，但必须在五个银行工作日内做出决定，否则开证行将丧失拒付的权利。

（6）申请人付款。开证行对议付行付款之后，马上通知申请人赎单，向其提示单据要求付款。申请人在赎单之前有权审查单据，如果发现不符点，可以提出拒付，但拒付理由一定是单单之间或单证之间表面的不符点问题，而不是就单据的真实性、有效性提出拒付。实务中有时尽管存在不符点，如果不符点是非实质性的，申请人也可接受单据。

（7）开证行放单。申请人付款后，开证行将信用证项下的单据交给申请人，一笔信用证业务到此结束。申请人赎单后就可以安排提货、验货、仓储、运输等，如果申请人发现所收到的货物与合同不符，有权根据买卖合同向出口商索赔，但与信用证业务本身无关，申请人不能根据信用证向开证行要求赔偿。

如图 3-9 所示：

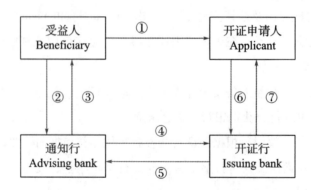

①发货　②交单　③审单议付　④寄单索偿　⑤审单偿付　⑥审单付款　⑦放单

图 3-9　信用证使用及结算（理论流程）

实际业务中，开证行收到议付后所寄出的单据并审单后，并非立即对议付行偿付，而是缮制到单通知书，向申请人告知审单结果并要求申请人在单到通知书规定的期限内反馈是否对外付款。开证申请人如因单据有不符之处而拒绝付款，应提出书面拒付理由，由开证行按国际惯例确定能否对外拒付。如确定申请人所提拒付理由不成立，开证行有权主动办理对外付款，并从申请人账户中扣款支付。

（二）信用证的特点

1. 开证行承担第一性付款责任

信用证支付方式是一种银行信用，是开证行以其自身信用向受益人做出的付款保证。信用证一经开出，开证行即成为主债务人，承担第一性的付款责任。只要受益人提交了与信用证规定相符的单据，无论开证申请人是否有付款能力和付款意愿，开证行都要承担付款责任。

2. 信用证的"独立性"

信用证虽在贸易合同的基础上开立，但它一经开立，就成为独立于贸易合同之外的另一种契约。贸易合同是买卖双方之间签的契约，只对买卖双方有约束力；信用证则是开证行与受益人之间的契约，开证行只受信用证的约束，既与贸易合同无关，也不受贸易合同的约束。

3. 信用证业务的"单据性"

在信用证业务中，各有关方面处理的是单据，而不是与单据有关的货物。银行只需对全套单据进行审核，看它们是否与信用证的规定表面相符。银行没有能力、也不可能检验受益人所发的货物是否与信用证条款相一致。银行的审单义务强调的是单据内容与信用证条款的"表面相符"，并非"实质相符"。信用证业务是一种纯粹的凭单付款的单据业务，单据是银行付款的唯一依据。

（三）信用证开立形式

1. 信开信用证

信开也称为以邮寄方式开立的信用证，是指以信函形式开立，并用航空挂号的方式传递的信用证。信开信用证一般套打一式多份，第一联正本和第二联副本寄通知行，分别供受益人使用和通知行留存；其余各份供开证申请人、开证行及偿付行等使用。这种形式目前已很少使用。

2. 电开信用证

电开信用证也称为以电讯方式开立的信用证，是指银行将信用证内容以加注密押的电报、电传或 SWIFT 的形式开立的信用证。电开本分为以下三种形式：

（1）简电本（Brief Cable Advice）

简电本信用证指仅记载信用证号码、受益人名称和地址、开证人名称、金额、货物名称、数量、价格、装运期以及信用证的有效期等主要内容的电开本信用证，以便出口商及早备货、安排装运。由于简电本内容简单，并非有效的信用证文件，不足以作为交单议付的依据。简电本往往注明"详情后告"（Full detail to follow）等类似词语，受益人须收到证实书并核对无误后方可发货，否则容易造成单据与证实书不符。

（2）全电本（Full Telex）

全电本即开证行以电讯方式开证，把信用证全部条款传达给通知行。全电开证是一个内容完整的信用证，可作为交单议付的依据，不需另寄信用证证实书。有些银行在电文中注明"有效文本"（Operative Instrument），以明确该全电本的性质。

（3）SWIFT 信用证

随着计算机和通信技术的发展，为节省时间与费用，银行做全电开证时，大多采用 SWIFT 方式开证。SWIFT 是"环球银行间金融电信协会"（Society for World Interbank Financial Telecommunication）的简称，于 1973 年在比利时布鲁塞尔成立，该组织设有自动化的国际金融电信网，该协定的成员银行可以通过该电信网办理信用证业务以及外汇买卖、证券交易、托收等。凡参加 SWIFT 组织的成员银行，均可使用 SWIFT 办理信用证业务。

　　SWIFT 信用证具有标准化、固定化和统一格式的特征，且传递速度快捷，安全可靠，成本较低，现已被西北欧，美洲和亚洲等国家与地区的银行广泛使用。我国银行开出或收到的信用证电开本中，SWIFT 信用证已占很大比重。开立 SWIFT 信用证的格式代号为 MT700 和 MT701，如对开出的 SWIFT 信用证进行修改，则采用 MT707 标准格式传递信息。下面是 SWIFT 信用证的范本。

```
17APR05 08：38：36                        LOGICAL TERMINAL XxxX
PAGE 00001
                   ISSUE OF A DOCUMENTARY CREDIT        FUNC MSG700
                                                          UMR xxxxxxxx
MSGACK DWS765I AUTH OK, KEY XxxxxxxxxXxxxxx, XXXXXXXX XXXXXXxX RE-
CORD
BASIC HEADER F 01 XXXXXXXXXXXX XXXX XXXXX
APPLICATION HEADER O 700 xxxx xxxxxx XXXXXXxAAXXX xxxx xxxxxx xxxxxx xxxx N
                                      * ING BANK N. V
                                      * ALL DUTCH OFFICES
USER HEADER               SERVICE CODE      103;
                          BANK. PRIORITY    113;
                          MSG USER REF      108 ;
                          INFO. FROM CI     115;
SEQUENCE OF TOTAL         * 27    :   1/1
FORM OF DOC. CREDIT       * 40A   :   IRREVOCABLE
DOC. CREDIT NUMBER        * 20    :   DT6789
DATE OF ISSUE             31C     : 20170405
EXPIRY                    * 31D   :   DATE 20170515 PLACE CHINA
APPLICANT                 * 50    :   TEXTILES IMPORTS, INC. , ROT-
                                      TERDAM,
                                      THE NETHERLANDS
```

```
BENEFICIARY              *59：   XIAMEN TOPWAY TRADING CO., LTD.
                                 15TH FL., HUAYUE BLDG, NO. 168 XI-
                                 AHE ROAD, XIAMEN, CHINA
AMOUNT                   *32B：  CURRENCY USD AMOUNT96, 000, 00
AVAILABLE WITH/BY        *41D：  ANY BANK
BY NEGOTIATION
DRAFTS AT ...            42C：AT SIGHT
DRAWEE                   42A：    INGBNL2A
                                 *ING BANK N. V.
                                 * ALL DOUCH OFFICES
PARTIAL SHIPMENTS        43P：   NOT ALLOWED
TRANSSHIPMENT            43T：    ALLOWED
LOADING IN CHARGE        44A：   XIAMEN
FOR TRANSPORT TO ...     44B：   ROTTERDAM
LATEST DATE OF SHIP      44C：   20170430
DESCRIPT OF GOODS        45A：    2000 SETS OF MEN'S SUITS CD1001
        TERMS OF DELIVERY：      CIF ROTTERDAM
DOCUMENTS REQUIRED       46A    :
        +SIGNED COMMERCIAL INVOICE IN TRIPLICATE
        +3/3 PLUS ONE COPY OF CLEAN "ON BOARD" OCEAN BILLS OF
        LADING MADE OUT TO ORDER AND BLANK ENORSED MARKED
        "FREIGHT PREPAID" AND NOTIFY APPLICANT.
        +INSURANCE POLICY OR CERTIFICATE ENDORSED IN BLANK FOR
        110 PCT OF CIF VALUE, COVERING ALL RISK AND WAR RISK.
        +SIGNED PACKING LIST IN TRIPLICATE
        +G. S. P. CERTIFICATE OF ORIGIN FORM A
        +BENEFICIARY'S CERTIFICATE STATING THAT ONE SET OF NON-
        NEGOTIABLE SHIPPING DOCUMENTS HAS BEEN SENT DIRECTLY
        TO THE APPLICANT AFTER SHIPMENT.

ADDITIONAL COND          .47A     :
        +T/T REIMBURSEMENT IS NOT ACCEPTABLE
        +DRAFTS TO BE MARKED 'DRAWN UNDER L/C NUMBER (AS
        INDICATED ABOVE) OF ING BANK'
        + DOUMENTS REQUIRED MAY NOT BE DATED PRIOR TO THE
        DATE OF
        ISSUANCE OF THIS LETTER OF CREDIT
```

```
DETAILS OF CHARGES            71B   :
                ALL CHARGES AND COMMISSIONS OUTSIDE THE ISSUING BANK
                ARE FOR ACCOUNT OF THE BENEFICIARY


PRESENTATION PERIOD          48    :
                DOCUMENTS MUST BE PRESENTED WITHIN 15 DAYS AFTER THE
                DATE OF ISSUANCE OF THE SHIPPING DOCUMENTS BUT WITHIN
                THE VALIDITY OF THE CREDIT
CONFIRMATION             * 49    :    WITHOUT
INSTRUCTIONS             78    :
                + EACH DRAWING MUST BE ENDORSED ON THE REVERSE OF THIS
                L/C.
                + DOCUMENTS TO BE FORWARDED IN ONE SET BY COURIER
                SERVICE TO:
                ING BANK NEDERLAND, DOC. TRADE DEPT, BIJLMERDREEF 109
                1102 BW AMSTERDAM
                + PAYMENT INSTRUCTIONS ARE TO BE INCORPORATED IN THE
                REMITTING BANK'S COVERING LETTER.
                + ANY (ADDITIONAL) INSTRUCTIONS FROM THIRD PARTIES
                WILL BE
                IGNORED.
                + UPON RECEIPT OF (DRAFT WITH) DOCUMENTS WE SHALL COV-
                ER YOU
                IN ACCORDANCE WITH YOUR INSTRUCTIONS,
TRAILER         ORDER IS <MAC: > < PAC: > <ENC: > < CHK : ><TNG : >
                < PDE: >
                  MAC: XxxxxXxx
                  CHK : XxxxxXXXxXxx
```

SWIFT 信用证包括信用证本身固有的内容如：开证行名称、地址、信用证的类型、信用证号码、开证日期、到期日及到期地点、开证申请人、受益人、通知行、信用证金额、信用证兑现方式等。同时包括要求受益人履行的条件如信用证注明的汇票条款、货物条款、单据条款、运输条款及指示银行的其他条款如交单期限、银行费、不符点费用、寄单条款、偿付条款、议付行背批条款、跟单信用证统一惯例文句等内容。

（四）信用证的种类

目前企业由于国际贸易业务繁多，使用的信用证种类较为丰富，主要的信用证种类有：

1. 跟单信用证和光票信用证

（1）跟单信用证（DOCUMENTARY CREDIT）：凭跟单汇票或仅凭单据付款、承兑或议付。

（2）光票信用证（CLEAN CREDIT）：开证行仅凭受益人开具的汇票或简单收据，而无须附带货运单据付款。企业目前操作的信用证以跟单信用证为主。

2. 不可撤消信用证和可撤消信用证

（1）不可撤消信用证（IRREVOCABLE L/C）：L/C 一经通知受益人，在有效期内未经受益人及有关当事人包括开证行、保兑行（如有的话）的同意，既不能修改也不能取消的信用证。UCP600 规定，如 L/C 未写明是否可撤销，视为不可撤消。

（2）可撤消信用证（REVOCABLE L/C）：开证行在付款、承兑或被议付以前，可以不经过受益人同意也不必事先通知受益人，随时修改或取消的信用证。这种信用证对受益人不利，无法保障卖方利益，因此目前主要是使用不可撤销信用证。

3. 保兑信用证和不保兑信用证

（1）保兑信用证（CONFIRMED L/C）：另一家银行，即保兑行应开证行请求，对其所开信用证加以保证兑付的信用证。在卖方担心开证行实力的情况下，可以要求开立这种信用证。保兑行通常是通知行，有时也可以是出口地的其他银行或第三国银行。

（2）不保兑信用证（UNCONFIRMED L/C）：未经除开证行以外的其他银行保兑的信用证。

4. 即期信用证和远期信用证

（1）即期信用证（SIGHT L/C）：开证行或其指定的付款行在收到符合信用证条款的汇票及/或单据即予付款的信用证。即信用证下所附汇票为即期汇票。

（2）远期信用证（USANCE L/C，TIME L/C）：开证行或其指定的付款行在收到符合信用证条款的汇票及/或单据后，在规定的期限内保证付款的信用证。在操作中有时会出现假远期信用证。即买卖双方订立即期付款合同，但 L/C 中规定"远期汇票可即期付款，所有贴现和承兑费用由买方负担。"（THE USANCE DRAFT IS PAYABLE ON A SIGHT BASIS, DISCOUNT CHARGES AND ACCEPTANCE COMMISSION ARE FOR BUYER'S ACCOUNT）

5. 限制议付信用证和无限制议付信用证

（1）限制议付信用证（RESTRICTED NEGOTIATION CREDIT）：开证行指定某一银行或开证行本身进行议付的信用证，通常在 L/C 中注明"本证限＊＊银行议付"。

（2）无限制议付信用证即没有规定议付银行，受益人可以向任何一家银行交单议付。

6. 可转让信用证和不可转让信用证

（1）可转让信用证（TRANSFERABLE CREDIT）：受益人（第一受益人）有权将信用证的全部或部分金额转让给第三者（即第二受益人）使用的信用证。L/C 要注明"可转让"，只能转让一次。

（2）不可转让信用证（UNTRANSFERABLE L/C）：受益人无权转让给其他人使用的信用证。信用证中没有注明可以转让，即不可转让信用证。

7. 循环信用证（REVOLVING L/C）

受益人在一定时间内利用规定金额后，能够重新恢复信用证原金额并再度使用，周而复始，直至达到该证规定次数或累计总金额用完为止的信用证。循环信用证适用于大额的、长期合同下的分批交货。采用循环信用证，进口商可节省手续费和开证保证金，出口商也可省去等待开证和催证的麻烦。该类型信用证可分为按时间循环信用证和按金额循环信用证。按时间循环信用证即受益人在一定的时间内可多次支取信用证规定的金额。按金额循环信用证是指在信用证金额议付后，可以恢复到原金额再次使用，直至用完规定的总额为止。

8. 对开信用证（RECIPROCAL CREDIT）

两张 L/C 的开证申请人互以对方为受益人而开立的信用证。用于易货交易、来料加工、补偿贸易业务，互相约束，可同时生效，也可先后生效。交易双方都不用担心自己先开信用证，而对方不开证的情况出现。采用这种互相联系、互为条件的开证办法，用以彼此约束。这种信用证有利于双方共同履行合同，不至于由于一方违约没有开信用证导致另一方损失。

9. 背对背信用证（BACK TO BACK　L/C）

受益人要求原证的通知行或其他银行，以原证为基础，另开一张内容相似的新 L/C。一般用于中间商。除开证人、受益人、金额、单位、装运期限、有效期限等可有变动外，其他条款一般与原证相同。它有利于中间商免除开证押金，减少资金压力，并优于转让信用证，保护自己的商业机密。

（五）信用证项下的融资

1. 对出口商的资金融通

（1）打包贷款（Packing Loan）

打包贷款是指出口地银行为支持出口商按期履行合同义务、出运货物而向出口商提供的以合格正本信用证为质押的贷款。打包贷款本质上是出口地银行对信用证受益人提供的一种"装船前短期融资"，它以正本信用证作为质押，期限一般为 3 个月，最长不超过一年，贷款金额通常是信用证金额的 70%~80%，还款来源为信用证项下出口商品的外汇收入。

（2）出口信用证押汇（Negotiation under Documentary Credit）

出口押汇主要分为出口托收押汇和出口信用证押汇，这里指信用证项下的出口押汇。

出口押汇是指企业（信用证受益人）在向银行提交信用证项下单据议付时，银行（议付行）根据企业的申请，凭企业提交的全套单证相符的单据作为质押进行审核，审核无误后，参照票面金额将款项垫付给企业，然后向开证行寄单索汇，并向企业收取押汇利息和银行费用并保留追索权的一种短期出口融资业务。

（3）福费廷（Forfeiting）

福费廷又称无追索权的融资或称买断，指包买商（通常为出口地银行）从出口商处无追索权地购买已经承兑的、并通常由进口商所在地银行担保的远期汇票的融资业务。福费廷业务最大的特点是包买商无追索权地买断远期汇票，从而使得出口商能够立即回笼资金，在获得出口融资的同时消除了远期收汇的汇率风险和利率风险。

2. 对进口商的资金融通

（1）进口押汇（Inward Bill Receivables）

进口押汇指的是开证行在收到国外出口商寄来的信用证项下单据后，如单证相符，银行可向开证申请人（进口商）提供用于支付该笔信用证款项的短期资金融通。由于此时进口商无须支付信用证项下的款项，即可取得信用证项下的单据，因此节省了占用资金的成本，而且获得了融资便利。

进口押汇本质上是开证行给予进口商的一种专项资金融通，仅可用于履行特定贸易项下的对外付款责任。进口押汇利息自垫款之日起计收，利率一般高于市场利率。押汇期限一般与进口货物转卖的期限相匹配，并以销售回笼款项作为押汇的主要还款来源。

（2）提货担保（Delivery against Bank Guarantee）

提货担保是指在货物先于信用证项下提单或其他物权凭证到达的情况下，为便于进口商办理提货，尽快实现销售和避免货物滞港造成的费用和损失，银行根据开证申请人的申请向船公司出具书面担保。银行在担保书中承诺日后补交正本提单，换回有关担保书。

提货担保占用授信额度，一般仅限于在信用证项下使用。进口商办理提货担保，必须向银行提交提货担保申请书、船公司到货通知、致船公司的预先提货保证书以及提单和发票等的复印件。银行对上述文件进行审核，以确保所指货物确属该信用证项下的货物。申请人还应在提货担保申请书上保证承担船公司收取的一切费用和赔偿可能由此遭受的一切损失。

值得注意的是，为了解决近洋贸易中"货到单未到"的问题，实际业务中更为常见的做法是由托运人出具"电放保函"，向承运人申请不凭正本提单放货，而是凭电放提单的传真件放货。

四、银行保函与备用信用证

银行保函和备用信用证在性质上属于银行信用，它们适用于国际货物买卖、国际工程承包项目等交易期限长、交易条件较复杂的场合，还可用于融资等国际经济合作业务。

（一）银行保函

保函（Letter of Guarantee，简称 L/G），又称保证书，是指银行、保险公司、担保公司或个人（担保人）应申请人的请求，向第三方（受益人）开立的一种书面信用担保凭证。保证在申请人未能按双方协议履行其职责或义务时，由担保人代其履行一定金额、一定期限范围内的某种支付责任或经济赔偿责任。出具保函的担保人可以是商业银行、保险公司、担保公司或其他金融机构，也可以是商业团体等。其中凡属商业银行出具的保函叫作银行保函。

银行保函根据不同的用途，主要有投标保函和履约保函两种：

1. 投标保函（Tender Guarantee / Bid Bond）

投标保函又称投标保证书或投标担保。它是银行根据投标人（保函申请人）的要求向招标方（保函受益人）开立的一种书面保证文件，以保证投标人在投标有限期内：不撤回投标或修改原报价，中标后保证与招标方签订合同，在招标方规定的日期内提交履约保函。否则，担保行按保函的金额向招标方赔偿。

投标保函的担保金额一般为合同金额的 1%~5%（具体比例视招标文件而定），投标保函自开出之日起生效，其有效期至开标日后 15 天止。若投标人中标，则保函效期自动延长至投标人与招标人签订合同并提交规定的履约保函为止。

2. 履约保函（Performance Guarantee / Performance Bond）

履约保函是银行应申请人的请求，向受益人开立的保证申请人履行某项合同项下义务的书面保证文件，保证如果发生申请人违反合同的情况，银行将根据受益人的要求向受益人赔偿保函规定的金额。履约保函多用于进出口贸易、供货或承包工程项下，即中标人与招标人签订供应货物或承包工程合同时所要提供的担保。

进出口业务项下的履约保函主要包括：

（1）进口履约保函。即担保人应申请人（进口人）的申请开给受益人（出口人）的书面保证文件。如出口人按期交货后，进口人未按合同规定付款，则由担保人负责偿还。

（2）出口履约保函。即担保人应申请人（出口人）申请开给受益人（进口人）的书面保证文件。如出口人未能按合同规定交货，担保人负责赔偿进口人的损失。

（二）备用信用证

备用信用证是开证行根据申请人的请求，对受益人开立的承诺承担某项义务的凭证，即开证行保证在开证申请人未履行其应履行的义务时，受益人只要按照备用信用证的规定向开证银行开具汇票（或不开汇票），并提交开证申请人未履行义务的声明或证明文件，即可取得开证行的偿付。但如果申请开证人已履约付款，该证便不起作用了，所以叫备用信用证。从定义可以看出，备用信用证只在申请人违约时才使用，起支援、补充作用，其实质是一种银行保函。可以说，备用信用证是具有信用证形式和内容的一种银行保函。

备用信用证通常用作履约、投标、还款的担保业务。按照用途的不同，备用信用证主要可分成以下几种：

1. 履约备用信用证（Performance Standby L/C）

履约备用证用于担保履行责任而非担保付款，包括对申请人在基础交易中违约所造成的损失进行赔偿的保证。在履约备用信用证有效期内如发生申请人违反合同的情况，开证人将根据受益人提交的符合备用信用证的单据（如索款要求书、违约声明等）代申请人赔偿保函规定的金额。

2. 投标备用信用证（Tender Bond Standby L/C）

投标备用证用于担保申请人中标后执行合同的责任和义务。若投标人未能履行合同，开证申请人须按备用信用证的金额向受益人履行赔款义务。

3. 预付款备用信用证（Advance Payment Standby L/C）

预付款备用证用于担保申请人收到受益人的预付款以后应履行已订立的合约义务，如不履约，开证行退还受益人预付款和利息。

4. 直接付款备用信用证（Direct Payment standby L/C）

直接付款备用证用于担保到期付款，尤其指到期没有任何违约时支付本金和利息。直接付款备用信用证主要用于担保企业发行债券或订立债务契约时的到期支付本息义务。直接付款备用信用证已经突破了备用信用证"备而不用"的传统担保性质。

五、国际保理与出口信用保险

在出口业务中采用托收方式（D/P 或 D/A）或赊销方式（O/A）结算货款时，出口商均需承担较大风险，为避免或减少货款无法收回的损失，出口商可使用国际保理或出口信用保险以转嫁收汇风险。此外，信用证支付方式下，当开证行资信不足或开证行所在国政治风险较高时，出口商也可考虑投保出口信用保险。

（一）国际保理

国际保理（International Factoring）又称保付代理，指在国际贸易中出口商以赊销（O/A）、承兑交单（D/A）等商业信用方式向进口商销售货物时，出口商将应收账款卖断给保理商，由保理商向其提供进口商资信评估、资金融通、销售账户管理、信用风险担保、账款催收等一系列服务的综合金融服务方式。

在企业出口业务中运用国际保理业务的基本流程如下：

（1）出口商向保理商提出申请，将自身经营状况、资产负债表等财务状况提交给保理商，并将进口商的名称、地址及交易详情报告给保理商。

（2）出口保理商亲自或委托进口地的保理商（通常是银行）对进口商的资信及经营状况进行调查，并根据出口商提供的资料审批出进口商的信用额度。

（3）出口保理商对其认可的交易与出口商签订保理协议，协议内明确规定信用额度。

（4）出口商在保理协议规定的额度内与进口商签订买卖合同。

（5）出口商严格按合同规定发货，并将全套货运单据寄给进口商。

（6）出口商将发票副本交给保理商。

（7）保理商先按发票金额的 80% 向出口商支付货款。

（8）保理商定期向进口商催款、到期向进口商收取货款。

（9）进口商向保理商支付货款。

（10）保理商将货款余额支付给出口商。

（二）出口信用保险

出口信用保险（Export Credit Insurance）是承保出口商在经营出口业务的过程中因进口商的商业风险或进口国的政治风险而遭受的损失的一种信用保险，是国家为了推动本国的出口贸易，保障出口企业的收汇安全而制定的一项由国家财政提供保险准备金的非营利性的政策性保险业务。中国出口信用保险公司及各地分支机构是开展该业务的唯一单位。

1. 出口信用保险的类型

按出口合同的信用期分类，出口信用险分为短期出口信用保险和中长期出口信用保险。短期出口信用保险的信用期，一般是在 180 天以内。短期出口信用保险适用于一般性商品的出口，纺织服装产品一般适用短期出口信用保险。中长期出口信用保险适用于资本性货物的出口，如大型纺织服装生产线等成套设备项目等。信用期为 2 至 5 年的，一般称为中期出口信用保险；信用期为 5 年以上的，一般称为长期出口信用保险。企业最常用的是短期出口信用保险。

2. 短期出口信用保险的适保范围和承保风险

凡在中华人民共和国境内注册的，有外贸经营权的经济实体，采用付款交单（D/P）、承兑交单（D/A）、赊账（O/A）等一切以商业信用为付款条件，产品全部或部分在中国制造（军品除外），信用期一般不超过 180 天的出口，均可投保短期出口信用保险。经保险公司书面同意，也可适用于以信用证（L/C）为付款条件的合同。

出口信用保险承保的对象是出口企业的应收账款，承保的风险主要是

人为原因造成的商业信用风险和政治风险。当支付方式为付款交单
（D/P）、承兑交单（D/A）、赊账（O/A）时，商业风险主要包括买方破
产或无力偿付债务；买方拖欠货款；买方拒绝接收货物等。当支付方式为
信用证时，商业风险主要包括开证行风险。政治风险主要包括买方所在国
家或地区禁止或限制买方以合同发票列明的货币或者其他可自由兑换货币
向被保险人支付货款；禁止买方购买的货物进口；撤销已颁布发给买方的
进口许可证；发生战争、内战或者暴动，导致买方无法履行合同；买方支
付货款须经过的第三国颁布延期付款令等。

3. 短期出口信用保险的保险费率

短期出口贸易险项下，出口信用保险公司以出口国别、支付方式和信
用期限为确定费率的基本因素，制定相应费率表，在此基础上综合考虑出
口企业投保范围及风控水平、国外买方的资信状况、贸易双方交易历史、
出口市场风险程度等各方面因素，在基准费率的基础上适当调整以确定最
终费率。一般情况下，当出口国家和地区的类别及信用期限相同时，L/C
支付方式下的出口信用保险费率最低、D/P 费率居中、D/A 及 O/A 费率
最高。

4. 短期出口信用保险的损失赔偿比例

保险公司为了促使被保险人谨慎从事，尽可能避免或减少损失，都要
求被保险人自己承担一定比例的损失，不实行百分之百的赔偿。

（1）由政治风险造成损失的最高赔偿比例为90%。

（2）由破产、无力偿付债务、拖欠等其它商业风险造成损失的最高赔
偿比例为90%。

（3）由买方拒收货物所造成损失的最高赔偿比例为80%。

六、不同结算方式的选用与结合使用

国际贸易的基本结算方式有汇付、托收和信用证三种，还有保函、备
用信用证、保理、福费廷等派生结算方式。国际贸易中一笔交易通常只选
择一种结算方式，但由于不同的结算各有利弊，为了平衡买卖双方的资金
负担和风险负担，加快资金周转、降低收汇风险，在同一笔交易中也可结

合使用两种或两种以上的结算方式。

（一）信用证与汇付结合

信用证与汇付结合是指部分货款采用信用证，预付款或余款采用汇付方式支付。例如服装出口业务，有些是客户指定品牌生产，需要买方预付定金以保证订单的顺利履行，可规定预付定金部分以汇付方式支付，其余货款以信用证方式支付。这种结算方式下卖方的收汇一般是安全的，因为出口商在收到预付款和信用证后开始备货，发货交单后进口商一般不会苛刻要求开证行以单据中的"不符点"来拒付信用证项下的货款，否则，定金将无法收回。

（二）信用证与托收结合

信用证和托收方式结合使用是将一笔交易的部分货款以信用证方式支付（通常为合同金额的40%～70%），其余货款以D/P方式结算。具体操作时通常必须由信用证的开证行兼任托收项下的代收行，并在信用证中规定出口商开立两张汇票，一张用于信用证项下凭光票付款，另一张须附带全套单据，按跟单托收处理，在进口方付清发票的全额后才可交单。这种做法对于进口商而言可减少开证保证金和开证额度的占用，加速资金周转；对于出口商来说虽有一定的风险，但因为部分货款有信用证作保证，其余货款也要在进口商付清货款后才放单，因此能起到控制风险的作用。

（三）跟单托收与汇付结合

贸易合同谈判过程中，如国外进口方坚持采用跟单托收结算方式，出口商可要求进口商支付一定比例的定金（例如20%～30%），出口方待收到定金后再发货，余款通过银行托收。这样一来，结算方式变为T/T加D/P，出口商因事先收到一笔定金而大大改善了其被动地位，进口商因顾及已付的定金随意拒付的可能性也大大减小。确遭拒付的情况下，出口商可迅速采取打折转卖货物、运回等多种灵活处理方式，此时打折售出货物的损失或运回货物产生的运保费、利息、损失等可通过此前收到的定金得到全部或部分弥补。

（四）跟单托收与备用信用证（或保函）结合

采用跟单托收与备用信用证相结合的方式，主要是为了防范托收项下货款被拒付的风险。托收项下货款被拒付时，出口商可出具"进口商拒付声明"并开立汇票、凭备用信用证要求开证行给予偿付。应当注意的是，备用信用证（或银行保函）的有效期要晚于托收付款期限后一段时间，以便有充裕时间向开证行办理追偿手续。

（五）汇付、托收、信用证结合

有些纺织机械金额大、制造生产周期长、检验手段复杂、交货条件严格以及产品质量保证期限长等特点，往往采用两种或两种以上不同的结算方式。预付货款部分以汇付方式结算，大部分货款以信用证方式结算，尾款部分待设备安装调试成功并正常运转一段时间、经验收合格后以托收方式收取。

第六节 纺织服装的检验、索赔、不可抗力与仲裁

一、纺织服装的检验业务

国际货物买卖中的商品检验（Commodity Inspection），简称商检，是指由国家设立的检验机构或向政府注册的独立机构，对进出口货物的质量、规格、数量、卫生、安全等进行检验、鉴定，并出具证书的工作，目的是经过第三者证明，保障对外贸易各方的合法权益。商品检验是确定卖方所交货物是否符合合同规定的必不可少的环节，同时也是确定货损责任承担者的重要依据。《中华人民共和国进出口服装商品检验法》规定：商检机构和国家商检部门、商检机构指定的检验机构，依法对进出口服装实施检验。凡未经检验的进口服装，不准销售使用；凡未经检验合格的出口服装，不准出口。进出口商品检验已成为买卖双方交接货物过程中必不可少的重要业务环节。

（一）检验地点的规定办法

在国际货物买卖合同中，根据国际的一般习惯做法和我国的业务实

践，有关检验时间和地点的规定办法，可主要归纳为以下几种：

1. 在出口国检验

此种方法又包括产地（工厂）检验和装运港（地）检验两种。

（1）产地检验

产地（工厂）检验是指货物离开产地（工厂）前，由卖方或其委托的检验机构人员或会同买方检验人员对货物进行检验，并由买卖合同中规定的检验机构出具检验证书，作为卖方所交货物的品质、重量（数量）等项检验内容的最后依据。卖方只承担货物离厂前的责任，运输途中出现品质、重量、数量等方面的风险，概由买方负责。

（2）装运港（地）检验

装运港（地）检验即以"离岸品质、离岸重量"（Shipping Quality and Weight）为准。据此规定，货物在装运港或装运地交货前经由双方约定的检验机构对货物的品质、重量（数量）等项检验内容进行检验，并以该机构出具的检验证书作为最后依据。货物运抵目的港或目的地后，即使买方再对货物进行复验，也无权对商品的品质和重量等项检验内容向卖方提出异议，除非买方能证明，他所收到的与合同规定不符的货物是由于卖方的违约或货物的固有瑕疵所造成的。

采用上述两种规定方法时，从根本上否定了买方的复验权，对买方极为不利。

2. 在进口国检验

进口国检验是指物运抵目的港或目的地卸货后检验，或在买方营业处或最终用户的所在地检验。

（1）目的港（地）检验

目的港（地）卸货后检验，也就是以"到岸品质、到岸重量"（Landed Quality and Landed Weight）为准。按照这种规定，货物运抵目的港或目的地卸货后的一定时间内，由双方约定的目的地检验机构进行检验，并以该机构出具的检验证书作为卖方所交货物品质、重量（数量）等项检验内容的最后依据。采用这种方法时，如检验证书证明货物与合同不符系属卖方责任，卖方应予负责。

（2）买方营业处所（最终用户所在地）检验

如果不能在使用之前拆开包装检验或需要具备一定的检验条件和检验设备才能检验，可将货物运至买方营业处所或最终用户所在地进行检验，以这里的检验机构出具的检验证书作为交货品质和交货数量的最终依据。

采取上述两种做法时，卖方实际上需承担到货品质、到货重量（数量）等责任，对卖方不利。

3. 出口国检验、进口国复验

出口国检验、进口国复验是指卖方在出口国装运货物时，以合同规定的装运港或装运地检验机构出具的检验证书作为付款依据，即作为卖方要求买方支付货款或要求银行议付的必备单据之一；货物运抵目的港或目的地卸货后一定时间内，买方有权复验，如经约定的检验机构复验后发现货物与合同不符，且属卖方责任，买方有权在合同规定的期限内凭复验证书向卖方索赔。

与前两种方法相比，这种做法较为公平合理、兼顾了买卖双方的利益，因而它是我国进出口业务中最常见和最常用的一种方法。

4. 离岸重量、到岸品质

大宗商品交易的检验常将商品的"重量检验"和"品质检验"分别进行，即装运港（地）检验重量、目的港（地）检验品质，俗称"离岸重量、到岸品质"（Shipping Weight and Landed Quality）。按此方法，装运港或装运地验货后检验机构出具的重量检验证书作为卖方所交货物重量的最后依据；而目的港或目的地检验机构出具的品质检验证书作为商品品质的最后依据。这种方法在一定程度上调和了买卖双方在商品检验问题上存在的矛盾。

应当注意的是，在规定商品的检验时间和地点时，应综合考虑贸易术语、商品特性、行业惯例、进出口国法律法规、检测手段等因素，尤其应考虑买卖合同中所使用的贸易术语。一般情况下，商检工作应在货物交接时或风险转移前进行，货物风险转移之后，卖方不再承担货物品质、数量等发生变化的责任，除非货物与合同不符是由于卖方违约或货物固有的瑕疵所造成的。

（二）检验标准与检验流程

1. 检验标准

检验标准是商品检验机构对进出口商品实施检验的基本依据，买卖合同中检验标准的具体内容，应视商品的种类、特性及进出口国家有关法律或行政法规的规定而定。我国出入境检验检疫局在纺织服装检验中除了有我国自己的出口标准外，常参照的主要检验标准和方法有：

（1）欧盟纺织品服装的测试标准

欧盟标准化委员会（GEN）主要是贯彻国际标准，协调各成员国标准并制订修订必要的欧洲标准。欧盟各国有自己的法规和标准，如德国标准学会（DIN）、英国标准学会（BS）、法国标准化协会（NF）等，成交方应该尽量统一用欧盟标准化委员会制订的标准来成交，以免不熟悉各国标准造成交货质量纠纷。

（2）美国产品品质主管机构和测试标准

主要有：AATCC（美国纺织染色与化学家协会）、ASTM标准（美国试验与材料协会）、US CPSC（美国消费品安全委员会）和FTC（美国联邦贸易委员会）等。同时美国还制订了很多纺织品服装的技术法规。产品质量认证是进入美国纺织服装市场的重要问题。其认证中心的标准主要有：FTC规则和INTER检测中心。FTC要求出口到美国的纺织品要有成分和保护标签；INTER检测中心主要是对纺织品和成衣进行物理检测，如纤维、化学成分、弹性、保养、可燃性、着色、褪色、其他化学伤害和进口配额等。

（3）日本纺织服装测试标准和技术法规

日本客户以对产品质量的"挑剔"出名。客户对纺织服装产品质量要求很高。一般对产品质量的检测实行日本工业标准（JISL）、产品责任法（P/L法）和产品品质标准判定三种规范。如日本工业标准规定了纺织品品质检测的各种标准和方法，有详细的安全性和机能性标准。产品责任法规定当产品因制造不良对消费者造成生命或财产损失时，该制造商应对此负责；当产品自身损坏对他人或物品未造成损害时，则不予追究。产品制造不良包括产品设计问题、制造过程中的问题、标示不清等问题。产品品质标准一般由销售商会根据上述法规和日本消费者的质量投诉，反映到上游制造业，再整合制造业内部需求后，不断对产品进行更新，把产品优良率上升到一定水准。在质量标准方面，一般对纺织和服装产品的物理性质、色牢度、产品规格、药残安全性、外观和缝制等方面进行检测。当日本商社或公司从中国进口纺织服装产品时，都相应制订一系列质量检测标准，要求制作商在指定的检测机构取得合格认证，才允许出口日本上市销售。日本对内衣裤的断针检验要求更严，一发现问题必定重罚。我国在出口日本市场时，应该相应建立完整严格的生产检验体系，以免给自己造成经济和名誉的损失。

2. 检验流程

（1）安装电子报验系统。现在已统一实行电子报检，出口企业需安装当地商检局指定的电子报检系统。若企业出口产品较少，可以提供代理报检委托书，请代理报检企业代为报检。

（2）电子报验。进入电子报检系统，按系统要求及出口产品信息输入相关资料，然后点击"发送"，该单货物的报检信息即传输到商检局联网的系统，发送成功后会自动生成一个报检编号，这个过程相当于以前手动报检时在商检局报检大厅里的电脑里输机过程的变形。

（3）提交报检资料

● 出境货物报检单（原件，出口企业自己报检则盖出口企业公章，若委托代理企业报检则盖代理报检企业章；报检单内容按电子输机的内容填写，务必保持一致；注明随附单据）；

● 工厂检验报告（原件，盖工厂检验章）；

● 该批货物外包装生产厂商提供的出口包装证（由商检局签发，复印件即可）；

● 出口合同（复印件）；

● 出口发票（复印件）；

● 出口装箱单（复印件）。

将全套报检资料交商检局相关负责商检抽样的部门，请其安排商检。

（4）商检机构受理报验。商检机构在审查上述单证符合要求后，受理该批商品的报验；如发现有不合要求者，可要求申请人补充或修改有关条款。

（5）检验。商检机构接受报验之后，认真研究申报的检验项目，确定检验内容；并仔细审核合同（信用证）对品质、规格、包装的规定，弄清检验的依据，确定检验标准、方法。检验方法有抽样检验、仪器分析检验、物理检验、感官检验、微生物检验等。检验的形式有商检自验、共同检验、驻厂检验和产地检验。

（6）签发证书。商检机构对检验合格的商品签发检验证书，或在"出口货物报关单"上加盖放行章。检验证书签发后，出口企业按照所核商检费用交费、拿发票、取单。出口企业在取得检验证书或放行通知单后，在规定的有效期内报运出口。

检验证书在纺织服装进出口业务中有重要作用：

（1）证明卖方所交货物符合合同规定的依据

合同或信用证中通常都规定卖方交货时必须提交规定的检验证书，以证明所交货物与合同规定一致。检验证书是证明卖方所交货物的品质、数量、包装等符合合同规定的重要依据。

（2）计算关税和报关验放的有效证件

重量、数量检验证书是海关核查征收进出口货物关税时的重要依据；残损证书可以作为向海关申请退税的有效凭证；产地证明书是进口国海关给予差别关税待遇的基本凭证等。检验证书还是报关验放的重要证件，在有关货物进出口时，当事人必须向海关提交符合规定的检验证书，否则海关将不予放行。

（3）买卖双方办理货款结算的依据

信用证项下如果要求提交的单据包括检验证书，在此情况下，卖方发货后向指定银行交单办理议付时，必须提供信用证规定的检验证书方能获得货款。

（4）办理索赔、理赔和解决争议的依据

当报验货物与合同规定不符时，检验检疫机构签发的有关品质、数量、重量、残损证书，是收货人向有关责任方提出索赔和有关责任方办理理赔的重要依据。在国际货物买卖中，当交易双方发生争议未能协商解决，而提交仲裁或进行司法诉讼时，检验证书是当事人向仲裁机构或法院举证的重要凭证，也是仲裁机构或法院进行裁决的重要依据。

（5）计算运输、仓储等费用的依据

检验的货载衡量所确定的货物重量或体积，既是承运人与托运人之间计算运费的有效依据，也是港口仓储运输部门计算栈租、装卸、理货等费用的有效凭证。

在填制检验证书时，要注意证书的名称和具体内容必须与合同及信用证的规定一致。另外，检验证书的签发日期通常不得迟于运输单据签发日期，但也不宜比运输单据签发日期提前时间过长。

二、纺织服装业务的索赔

（一）索赔的含义

索赔（Claim）是指买卖合同的一方当事人因另一方当事人违约致使其遭受损失而向另一方当事人提出要求赔偿的行为。在实践中，索赔不仅指向责任方提出损害赔偿的要求，它还包括行使法律上规定的其他救济方法，如解除合同、拒收货物、实际履行等。理赔是指违约方对受害方提出的赔偿要求进行处理。索赔与理赔是一个问题的两个方面。

（二）索赔的原因

索赔事件产生的原因是多方面的，买方向卖方索赔的原因主要有：不交货、迟交货、所交货物与合同不符、提交的单据有瑕疵等。卖方向买方索赔的原因则包括未按合同规定受领货物与支付货款、信用证支付方式下未按时开证或不开证、FOB 条件下不按合同规定派船接货等。国际货物贸易中，买方向卖方提出索赔的情况较多。为了便于处理这类问题，在国际货物买卖合同中，通常都应该订立索赔条款，一方面有利于促使合同当事人认真履约，另一方面也便于依约处理合同争议。

（三）索赔的对象

索赔对象是指需对索赔方承担损失赔偿责任的当事人。国际货物贸易涉及许多当事人，当出现索赔事故时，责任方（即索赔对象）可能不仅局限于买卖双方，有时还涉及承运人、保险公司等其他当事人。因此，在发生索赔事故的情况下，应当认真做好调查研究，弄清事实、分清责任，以便确认索赔对象。

（四）索赔的依据

一方当事人向另一方提出索赔时，必须有充分的依据。索赔依据包括法律依据和事实依据。法律依据指当事人间签订的合同和适用的法律规定。例如，贸易索赔的核心法律依据是买卖双方签订的贸易合同；运输索赔的主要法律依据是承运人与托运人间的运输契约（提单）；保险索赔的法律依据主要是保险人向被保险人签发的保单等。事实依据指违约的事实、情节及其书面证明。

（五）索赔时效

索赔时效又称索赔期限或索赔有效期，是指受损方有权向违约方提出索赔的期限。根据法律和国际惯例规定，受损方只能在一定的索赔期限内提出索赔，否则即丧失索赔权。

1. 向卖方提出索赔的时效

当买卖双方在合同中明确规定索赔期限时，买方应在约定期限内向卖方提出索赔，如超过约定期限索赔，违约方可不予受理。买卖合同中索赔期限的长短须视买卖货物的性质、运输、检验的繁简等情况而定，且该期限的起算时间，也应一并在合同中做出具体规定。如合同中未约定索赔期限，则品质保证期限被认为是买方提出索赔的时效。如合同中既没约定索赔期限又未规定品质保证期限，则按法定索赔期限处理。法定期限指法律所规定的索赔有效期，通常为两年。

2. 向承运人提出索赔的时效

（1）海运方式下向承运人提出索赔的时效。《海牙规则》规定托运人或收货人在收取货物时，如发现货物灭失或损坏应在提货日起3天内提出。如货主的索赔未被受理，则诉讼时效为货物交付之日起1年内。1992年生效的《汉堡规则》对此时效做了新的修改，依据该规则，托运人或收货人应在提货后15天内向承运人发出索赔通知。承运人延迟交货，收货人必须于收到货物后60天内以书面通知承运人，否则承运人不承担赔偿责任。诉讼时效为 2 年。

（2）空运方式下向承运人提出索赔的时效。《华沙公约》规定收货人必须在收货后 7 天内提出。如承运人延迟交货，则收货人应在货运后 14 天内提出。诉讼时效 2 年，从货物到达日或货物应到达日或运输终止日起算。

（3）国际多式联运方式下向承运人提出索赔的时效。《联合国国际多式联运公约》规定，货物灭失或损坏，收货人应在交货后 6 天内向多式联运经营人提出索赔。如属延迟交货，收货人应于收货后 60 天内提出。诉讼时效 2 年。自货物交付之日起算，如货物未交付，则自货物应当交付的最后一日的次日起算。应当注意的是公约将诉讼时效与索赔时效联系起来，如货物交付之日起 6 个月未提出索赔，则诉讼在此期限届满后失效。

3. 向保险公司提出索赔的时效

中国人民保险公司规定的索赔时效为 2 年，即从被保险货物在最后卸载港全部卸离海轮后起算，最多不超过 2 年。

（六）索赔金额

由于索赔金额事先难以预计，故订约时一般不做具体规定，待出现违约事件后，再由有关方面酌情确定。如合同中未作具体规定赔偿金额计算方法，根据有关的法律和国际贸易实践，计算赔偿金额的基本原则为：

（1）赔偿金额应与因违约而遭受的包括利润在内的损失额相等。

（2）应以违约方在订立合同时可预料到的合理损失为限。

（3）由于受损方未采取合理措施导致有可能减轻而未减轻的损失，应在赔偿金额中扣除。

与此相反，如买卖合同中约定了损害赔偿额的计算方法，则按约定的方法计算赔偿金额并提出索赔。

（七）罚金条款与定金罚则

1. 罚金条款

罚金条款（Penalty Clause），又称"违约金条款"（Liquidated Damage Clause），是指在国际贸易买卖合同中规定违约的一方应向受损害的一方支付约定数额的罚金，以补偿对方的损失。主要适用于一方当事人迟延履约，如卖方延期交货、买方延期接货或延迟开立信用证等情况。罚金的支付并不解除违约方继续履约的义务。因此，违约方除支付罚金外，仍应履行合同义务，如因故不能履约，则另一方在收受罚金之外，仍有权索赔。

罚金条款的内容包括罚金数额或罚金的百分率。例如，合同规定："如卖方不能如期交货，每延误一周，买方应收取迟交货总值的0.5%的罚金，不足一周者，按一周计算，延误十周时，买方除要求卖方支付延期交货罚金外，还有权撤销合同"。按一般惯例，罚金数额通常不超过货物总金额的5%。罚金条款中还应当订明罚金的起算日期。计算罚金起算日期的方法有两种：一种是从约定的交货期或开证期终止后立即起算；另一种是规定宽限期（Grace Period），即在约定的有关期限终止后再宽限一段时期，在宽限期内仍可免于罚款，待宽限期满后再起算罚金。罚金条款通常只适用于连续分批交货的大宗货物买卖和机械设备类的商品，一般情况下，我国的进出口合同只订立"异议与索赔条款"或"检验与索赔条款"。

2. 定金罚则

定金（Down Payment）是指合同一方当事人按合同约定预先支付一定数额的金钱，以保证合同的订立、担保合同的履行和保留合同的解除权，它是作为债权的担保而存在的。定金条款由合同双方当事人约定，其主要内容如下：

（1）定金的数额及支付定金的时间与方式。

（2）如合同最终如期顺利履行完毕，定金是用于抵扣货款或是直接由预付方收回。

（3）定金罚则。支付定金的一方不履行合同义务的，即丧失定金的所有权，因而无权请求返还定金；收受定金的一方不履行合同义务的，则应双倍返还定金。

（4）如果合同最终没有履行，而买卖双方都没有过错，则收取定金的一方应向支付定金的一方全额返还定金。

在合同中同时有罚金条款与定金条款的情况下，一方违约时，另一方可以选择适用罚金条款或定金条款，二者只能选择其一，不能同时适用。

三、不可抗力

（一）不可抗力的含义与范围

不可抗力（Force Majeure）是指买卖合同签订后，不是由于合同当事人的过失或疏忽，而是由于发生了合同当事人无法预见、无法预防、无法避免和无法控制的事件，以致不能履行或不能如期履行合同，发生意外事件的一方可以免除履行合同的责任或推迟履行合同。因此，不可抗力是一项免责条款。

不可抗力事件的范围按其产生原因可以分为：

（1）自然原因引起的不可抗力。指自然力量引起的水灾、旱灾、冰灾、雪灾、雷电、暴风雨、地震、海啸等。

（2）社会原因引起的不可抗力。指政府行为和社会异常事故引起的战争、暴动、骚乱、政府颁布禁令、封锁禁运和调整政策制度等。

但不是所有的自然原因和社会原因引起的事件，都属于不可抗力。对于诸如商品价格波动、汇率变化、利率变化等正常的贸易风险都不属于不可抗力事件。

（二）构成不可抗力的条件

1. 不可预见性

法律要求构成不可抗力的事件必须是有关当事人在订立合同时，对这个事件是否会发生是不可能预见到的。如当事人能预见到该事件的发生而未采取规避措施的，则不能申请免责。

2. 不可避免性与不可克服性

合同生效后，尽管当事人对可能出现的意外情况采取了及时合理的措施，但客观上并不能阻止这一意外情况的发生，这就是不可避免性。不可克服性是指合同的当事人对于意外发生的某一个事件所造成的损失不能克服。如果某一事件造成的后果可以通过当事人的努力而得到克服，那么这个事件就不是不可抗力事件。

3. 非故意性与非过失性

合同当事人的故意行为或过失导致的事件，不能认定为不可抗力。

4. 履行期间性

对某一个具体合同而言，构成不可抗力的事件必须是在合同签订之后、终止以前，即合同的履行期间内发生的。如果一项事件发生在合同订立之前或履行之后，或在一方履行迟延而又经对方当事人同意时，则不能构成这个合同的不可抗力事件。

5. 履约受阻性

事件的发生必须确实造成一方当事人不能履行或不能如期履行合同的事实。如果事件的发生对合同的履行没有影响，则对遭受事件的一方而言该事件不能认定为不可抗力，该当事人无权以不可抗力为由要求免责。

（三）不可抗力事件的处理

如果发生不可抗力，致使合同不能得到全部或部分履行，有关当事人可根据不可抗力的影响，解除合同或变更合同而免除其相应的责任。

1. 解除合同

当不可抗力事件致使合同履行成为不可能，或事件的影响比较严重、非短时期内所能复原时，适用解除合同的处理方法。例如，工厂发生火灾致使生产线和合同标的物灭失；强地震导致道路弯曲、变形，交通运输彻底中断，短期内难以修复等。

2. 延迟履行合同

当不可抗力事件只是部分地或暂时性地阻碍了合同的履行时，当事人可以延迟履行合同。如货物发运时遭遇台风导致装船延误可采用迟延履行的方法等。

总之，究竟是解除合同还是延迟履行合同，应视事故的原因、性质、规模及其对履行合同所产生的实际影响的程度，由双方当事人酌情处理。

（四）不可抗力的通知与证明

不可抗力发生后，不能按规定履约的一方当事人要取得免责的权利，必须及时通知另一方，并提供必要的证明文件，而且在通知中应提出处理的意见。我国合同法规定，不可抗力发生后，当事人一方因不能按规定履约要取得免责权利，必须及时通知另一方，并在合理时间内提供必要的证明文件，以减轻可能给另一方造成的损失。《联合国国际货物销售合同公约》也明确规定，如果当事人一方未及时通知而给对方造成损害的，应负赔偿责任。在实践中，为防止争议，通常在合同的不可抗力条款中明确规定具体的通知期限。

有关不可抗力事件的证明，在中国一般由中国国际贸易促进委员会（China Council for the Promotion of International Trade，CCPIT）出具；如由对方提供时，则大多数由当地的商会或登记注册的公证机构出具。另一方当事人收到不可抗力的通知及证明文件后，无论同意与否，都应及时回复。否则，按有些国家的法律如《美国统一商法典》的规定，将被视作默认。

四、仲裁

仲裁是解决对外贸易争议的一种重要方式，它指买卖双方达成协议，自愿将有关争议交给双方所同意的仲裁机构进行裁决。因其灵活性、结案迅速、费用低廉等特点，仲裁已成为国际上解决争议普遍采用的方式。

（一）解决争议的主要方式

在国际贸易中，买卖双方签订合同后，经常由于种种原因没有如约履行，从而引起争议。解决争议的方式主要有如下四种：

1. 协商

协商（Consultation）又称友好协商，它是指在发生争议后，由当事人双方直接进行磋商，自行解决纠纷。以协商方式解决争议的优点在于节省时间和费用而且气氛和缓、灵活性大，有利于双方贸易关系的发展。此外，协商中由于没有第三者参与，当事人间有可能公之于众的争议就会在秘密的情况下化解，从而有效保护了相关当事人的商业秘密。但协商方式也存在一定的局限性，当双方存在严重分歧或争议涉及的金额数目巨大时，通常很难通过协商解决争议。

2. 调解

调解（Mediation）是指发生争议后，双方协商不成，则可邀请第三人（调解人）居间调解。调解应建立在确定事实、分清是非和责任的基础上，根据客观公正和公平合理的原则进行，以促进当事人互谅互让，达成和解。若调解成功，双方应签订和解协议，作为一种新的契约予以执行；若调解意见不为双方或其中一方所接受，则该意见对当事人无约束力，调解即告失败。

3. 诉讼

诉讼（Litigation）是指由司法部门按法律程序来解决双方的争议。在争议出现后，可由任何一方当事人，依照一定的法律程序，向有管辖权的法院提起诉讼，要求法院依法予以审理，并做出公正的判决。诉讼具有下列特点：第一，诉讼带有强制性，只要一方当事人向有管辖权的法院起诉，另一方就必须应诉，争议双方都无权选择法官。第二，诉讼程序复杂、耗时长、诉讼费用较高。第三，诉讼处理争议，双方当事人关系比较紧张，不利于以后贸易关系的继续发展。

4. 仲裁

国际货物贸易中的争议，如经友好协商与调解都未成功，而当事人又不愿意诉诸法院解决，则可采用仲裁（Arbitration）的办法。仲裁亦称公断，是指买卖双方按照在争议发生之前或之后签订的协议，自愿把他们之间的争议交给双方所同意的仲裁机构进行裁决。仲裁有其自身的立法及程序，结案迅速、费用低廉；此外，仲裁比诉讼具有更大的灵活性，当事人自主性较大，对仲裁方式的选择、仲裁地点、仲裁机构、仲裁员等，当事人都可以自由做出决定。因此，仲裁已成为国际上解决争议普遍采用的方式。

（二）仲裁协议的形式和作用

根据国际上的习惯做法和一些国家的法律规定，凡采用仲裁方式处理争议时，当事人双方必须订有仲裁协议。

1. 仲裁协议的形式

仲裁协议必须是书面的，它有以下两种形式：

（1）合同中的仲裁条款（Arbitration Clause），指发生在争议之前，双方当事人在买卖合同或其他经济合同中订立的仲裁条款。

（2）以其他方式达成的提交仲裁协议（Arbitration Submission），它是指双方当事人订立的提交仲裁的协议。这种协议可以在争议发生之前达成，也可以在争议发生之后达成，它必须是双方以书面形式订立的，包括合同书、信件、电报、电传、传真、电子数据交换和电子邮件等可以有形地表现所载内容的形式。

以上两种形式具有同等的法律效力。我国仲裁规则明确规定，无论是合同中的仲裁条款还是附属于合同的仲裁协议，均应视为与合同其他条款分离地、独立地存在的一部分，合同的变更、解除、终止、转让、失效、无效、被撤销及成立与否，均不影响仲裁条款或仲裁协议的效力。

2. 仲裁协议的作用

（1）约束双方当事人只能以仲裁方式解决争议。由于已签有仲裁协议，当事人之间一旦发生争议，就只能以仲裁方式来解决，既不能任意改变仲裁机构和仲裁地点，更不能单方面要求撤销仲裁协议。

（2）排除法院对有关案件的管辖权。对于大多数国家来说，仲裁协议还具有排除法院对有关争议管辖权的作用，只要双方当事人一经订立仲裁协议，则任何一方就不得向法院提起诉讼。如果一方自行向法院起诉，另一方可根据仲裁协议要求法院停止司法诉讼程序，并将争议案件退回仲裁机构予以审理。

（3）使仲裁机构取得对争议案件的管辖权。任何仲裁机构都无权受理没有仲裁协议的案件，这是仲裁的基本原则。

（三）仲裁程序

1. 提出仲裁申请

仲裁申请（Arbitration Application）是仲裁程序开始的首要手续。《中国国际经济贸易仲裁委员会仲裁规则》规定：当事人一方申请仲裁时，应向该委员会提交包括下列内容的签名申请书：①申诉人和被诉人的名称、地址。②申诉人所依据的仲裁协议。③申诉人的仲裁请求及所依据的事实和证据。申诉人向仲裁委员提交仲裁申请书时，应附上仲裁请求所依据的事实的证明文件，指定一名仲裁员，预缴一定数额的仲裁费。如果委托代理人办理仲裁事项或参与仲裁的，应提交书面委托书。

仲裁委员会或其分会受理案件后，被申诉人应在收到仲裁通知之日起45天内向仲裁委员会秘书局或其分会秘书处提交答辩书。被申诉人如有反请求，应当自收到仲裁通知之日起 45 天内以书面形式提交仲裁委员会。

2. 组织仲裁庭

根据我国仲裁规则的规定，申诉人和被申诉人应当各自在收到仲裁通知之日起 15 天内在仲裁委员会仲裁员名册中指定一名仲裁员，并由仲裁委员会主席指定一名仲裁员为首席仲裁员，共同组成仲裁庭（Arbitration Tribunal）。双方当事人亦可在仲裁委员名册中共同指定或委托仲裁委员会主席指定一名仲裁员为独任仲裁员，成立仲裁庭，单独审理案件。当事人未在上述期限内选定或委托仲裁委员会主席指定的，由仲裁委员会主席指定。

3. 审理案件

仲裁庭审理案件的形式有以下两种：一是"不开庭审理"。这种审理一般是经当事人申请，或仲裁庭征得双方当事人同意，只依据书面文件进行审理后做出裁决；二是"开庭审理"。开庭审理又分为"公开开庭"与"不公开开庭"两种方式。开庭审理通常采取"不公开开庭"的方式。不公开审理的案件，双方当事人及其仲裁代理人、证人、翻译、仲裁员、仲裁庭咨询的专家和指定的鉴定人、仲裁委员会秘书局的有关人员等，均不得对外界透露案件实体和程序的有关情况。如果双方当事人要求公开开庭审理，由仲裁庭做出是否公开审理的决定。

审理案件过程中，如果双方当事人有调解愿望，或一方当事人有调解愿望并经仲裁庭征得另一方当事人同意的，仲裁庭可以在仲裁程序进行过程中对其审理的案件进行调解。经仲裁庭调解达成和解的，双方当事人应签订书面和解协议；除非当事人另有约定，仲裁庭应当根据当事人书面和解协议的内容做出裁决书结案。如果调解不成功，仲裁庭应当继续进行仲裁程序，并做出裁决。

4. 仲裁裁决

仲裁裁决（Arbitral Award）是仲裁程序的最后一个环节。裁决做出后，案件审理的程序即告结束。《中国国际经济贸易仲裁委员会仲裁规则》规定，仲裁庭应当在组庭之日起 6 个月内做出裁决，裁决依多数仲裁员的意见决定，仲裁庭不能形成多数意见时，依首席仲裁员的意见做出裁决。

仲裁裁决应以书面形式做出，裁决书的主要内容包括仲裁请求、争议事实、裁决理由、裁决结果、仲裁费用的承担、裁决的日期和地点，也可确定当事人履行裁决的具体期限及逾期履行应承担的责任。做出裁决书的日期，即为裁决发生法律效力的日期。

根据《中国国际经济贸易仲裁委员会仲裁规则》规定，仲裁裁决是终局的，对双方当事人均有约束力，任何一方当事人不得向法院起诉，也不得向其他任何机构提出变更裁决的请求。有些国家虽然允许当事人上诉，但法院一般只审查程序，不审查实体，即只审查仲裁裁决在法律手续上是否完备，而不审查仲裁裁决在认定事实或运用法律方面是否正确。

（四）仲裁裁决的执行

仲裁裁决对双方当事人都具有法律上的约束力，当事人必须执行。但是，如一方当事人在国外，这就涉及一个国家的仲裁机构所作出的裁决要由另一个国家的当事人去执行的问题。为了解决各国在承认和执行外国仲裁裁决问题上的所存在的分歧，国际上除通过双边协定就相互承认与执行仲裁裁决问题做出规定外，还订立了多边国际公约。目前有关承认和执行外国仲裁裁决的最重要的国际公约是《1958年纽约公约》，即1958年6月10日在纽约签订的《承认与执行外国仲裁裁决公约》（Convention on the Recognition and Enforcement of Foreign Arbitral Awards）。截至2010年12月，《1958年纽约公约》的缔约国已经达到145个，我国于1987年1月22日加入该公约，并于1987年4月22日生效。《1958年纽约公约》强调了两个要点：一是承认双方当事人所签订的仲裁协议有效。二是根据仲裁协议所做出的仲裁裁决，缔约国应承认其效力并有义务执行。只有在特定的条件下，才根据被申诉人的请求拒绝承认与执行仲裁裁决。

由于我国已加入《1958年纽约公约》，我国仲裁机构的涉外仲裁裁决可以在世界上已加入该公约的国家和地区得到承认和执行。仲裁裁决如果要在与我国既无《1958年纽约公约》成员国关系，也无司法协助或互惠关系的国家内申请执行，应当通过外交途径，向对方国家的主管机关申请承认和执行。

第四章 纺织服装贸易合同的履行流程

企业贸易合同签订后，买卖双方均应按合同规定严格履行合同义务。卖方的基本义务是按合同规定准时交货、交单和转移货物的所有权。买方的基本义务是接货和付款。合同的顺利履行不仅关系到买方所得到的货物是否货真价实，还关系到卖方是否能安全及时地收回货款。企业应该重视和加强对合同履行阶段的管理和操作。

第一节 出口合同的履行

出口合同的履行是指出口方对买卖合同中所规定的出口方的权利和义务的履行。本章节以企业按照 CIF 贸易术语为条件签订出口合同，并以信用证方式收取货款作为案例，分析出口方在履行出口合同过程中应当注意的操作环节。出口方履行合同的环节包括货（备货、报检）、证（催证、审证、改证）、船（托运、报关、办理保险）、款（制单结汇）四个基本环节。这些环节可以先后或者同时进行，又是相互衔接的。卖方应该严格按照合同规定和法律、惯例要求，做好每步工作。同时，卖方必须密切关注买方的履约情况，互相配合，以保证出口合同的顺利履行。除了四个基本环节以外，出口方还应该做好出口核销和退税等后续工作，以保证出口业务工作的顺利开展及出口合同的圆满履行。

一、备货

所谓备货就是卖方根据出口合同或信用证的规定，按时、按质、按量准备好应交付的出口货物，以保证按时出运，如约履行合同。《联合国国际货物销售合同公约》规定，按照合同交付货物、移交单据和转移货物所有权是卖方的三项基本义务，而其中交付货物又是最主要的义务，做好交付货物工作的基础是货物的准备。备货工作的主要内容是指卖方向生产部门下达生产货单，或者向国内供货人订立采购货物合同，安排货物生产，催交货物。在货物生产过程中和完成后对货物的数量、品质规格或花色品种、包装情况进行核实，验收入库或进行必要加工整理、包装、刷唛，并准备出口货物必需的文件。

（一）出口备货的基本原则

1. 货物的品质必须与出口合同和 L/C 的规定相一致

凡凭规格、等级、标准等文字说明达成的合同，交付货物的品质必须与合同规定的规格、等级、标准等文字说明相符；凡凭样品达成的合同，则必须与样品相一致；如既凭文字说明，又凭样品达成的合同，则两者均须相符。纺织服装产品的买卖很多情况下是按照规格标准规定产品内在质量外加样品来代表货物花色和款式等外观要求，两者相结合为多。备货就必须按两方面要求严格检验。

2. 货物的包装必须符合出口合同和 L/C 的规定

出口企业在备货时，凡是合同中对商品包装有明文规定的，卖方必须按照合同规定的包装方式交付货物。企业对货物的内外包装和装潢，都必须认真进行核对和检查。内包装主要包括文字说明、包装材料、包装数量等，是否必须指明商标、牌号、品名、数量、产地、用途等，是否有语言要求；外包装主要注意按合同及信用证要求，特别关注运输标志（唛头）要求。如唛头的刷写部位和字体大小要适当，图案字迹要清楚，使用的油墨不易褪色。另外，还要注意衬垫物使用是否得当。国外对我国纺织服装产品的不合理贸易壁垒很多，如各种技术指标和配额限制。为了促进商品销售，我国出口企业常常要接受外国进口商要求，使用中性包装。出口公司在备货时，应注意检查货物的每一部分，防止在包装物上暴露生产国别。如果合同对包装没有具体要求，按照《联合国国际货物销售合同公约》规定，应按照同类货物的通用方式包装。如果没有通用方式，则应该以保全和保护货物的方式进行包装。在保证货物质量和不违反合同的前提下，还应该尽可能压缩货物包装的体积和降低包装重量，以节省运费。

3. 货物的数量必须符合出口合同和 L/C 的规定

在备货过程中，如发现货物数量因生产工厂的生产能力不足而不能满足合同需要时，应及时采取有效补救措施，如在规定期限内从其他途径购买同样品质、规格的货物来补足。为预防货物的自然损耗和运输搬运中的货损，卖方备货数量一般应该略多于出口合同规定的数量。

根据生产和交货的实际需要，卖方在与买方磋商签订合同时，可对交货数量留有一定的机动幅度，如规定"溢短装条款"。卖方在履行合同时，就可在规定幅度内最大限度地满足要求。一般应在合同允许的机动幅度内有多少装多少，充分利用好溢短装条款。卖方还应注意信用证结算方式下 UPC600 对"约"数的规定以及在没有明确规定机动幅度时允许货物数量的伸缩幅度。

4. 货物备妥时间应与合同和 L/C 装运期限相适应

交货时间是国际货物买卖合同中的主要交易条件，卖方必须在合同及信用证规定的期限内装运货物。若有违反，买方不仅有权拒收货物并提出索赔，甚至还可宣告合同无效。因此，卖方必须注意与供货厂家的沟通，跟踪货物生产进程。货物备妥的时间，必须适应出口合同与信用证规定的交货时间和装运期限，并结合运输条件和船期进行妥善安排，严防脱节，否则会产生在仓库存放时间增加而多支付仓储费，"船舶等货"造成滞期，货物无法装上定期班轮等严重后果。为防止意外，一般在时间上应适当留有余地，即在装运前一段时间把货备好。

5. 避免货物不合法或侵犯他人知识产权

卖方应保证对所出售的货物拥有完全所有权，有权出售该项货物，并保证买方可以安宁地占有和支配该货物而不受第三方侵扰，即卖方不能把非法侵占他人权利得来的货物出售给买方，以至于买方遭受货物合法权利人（包括所有权和抵押权）的追索或指控。

卖方所售货物不能侵犯别人商标、专利和其他知识产权。在公司实际业务中，接受买方的委托加工某些品牌产品，必须注意获得品牌使用许可，以避免通关问题和可能引起的法律纠纷。

（二）出口备货的业务流程

出口主体不同，出口备货的流程也有所不同。对进出口公司来说，需要与生产供货企业签订国内销购合同；对有进出口经营权的生产企业来说，应该及时安排好出口商品的生产；对通过进出口公司代理出口的生产企业来说，应该与代理公司密切合作，按时完成出口商品的生产。相对来说，进出口公司的备货流程环节最多。归纳起来，出口备货重点应该做好以下几项工作：

1. 下达联系单或签订国内购销合同

对于有出口经营权的实体企业，通常由出口业务部门向生产加工及仓储部门下达联系单（也称加工通知单或信用证分析单），列明生产任务和要求；无实体的出口公司则与国内的供货工厂签订国内购销合同。不管什么类型的企业，有关业务部门都应凭生产联系单或国内购销合同，对应交的货物进行产品生产跟踪，质量控制、清点、加工整理、刷制运输标志以及办理申请报验和领证等项工作。

生产联系单或国内购销合同应该按照企业与外商的合同要求，相应规定如下主要内容：产品名称、货号、规格、数量和价格；质量标准和验收方法；包装标准及其费用；交货期限、方式和地点；运输方法和费用负担；结算方式及日期；供需双方的违约责任等。

2. 拟订跟单计划，跟踪把控货物质量

从签订合同到交货出运这段时间，出口商必须指定专门跟单人员，熟悉生产联系单和购销合同内容，到供货工厂落实生产和交货进度。从产品投料生产到最后交货，跟单人员应定期到企业督促检查，与生产企业密切合作，对企业的生产设备、技术条件以及工人操作水平做到心中有数。对有些具有特殊要求的产品，要帮助企业一起制定生产工艺和生产计划。如果需要由买方提供相关原辅料或单证，卖方应该适时提醒、敦促买方按时提供，并严明责任。如果合同规定由买方订舱、办理运输，则要敦促买方及时发出装运要求和指示（shipping instructions）。

纺织原料跟单要了解原料产地的自然和环境情况对原料生长的影响，熟悉原料加工企业的生产状况，定期督促和检查。纺织面料除了一般规格的坯布，染色和印花布要双方确认样品布进行检测。对企业生产设备、技术条件及工人操作水平要心中有数。特殊处理工艺的产品，要与企业制定生产工艺和计划，及时跟踪，发现问题及时处理。服装的出口备货最为复杂。它涉及纺织原料、面料及成品制作工艺水平，必须保证每个环节严格按照质量要求。根据交货计划详细制定跟单时间表，并按时间工序做好跟单记录。敦促面料和辅料厂的交货时间和把控面料、辅料质量，及时向外商提供服装面料、辅料样品。在外商确认原料样品后，及时督促服装厂安排生产流水线生产，并不停按照服装生产进度，对照与外商确认的服装产品样品进行认真检查，按时按质量完成交货。如果原料由外商提供，业务人员必须按照生产进度，及时催促外商提供原料到货。

质量监控是备货过程中一项非常重要的工作。为了保证按时、按质、按量的对外交货，出口公司的跟单人员应积极参与全程质量监控，根据合同质量要求和标准，从原料采购、生产过程监督至产品检验，严格把控交货质量，督促企业提供合格的、符合客户要求的产品。

3. 建立产品跟单文档和样品备查

出口企业在实施跟单计划过程中，应该要求跟单人员建立良好的文档资料。备货工作有案可查是企业履行出口合同工作的重要一环。跟单人员应该随时做好业务记录，在办公室分档保存该项合同的各类往来函电、工艺单、订单、操作要则和实施记录以及各种生产样品等，这对完成出口备货、将来争议的解决都是至关重要的。

二、信用证审核

买卖双方如果以信用证作为支付方式签订合同，买方能否及时、正确地开出信用证是合同顺利履行的关键。它关系到卖方能否安全收汇，也是卖方如期履行合同义务的一个重要依据。因此，卖方及时取得信用证，认真审核信用证条款，并备妥信用证中规定的各种单据，是履行出口合同的重要内容。信用证的审核业务主要包括催证、审证和改证三个重要环节。

（一）催证

催证是指卖方根据出口合同规定通知或催促买方及时开出相关信用证。在实际业务中，买方可能因为各种各样的原因未能及时开出信用证，比如国际市场形势变化，商品价格下跌，或者买方因为资金问题影响顺利开立信用证，这就需要卖方及时催证。

买方推迟开信用证的时间，可能给卖方带来风险，尤其是大宗商品交易或应买方要求而特制的商品交易，或一些大型纺织服装机器设备、成套设备等产品的出口，带来的风险更大。为此，在交易磋商中和签订合同时，卖方应该要求买方在规定的合理时间内尽早开来信用证，并在合同中订明有关晚开信用证的处理办法，以促使买方及时开出信用证。

（二）审证

信用证是买方根据双方订立的合同条款通过银行开立的，其内容应该与合同内容一致。但在实际业务中，由于各种原因如工作疏忽、电文传输错误、贸易习惯不同或者进口商有意利用开证的主动权在信用证中加上对自己有利的条款（即"软条款"）等，往往造成信用证条款与合同条款的不符。为保证安全收汇，卖方必须在收到信用证后仔细、认真对信用证的所有文字、条款进行分析，逐字逐句检查，千万不能粗心大意。审证工作包括银行审核和受益人（即出口商）审证。

银行审证主要审核信用证内容是否符合我国的贸易政策，注意信用证上是否载有歧视性或错误的政治性条款；审核开证行的资信情况，因为开证行负第一付款人的责任。开证行所在国家的政治经济状况和开证行的背景、资信情况、经营作风等对安全收回货款十分重要；审核信用证的控制文件，核对密押和印鉴。

出口方审证的重点在审核信用证的条款和内容是否与合同条款一致。卖方应该根据合同中的有关条款对信用证进行认真审核。如需修改，直接向进口商提出或经由通知行提出，使信用证中的规定与原订合同保持一致。审核的主要内容包括：

（1）信用证的性质是否为不可撤销信用证。

（2）有无遵照现行信用证统一惯例的条文或保证支付条款，如"本证是根据 UCP600 开立的"的字样或"兹保证议付依本证条款开立的所有汇票"或"根据本信用证并按其所列条款开具之汇票向我行提示并交出本证规定之单据者，我行同意对其出票人、背书人及善意持有人履行承兑付款责任"等；有无欺骗受益人而在其所开立的信用证中对开证行付款责任方面加列某些"限制性"条款或"保留"条件的条款。

（3）是否是保兑信用证，即期或远期信用证（特别注意真远期和假远期信用证的区别），能否转让等。

（4）如果来证是循环信用证，应审核循环次数、金额及循环方式是否与合同规定相符。若不相符，则应要求对方修改。

（5）仔细核对开证人、收货人和受益人的名称和地址是否完全相符，以防止错发错运。

（6）审核信用证的装运期、有效期和到期地点。

（7）出口货物描述条款是否与合同相符，信用证上有关货物的品名、品质、规格、数量、包装、运输方式、保险、付款方式等内容要严格按照交易合同表述，不能有相互矛盾的词句出现。

（8）信用证货币和金额的审查。信用证所使用的货币，一般为合同规定的可自由兑换的货币。如来自与我国订有支付协定的国家，使用货币应与支付协定规定相符。对信用证金额，首先应该注意其与开证行的资金实力是否相当；其次，信用证金额必须与合同大小写金额保持一致，单价与总值要填写正确。

（9）审核信用证中规定的装运港（地）和目的港（地）。装运港（地）应该是中国某港口或某地。对于目的港（地），在信用证中应标明清楚，并且与合同中的规定相一致。

（10）审核有关转运与分批装运的规定是否符合合同规定。按惯例，当信用证中对转运或分批装运不作规定时，可解释为允许转运或允许分批装运。如信用证规定允许转运或分批装运，应注意证内对此有无特殊限制或要求，包括制定转运地点、船名或船公司，或限定第一批装运与第二批装运的间隔时间。有时信用证内加列许多特殊条款（Special Conditions），如指定船籍、船龄等条款，或不准在某个港口转船等，一般不应轻易接受，但若不影响我方利益，经咨询船运公司，也可酌情灵活掌握。

（11）审核来证中要求受益人提供的各种单据及其他有关要求，包括对单据种类、份数、填写内容及文字说明等应进行严格的审查。注意证中有无不能履行的单证条款。如在出口地并无进口国的领事馆或进口地本身不能作为一个主权国家，却要求签发领事发票或领事签证时，应请其删除或改由商会代签。

（12）防范信用证软条款，如由进口商或开证人授权的人出具和签署货物检验证明或货物收据，其印鉴应由开证行证实方可议付或必须与开证行的档案记录相符，等等。这些条款对受益人来说极为不利，因为进口商或进口商授权人如果不来履行就不能出具检验证书或货运收据，这必然影响货物出运。即使进口商检验并出具了证书或货运收据，如果未经开证行证实，也会造成单证不符。再如在 FOB 术语下，不规定买方的派船时间，或在 CFR 或 CIF 术语下，规定船公司、船名、装运期、目的港须取得开证申请人的同意。前者使得买方可以根据自己的意图决定是否派船和派船时间，致使卖方无法主动完成交货，不能按时收汇。后者同样使得卖方在交货、收汇方面受控于买方。对此类条款，应采取删除或在合同中直接规定派船时间、船公司、船名、装运期、目的港等方法。有的信用证标有信用证生效条件，即在信用证规定暂不生效条款，待某条件成熟时信用证方生效。比如来证注明"接到我方通知后方能生效"（subject to receipt of our advice to that effect），或者"该证在开证申请人领取进口许可证后生效"（This L/C is not operative until import license granted），或者"本证仅在受益人开立了等额回头信用证并经本证的开证申请人同意接受后才能生效"，或者"本证需等货样由进口方确认后才生效"等等。这种信用证变成了变相的可撤销信用证，使开证行的责任处于不稳定状态，从而对出口商极为不利。

（三）改证

改证是指在审证中，如果发现信用证的内容与合同规定有重大不符或对我方不利的交易条件，按照合同的规定及时通知对方修改信用证。受益人在收到开证行的修改通知确定无误后才能发货。对可改可不改的内容，可酌情处理。

改证时应注意以下问题：

（1）凡是不符合我国对外贸易方针政策，影响合同执行和安全收汇的情况，以及信用证的修改涉及有关方面权利与义务的变更时，应在征得各方同意后，要求国外客户通过开证行对信用证进行修改。修改手续费一般由提出修改的一方承担。

（2）对信用证中要求修改的内容，应该尽量做到一次性向开证申请人提出，应尽量避免由于我方考虑不周而多次提出修改要求，除非客观情况变化不得不再次提出改证。这样可以节省时间和费用。

（3）对信用证中与合同内容不相符的地方，要具体内容具体分析。非修改不可的，应坚决要求改证；如果一些条款与合同或惯例不符，但经过努力可以办到的，对履行合同和安全收汇没有较大影响，可以不改，以示合作，减少双方的时间和费用。

（4）信用证的修改应按照一定的程序进行，可由出口方提出，也可由进口方提出。出口商发现信用证有与合同不符的条款时，应立即通知买方向开证行申请修改该项条款，开证行接受申请后，以电报或邮递的方式告知原通知行，原通知行再将修改条款转告出口商。进口商主动修改信用证应征得受益人同意。如果开证申请人事先未征得受益人同意，单方面修改信用证，受益人有权拒绝接受。

（5）对于改证通知书的内容，如果发现其中一部分内容不能接受，应该把改证通知书退回，待全部修改正确才能接受。受益人必须全部接受或全部不接受，不能接受其中一项或几项，而拒绝其他各项。

（6）卖方应坚持在收到银行修改信用证通知后，认为修改内容可以接受才能办理装运，对外发货，以免发生货物装出后而修改通知书未到的情况，造成我方工作上的被动和经济上的损失。发货后应将修改通知书与原信用证合并在一起，用于议付货款。

三、出口检验、托运、投保与报关

（一）出口检验

出口商品分法定检验出口商品和非法定检验出口商品。对列入《出入境检验检疫机构实施检验检疫的进出境商品目录》（又称《法检目录》）以及其他法律法规规定需要检验检疫的货物出口时，货物所有人或其他合法代理人，在办理出口通关手续前，必须向口岸检验检疫机构报检。海关凭出入境检验检疫机构签发的"中华人民共和国检验检疫出境货物通关单"（以下简称"出境货物通关单"）办理海关通关手续。2013年8月1日国家质检总局和海关总署联合发文对《法定检验目录》进行了大规模的调减，对1 507个海关商品编码项下的一般工业制成品不再实行出口商品检验。法定检验出口商品的发货人应当在国家质检总局规定的地点和期限内，持合同等必要的凭证和相关批准文件向出入境检验检疫机构报检。法定检验出口商品未经检验或者经检验不合格的，不准出口。

1. 办理出口商品检验的主要步骤：

（1）报检时间

出口方对应施检验的出口商品应按有关规定及时向出入境检验检疫机构报验。出境货物最迟应于报关或装运前7天报验，对于个别检验检疫周期较长的货物，应留有相应的检验检疫时间。

（2）填写出境货物报检单提交报检单据

申请报检人必须按规定要求完整、准确、清晰地填写报检单上各项报检内容及本单位在检验检疫机构登记的代码，并应加盖报检单位公章。同时报检单位应附完整单据资料。主要附上的单据和资料如下：

• 外贸合同或销售确认书或订单

• 以信用证结汇的应提供信用证、有关函电传真等。如信用证有修改的，要提供修改函电

• 商业发票

• 装箱单

• 凡实施质量许可、卫生注册或需经审批的货物，应提供有关证明

• 出境货物须经生产者或经营者检验合格并加附检验合格证或检测报告；申请重量鉴定的，应加附重量明细单或磅码单

• 凭样品成交的货物，应提供经买卖双方确认的样品

• 报检出境危险货物时，必须提供危险货物包装容器性能鉴定结果单和使用鉴定结果单

• 法定检验商品报检还应提供商检机构出具的"出口商品运输包装容器性能检验结果单"正本

• 申请原产地证明书和普惠制原产地证明书的，应提供商业发票等资料

• 出境特殊物品的，根据法律法规规定应提供有关的审批文件

（3）受理检验和出证

出入境检验检疫机构根据出境货物报检单和商品的不同情况，并参阅所附资料和样品等，或派员进行抽样，或直接派员对出口产品进行检验，检验的内容包括商品的质量、规格、重量、数量、包装以及是否符合安全卫生要求等。检验的依据是法律、行政法规规定的强制性标准或者其他必须执行的检验标准（如输入国政府法令、法规规定的标准）或对外贸易合同所约定的检验标准。

出口商品经出入境检验检疫机构检验或者经口岸出入境检验检疫机构查验合格的，报检企业可以报关出口。不合格可以在出入境检验检疫机构的监督下进行技术处理，经重新检验合格的，办理签证和放行，即可报关出口。检验证书份数由申请报验单位根据需要而定，但一般为正本一份，副本四份。

商检机构检验合格发给检验证书或者放行单的出口商品，应当在商检机构规定的期限内装运出口，超过期限的应重新报验。

2. 出口商品报检应注意的问题

（1）本地生产的产品出口，认真如实填写《出口检验申请单》，提供有关资料，由发货人在当地向有关检验检疫机构报检。在外地生产的产品出口，发货人如果是外贸公司，应提供正本委托报检书和其他相关文件，委托外地生产企业代办检验，获得《出境货物换证凭单》。

（2）商品检验后，应在检验证书或《出境货物换证凭单》规定的期限内出口，逾期需要重新报检。

（3）法定检验商品，应在出口商品原产地报检。依合同或信用证报检的，应按合同或信用证规定的检验机构或双方同意的检验机构报检。

（4）凡列入需检验的纺织品目录的纺织品，还需提供包装唛头、标牌、吊牌等实物，杜绝冒牌货。

（5）仔细校对检验证书份数和内容，检验证书出证日期要早于提单日期。

出口方在办理出口检验时，应该注意与有关检验机构的配合，保证出口检验工作的顺利进行，以免耽误货物出口和合同的如期履行。出口方在申请信用证时，如发现对商检证书的内容、文种有特殊要求的或在信用证上外文品名与合同规定不完全一致等非原则性问题时，报验人应在申请单的备注栏注明，商检机构视情况决定能否受理；否则，应对外提出修改。在报验至取证期间，买卖双方凡有涉及商检内容的传真、函电等，报验人应及时向商检机构提供，以便按要求顺利检验和出证。如果需要修改检验证书，报检人应填写更改申请单，交附有关函电等证明单据，并交还证单，经审核同意后方可办理更改手续。

进出口商品的报检人对出入境检验检疫机构做出的检验结果有异议的，可以自收到检验结果之日起 15 日内，向出入境检验检疫机构申请复验，受理复验的出入境检验检疫机构或者国家质检总局应当自收到复验申请之日起 60 日内做出复验结论。

（二）货物托运

在 CIF、CIP、CFR 和 CPT 条件下，托运或租船订舱是卖方的主要职责之一。托运是出口企业委托运输机构向承运人或其代理办理货物的运输业务。如果出口货物数量大，需要整船装运的，出口方必须对外办理租船手续；如果出口数量不大，只要办理订舱事宜即可。出口方要认真掌握好备货进度，至少应该在交货前两个星期就备妥货物，而一旦货物备妥，托运工作就应立即着手进行，这样有利于尽早结汇并可减少货物的仓储保管费用，保证按时装运。出口方的办理托运工作时要注意做好以下工作：

1. 认真选择信誉良好的货运代理公司

出口方可以直接向运输工具承运人（如船公司）办理托运手续，也可以选择专业化较强的货运服务机构的运输一体化中介服务。但出口方在选择运输公司办理运输业务时，要特别注意选择信誉良好的货运代理公司。它不仅涉及货物的安全运送，货权的安全交接，也涉及贸易双方的长期合作关系。企业因为委托的货代公司问题造成货物丢失和货权私自转移给进口方的案例时常发生。

2. 及时办理租船订舱手续

出口企业在信用证符合要求和已备好货的情况下（或基本备好货），应尽快向货运代理办理租船订舱手续。出口公司应根据合同或信用证中的有关规定和内容，参照船公司每月发来的船期表，认真填好出口货物托运单或订舱委托书中的货物名称、件数、毛重、尺码、目的港、装运日期等栏目，并及时将托单送运输公司或货运代理公司，作为租船订舱的依据。同时附上发票、装箱单、出口货物明细单、提货单（可凭意向指定的储存仓库或生产厂家提取货物）以及其他必要的证件（属于出口许可证管理的商品，要提供出口许可证；需有商检证书的，应提交商检证书；如属于危险商品，还需提交危险品准运证书、危险品说明书以及危险品包装证明书）。一般船公司或货代公司都有自己抬头的针对集装箱货、散装货等不同运输类型的固定格式的托运单。托运单的填写内容要注意与信用证有关装运的条款内容一致。在托运单的备注栏中注明货物的存放点，集装箱的尺寸和船公司的名称（在信用证指定船公司运输的情况下）。

3. 船公司或其代理签发装货单

运输代理公司收到托运单据以后，审核托运单，然后根据货主提供的订舱委托书缮制海运出口"托运单"一套（如散装货共 10 联，集装箱运输共 12 联），或将货主提供的托运单连同全套单据，在截止收单日期前送交船公司或船公司代理，作为订舱的依据。如果采用集装箱整箱方式运输，还要缮打场站收据。船公司据以签发场站收据或装货单（Shipping Order），俗称"下货纸"，作为通知船方收货装运的凭证。装货单的作用主要是：

（1）表示船公司承运该批货物。装货单一经签发，承运和托运双方均受约束。

（2）海关凭此单查验货物。如果海关准予出口，即在装货单上加盖海关放行章。

（3）通知船方装货。装货单是船公司或其代理给船方装货通知和指令。

4. 提货装船获取大副收据（场站收据）

预订的轮船到达装运港以后，按照港区进货通知并在规定的期限内，由进出口公司或运输公司将货物从出口方仓库运送至港区码头集中等待装船，经海关查验后放行，凭装货单装船。

如果是散货出口，货物报关手续办理后，货代到出口企业仓库提货，送码头装船。装船后，由船上大副签发大副收据（Mate's Receipt，M/R）。大副收据是船方收到货物的凭证。如果采用集装箱整箱方式出口，货代公司向船公司或船代领取集装箱设备交接单到指定堆场领取空箱，然后到委托单位储存地点装箱（或委托单位送货到货代仓库装箱）后，将集装箱货物连同集装箱装运单、设备交接单送到码头集装箱堆场或场站。码头将船公司或船代提供的装货清单及集装箱装箱单送海关供海关监管装船，由场站签发场站收据。场站收据是承运人接管货物的凭证。

5. 取得海运提单

装船完毕后货代持大副收据或场站收据或电子托运单中"已放关，货物已装船，可放单"字样记录单，向船公司或其代理换取已装船提单，并向船公司交付运费。托运人在与货代结清运费等相关费用后，获取海运提单，以便在目的地及时提货。

6. 发装运通知

货物装船后，出口企业应该及时向国外进口方发出装运通知（Shipping Advice），以便进口方及时办理保险和报关接货的手续。特别是以 CFR 或 CPT 贸易术语成交的出口业务，货物装船后出口方必须立即通知进口商有关装船情况。如果未发或迟发装船通知，造成进口方漏保货物险，出口方应该承担相应的责任。

（三）货物投保

凡是以 CIF 或 CIP 价格条件成交的出口合同，都由出口方办理投保手续；而在以 D 组贸易术语对外成交时，由于卖方自行承担风险，也必然要对出口运输货物办理保险。在我国，进出口货物运输最常用的保险条款是 CIC 中国保险条款。投保人办理保险时，要注意根据运输途中可能发生的风险，选择投保合适的险别。具体的保险程序如下：

1. 填写投保单，递交投保申请

投保人在确定投保险别与金额，而且货物已确定装运日期之后，即可向保险公司办理投保手续。按照保险公司仓至仓条款的保险责任范围，投保人一般应在货物从装运仓库运往码头或车站之前办妥投保手续。出口方首先要跟保险公司联系，填制投保单一式两份，一份由保险公司签署后交投保人作为接受承保的凭证；一份由保险公司留存，作为缮制、签发保险单（或保险凭证）的依据。保险单一经签发，保险契约即告成立。

在填写投保单时应注意：

（1）投保申报情况必须属实；

（2）投保险别、币值与其他条件必须和买卖合同、信用证上所列保险条件的要求相一致；

（3）投保后发现投保项目有错漏，要及时向保险公司申请批改，如保险目的地变动、船名错误以及保险金额增减等。

在公司实际业务中，由于进出口公司业务多，与保险公司合作关系长，投保手续往往得以简化和变通。例如：

（1）如时间较紧，投保人直接以口头或电话向保险公司提出申请获允诺后保险合同即生效，但仍需补送投保单。

（2）业务量较大的外贸公司，为简化手续、节省时间，也可以发票、出口货物明细单或货物出运分析单、报关单或信用证的副本代替投保单。

（3）预约投保。专门从事出口业务的外贸公司或长期出口货物的单位，可与保险公司签订预约保险合同（以下简称"预保合同"）。签订预保合同，进出口公司一般能获得优惠的保险条件和保险便利。凡属预约保单规定范围内的出口货物，一经起运，保险公司即自动按预约保单所订立的条件承保。被保险人应在每笔货物起运前，及时将起运通知书（包括货物名称、数量、保险金额、船名或其他运输工具名称、航程起讫地点、开航或起运日期等）送交保险公司。

2. 缴纳保险费

投保人按约定方式缴纳保险费是保险合同生效的条件。保险费率是由保险公司根据一定时期、不同种类的货物的赔付率，按不同险别和目的地确定的。保险费则根据保险费率表按保险金额计算。交付保险费后，投保人即可取得保险单。签订有预保合同的企业，通常与保险公司按月结算保险费。

3. 取得保险单据

投保人交完保险费用即可取得保险单。保险单据是保险人与被保险人之间的投保契约，是保险人给予被保险人的承保证明。在发生保险范围内的损失时，投保人可凭此向保险人要求赔偿。在 CIF 交货条件下，它又是卖方必须提供给买方的出口单据之一。保险单据作为议付单据之一，必须符合信用证的规定。因此，出口商在收到保险公司出具的保险单据以后，必须根据合同、信用证等单证进行逐项审核。

如发现投保项目有错漏，特别是涉及保险金额的增减、保险目的地变更、船名的错误等，投保人应向保险公司及时提出批改申请，由保险公司出立"批单"（Endorsement）。保险单一经批改，保险公司即按批改后的内容承担责任。申请批改必须在保险人不知有任何损失事故发生的情况下，在货物到达目的地之前或货物发生损失以前提出。

4. 保险单的转让

和运输单据一样，保险单可以采用背书的方式转让给受让人。例如，在 CIF 合同中，一般均规定卖方有义务向买方提交保险单和提单等装运单据。在这种情况下，卖方取得保险单和提单后，通常是以背书方式把这些单据转让给买方，以履行其合同义务。

保险单据的转让无须取得保险人的同意，也无须通知保险人。即使在保险标的物发生损失之后，保险单仍可有效转让。保险单的受让人有权用自己的名义起诉，并有权在货物遭受承保范围内的损失时，以自己的名义向保险人要求赔偿。

（四）出口报关

按照《中华人民共和国海关法》（以下简称《海关法》）的规定，凡是进出口的货物和运输工具，必须经由设有海关的港口、车站、国际航空站进出，并向海关申报，经海关查验后方可放行。

1. 出口申报

出口申报是指出口货物的发货人、受委托的报关企业，依照《海关法》以及有关法律、行政法律和规章的要求，在规定的时间、地点，采用电子数据报关单和纸质报关单形式，向海关报告实际出口货物的情况，并接受海关审核的行为。目前，随着技术的不断发展和更新，主要以电子数据报关单形式向海关申报，在向未使用海关信息化管理系统作业的海关申报时，报关企业可以采用纸质报关单申报形式。

无纸通关是海关根据我国进出口量大增的实际情况，为便利进出口企业报关工作，加快通关速度，利用中国电子口岸及现代海关业务信息化管理系统功能，对企业联网申报的进出口货物报关电子数据进行无纸审核、验放处理的通关方式。A 类以上管理级别的企业，只要经营规范，没有违规行为，即可向海关申请使用无纸通关方式办理进出口业务。主管地海关负责接收企业申请，提出初步审核意见，报海关通关管理部门审批，并负责组织申请企业、海关、中国电子口岸数据中心三方签订无纸通关协议书。申请人保证在报关单电子数据放行之日起 7 日内向海关提交或者由其代理人向海关提交纸质报关单、发票、装箱单、提单以及海关认为需要提交的其他单证。未按规定时限交单或经催交 7 天内仍未交单的企业，现场海关暂停该企业无纸通关业务。

（1）企业申报应出示的证明

• 申报单位在海关办理的"企业海关注册登记手册"；

• 申报人员的报关员证；

• 申报单位和报关员盖章的"出口货物报关单"一式两份；

• 随附单证，如出口许可证或有关主管机关的批准文件、法定商检证书或出境货物通关单（如需法定商检）、合同、发票、装箱单、减免税证明、出口收汇核销单等海关认为必要的单据。

（2）出口报关具体程序

● 报关单位按报关单的格式和填写规范填写报关单，报关单的主要内容包括品名、规格、数量、唛头、件数、重量、合同价格、金额和运输工具名称等。报关单交预录入公司录入审核并打印（也可以自行印制），经报关人审核无误后通知预录入公司提交审单中心并向海关正式申报。

● 海关在接受申报后，要对交验的各项报关单证进行全面、认真细致的审核。审核单证要求单证必须完备、齐整、清楚有效；单证所填内容必须真实可靠、准确无误；交验的各项单证之间内容必须相符；申报货物必须符合国家有关政策、法律规定。审单合格后，审单部门将报关单据移交查验部门。

2. 查验

海关查验的目的是核对实际出口货物与报关单证所报内容是否相符，有无错报、漏报、瞒报、伪报等情况，验证申报审单环节提出的疑点，审查货物的出口是否合法，确定货物的物理性质和化学性质、成分、规格、用途等，以确定货物的适用税目和税率，并为海关统计归类和后续管理提供可靠资料。

海关查验货物，一般应在海关规定的时间和海关监督区内进行。在特殊情况下，经报关单位的申请，海关根据需要和可能，也可同意在海关监管场所以外的地方查验。海关查验货物后，要填写一份验货记录。验货记录一般包括查验时间、地点，进出口货物的收发货人或其代理人名称，申报的货物情况，查验货物的运输包装情况（如运输工具名称、集装箱号、尺码和封号），货物的名称、规格型号等。

为了鼓励企业守法自律，提高海关管理效能，保障进出口贸易的安全与便利，海关根据企业遵守法律、行政法规、海关规章、相关廉政规定和经营管理状况，以及海关监管、统计记录等，设置 AA、A、B、C、D 五个管理类别，对有关企业进行评估、分类，并对企业的管理类别予以公开，制订相应的差别管理措施。其中 AA 类和 A 类企业适用相应的通关便利措施，B 类企业适用常规管理措施，C 类和 D 类企业适用严密监管措施。从

2013 年 8 月 1 日起海关实施分类查验和查验分流两大新举措，以提高海关监管查验作业效能和口岸通关效率，引导企业守法自律。分类查验措施是指海关对经营单位为 AA 类且申报单位为 B 类（含 B 类）以上企业（以下简称"AA 类企业"）的进出口货物，除特殊情况外，实施较低比例的随机抽查。对抽查中查获 AA 类企业存在涉嫌违法违规行为被海关立案调查的，海关将对该企业的进出口货物实施连续查验。海关主要通过稽查、核查等方式对 AA 类企业实施后续监管。查验分流措施是指进出海关特殊监管区域的货物，如保税港区、保税区、保税物流园区、出口加工区等特殊监管区域的货物，除法律法规另有规定外，不在口岸实施查验，对需查验的货物，均由海关特殊监管区域主管海关在区内实施查验。

3. 纳税

征收出口关税能起到限制出口的作用，而通常出口国征收出口关税的目的，是为了减少本国资源性商品的出口，以及作为国家应对国际贸易环境变化调整本国贸易对策的一种手段。海关在征税前应核定货物的完税价格。出口货物经查验情况正常、应按章纳税的，必须在缴清税款或提供担保后，海关方可签章放行。根据我国《海关法》的规定，进出口货物的纳税义务人，应当自海关填发税款缴款书之日起 15 日内缴纳税款；逾期缴纳的，由海关征收滞纳金。

纺织服装产品因为大多都不属于国家资源性商品，因此很少被征收出口税。

4. 放行结关

放行是口岸海关监管现场作业的最后一个环节。口岸海关在接受进出口货物的申报后，经过审核报关单据、查验实际货物，并依法办理征收货物税费手续或减免税手续后，在托运单中的装货单一联上签印放行，海关的监管行为结束，发货人或其代理人必须凭此联才能装船发运。结关是指对经口岸放行后仍需继续实行管理的货物，海关在固定的期限内进行核查，对需要补证、补税货物做出处理直至完全结束海关监管的工作程序。

在货物放行后，出口方签领进出口货物报关单证明联，以备出口业务核销之用。对需出口退税的货物，发货人应在向海关申报出口时，增附一份浅黄色的出口退税专用报关单。出口企业应于海关放行货物之日起 15 日内（第 15 日为法定节假日时顺延）申领出口退税报关单。海关在报关单上加盖"验讫章"和已向税务机关备案的海关审核出口退税负责人的签章，并加贴防伪标签后，退还报关单位，由出口企业日后向当地税务机关办理出口退税手续。

四、制单结汇

制单结汇是指进出口公司按照合同和信用证的要求，在货物装船之后，及时正确地制备所需单据，在信用证规定的交单有效期内，持所需单据向议付行议付货款。

（一）出口单据的制作

在货物装箱托运以后，出口公司就应立即按合同或信用证要求，正确、完整、及时、简明、整洁地缮制各种单据。信用证业务由于其业务特性要求银行只管单据不管货物，只凭信用证不管买卖合同，单据的要求更加严格，要求业务人员准确、完整地制作各种单据，并及时送交银行，才能确保安全迅速收款。

1. 单据内容的制作

信用证方式要求单据的正确性主要体现在单据表面的一致性，即单内一致，单单一致，单证一致。"单证一致"不仅指单据的内容要与信用证一致，还包括单据提交的份数、提交的方式以及提交的时间也要与信用证的规定一致。同时单单之间不能发生矛盾。单据"表面相符"是指银行在审核与信用证有关的单据时无须调查实际交货的真实性和具体情况，只需审核单据表面上显示的内容与信用证条款的内容是否一致。

2. 单据日期的具体要求

通常提单日期是确定各单据日期的关键，提单日不能超过 L/C 规定的装运期，也不得早于 L/C 的最早装运期；发票日期应在各单据日期之首；汇票日期应晚于提单、发票等其他单据日期，但不能晚于 L/C 的有效期；保险单的签发日应早于或等于提单日（一般早于提单 2 天），不能早于发票日期；商检证日期不晚于提单日期，但也不能过分早于提单日期；装箱单日期应等于或迟于发票日期，但必须在提单日期之前；产地证不早于发票日期，不迟于提单日期。

3. 单据制作要简洁

单据制作不是越复杂越细致越好。单据内容应该按照信用证和UCP600的规定以及该惯例所反映的国际标准银行实务来填写，力求简单明了，切勿加列信用证没规定的内容，以免弄巧成拙，给单证的相符和正确性带来问题。

业务人员制单要注意单据布局美观、大方、整洁。所打制的内容字迹要清楚，单据表面保持干净，不能多处涂改。有个别更改的地方要加盖校对章。有些单据的主要内容部分不宜更改。

4. 单据制作及提交

制作单据必须及时，最好能在货物装运前，将除提单以外的有关单据制作好，送议付银行预先审核。这样有利于卖方给自己制单时留下充足的时间来检查单据，提早发现单证不符点并加以修改。如果发现信用证的问题，卖方才有时间在装运前请买方修改信用证。同时，货物出口所涉及的单据多达几十种，各种单据之间的关系又是错综复杂和相互联系的。出口货物的认证、商检、托运、报关和装运诸方面工作的进行都需要向有关部门提供一定的单据。延误单据制作的时间会影响到这些工作的正常进行。因此，议付单据的制作一定要及时，并且有机连接。

单据应该在信用证规定的交单日前或 UCP600 规定的交单期限内及时送交议付银行议付。业务人员应该注意信用证的最晚交单日期和信用证有效期，以免耽误安全收汇。

（二）交单结汇

1. 交单

交单是指出口商（信用证受益人）在信用证到期日前和交单期限内向银行提交信用证规定的全套单据。这些单据经银行审核无误，根据信用证条款规定的不同付汇方式，由银行办理结汇。出口商在交单时应注意三点：一是单据的种类和份数是否与信用证规定相符；二是单据内容正确，包括所用文字与信用证一致；三是交单时间必须在信用证规定的交单期和有效期之内。如果信用证没有规定交单期，银行将不接受自提单签发日起21天后提交的单据，但在任何情况下，单据的提交都不得迟于信用证的有效期。

一般出口商的交单方式有两种：一种是两次交单或称预审交单，即在运输单据签发前，先将其他已备妥的单据交银行预审，发现问题及时更正，待货物装运后收到运输单据，可以当天议付并对外寄单；另一种是一次交单，即在全套单据备齐后一次性送交银行，此时货已发运。银行审单后若发现不符点需要退单修改，耗费时日，容易造成逾期交单而影响收汇安全。目前很多出口企业与银行密切配合，采用两次交单方式，加速安全收汇。

2. 结汇

出口结汇是指议付银行将收到的外汇按当日人民币对外币现汇的市场买入价购入，结算成人民币支付给出口人。信用证的出口结汇方法一般有三种：

（1）收妥结汇

收妥结汇又称"先收后结"，即出口地银行在审查出口企业交来的单据，认定单、证一致后，将单据寄往国外付款行索取货款，待收到国外付款行寄来的货款贷记出口地银行的通知时，才按当日外汇牌价，折合成人民币向受益人结汇，交付受益人。

（2）定期结汇

定期结汇是指出口地银行在审查出口企业交来的单据后，根据向国外付款行索偿的邮程远近，预先确定一个固定的结汇期限（如出口地银行审单无误后7-14天不等），到期不管是否收妥票款，都将票款金额折合成人民币交付外贸企业。

（3）出口押汇

出口押汇也称"买单结汇"，即出口地银行在审单无误的情况下，按信用证的条款买入出口企业（受益人）的汇票和单据，按照票面金额扣除从议付日到估计收到票款之日的利息，将净数按议付当日牌价折合成人民币，付给出口企业。该结汇方式是议付行向信用证受益人提供资金融通，可加速出口方的资金周转，有利于扩大出口业务。这也是目前进出口企业普遍采用的结汇方式。

出口押汇是银行对出口商保留追索权的融资，如超过押汇期限，经银行向开证行催收交涉后仍未收回议付款项，银行有权向企业行使追索权，追索押汇金额、利息及银行费用。但银行如作为保兑行、付款行或承兑行时或开证行拒付是由于银行本身的过错而致（如单据寄错、电报误发），则银行不能行使追索权。

3. 单证不符的处理

在实际业务中，由于主客观原因，单、证不符的情形往往难以避免。出口方应该与议付银行密切配合，尽量保证单证正确无误、单、证相符和单单相符。对待所交单据的不符点，企业一般有如下处理办法：

（1）在单据未寄开证行前，可改正单据中的不符点。但要注意改单原则是谁出具的单据由谁修改，同时必须注意 L/C 议付期限。

（2）如单据已寄，可在交单期限内第二次提交正确单据，修改不符点。

（3）表提。由受益人列出不符点，出具担保书，议付行可以给予押汇或对外寄单索汇，如日后遭拒付，受益人自行承担后果。这种方式一般是单证不符情况不严重，或是实质不符，但事先已经开证人（进口商）确认接受。

（4）电提。即在单证不符情况下，议付行先向国外开证行拍发电报或电传，列明单证不符点，征询开证行和开证申请人意见，待开证行复电同意，再将单据寄出。这种处理办法一般是实质不符，金额较大。如获开证行同意议付行即寄单，如不同意，受益人可采取措施处理货物。

（5）改信用证项下托收。单据有严重不符点，或信用证有效期已过，受益人为及时取得货款，只能委托银行在向开证行寄单函中注明"信用证项下单据作托收处理"，作为区别，称为"有证托收"。而一般的托收则称为"无证托收"。这时，信用证支付方式实际上由银行信用转为商业信用，因而对出口商有较大风险。由于申请人已因单证不符而不同意接受，故有证托收往往遭到拒付，是一种不得已而为之的方式。

总之，制单人员要熟练掌握单据业务。当议付行通知单证不符时，凡是来得及并可以修改的，受益人应当立即直接修改这些不符点，使之与信用证相符，从而保证正常议付货款。无法做到单证一致或单单相符，或再行修改势必造成信用证有效期已过，受益人必须立即采取补救措施以期安全收取货款。

五、出口收汇核销与退税

（一）出口收汇核销

出口收汇核销制度是国家加强出口收汇管理，确保国家外汇收入，防止外汇外流的一项重要措施。出口核销以出口货物的价值为标准，核对是否有相应的外汇收回国内的一种事后管理措施，即出口企业在货物报关出口后，向外汇管理部门报送银行出具的收汇证明以进行核对的程序。出口单位凭出口收汇核销单报关出口，收汇后到外汇局办理核销，再向税务机关申请出口退税。

我国的出口收汇核销制度从 1991 年 1 月 1 日开始实施，对监督企业出口收汇、防止逃漏外汇、保证本国的外汇收入、维护国际收支平衡发挥了积极作用。2001 年，国家外汇管理局与海关总署开发了"中国电子口岸出口收汇系统"，在中国电子口岸的公共数据中心建立了出口收汇核销单、出口报关单的电子底账，实现了管理部门间电子信息的共享。2002 年，国家外汇管理局又设计开发了"出口收汇核报系统"，从而进一步完善了出口收汇核销管理，有利于促进贸易便利化。2012 年国家外汇管理局、海关总署和国家税务总局联合颁布《关于货物贸易外汇管理制度改革的公告》（国家外汇管理局公告 2012 年第 1 号），决定自 2012 年 8 月 1 日起在全国范围内实施货物贸易外汇管理制度改革，并相应调整出口报关流程、简化出口退税凭证。内容主要包括：

（1）简化贸易进出口收付汇业务办理手续和程序。外汇管理局取消货物贸易外汇收支的逐笔核销，改为对企业货物流、资金流实施非现场总量核查，并对企业实行动态监测和分类管理。

（2）调整出口报关流程，取消出口收汇核销单，企业办理出口报关时不再提供核销单。

（3）自 2012 年 8 月 1 日起报关出口的货物，企业申报出口退税时不再提供出口收汇核销单；税务部门参考外汇管理局提供的企业出口收汇信息和分类情况，依据相关规定，审核企业出口退税。

该规定实施后，出口企业的核销工作大为简化，有利于降低交易成本，促进企业进出口业务的开展。目前企业出口收汇后，无须向外汇管理局进行核销报告，也无须到外汇管理局办理核销手续，但应将用于核销的报关单进行网上交单，由外汇管理局按月通过"出口收汇核报系统"对其出口报关数据和银行收汇数据按时间顺序自动总量核销。出口单位无须凭核销单退税联办理出口退税手续，由税务部门根据从"中国电子口岸"数据中心接收的电子数据和外汇管理局按月向税务部门提供的已核销清单办理退税手续。

（二）出口退税

出口退税是指有出口经营权的企业和代理出口货物的企业，除另有规定外，可在货物报关出口并在企业财务账册做完销售账处理后，凭有关凭证按月报送税务机关批准退还或免征增值税和消费税。我国从 1985 年开始对出口产品实行退税制度。1994 年国家相继出台《出口货物退（免）税管理办法》等有关退税的政策法规。退税率按照出口产品适用的税种、税目、税率的不同，根据国家税务部门公布的出口退税税目税率表执行。出口退税政策的实施，对增强中国出口产品的国际市场竞争力，扩大出口，增加就业，保证国际收支平衡，促进国民经济持续、快速、健康地发展发挥了重要作用。同时，对出口产品实行退税是国际贸易业务中的一种通行做法，也是符合 WTO 规则的。

1. 出口退税两种办法

（1）对外贸企业出口货物实行免税和退税的办法，即对出口货物销售环节免征增值税，对出口货物在前各个生产流通环节已缴纳增值税予以退税。

（2）对生产企业自营或委托出口的货物实行免、抵、退税办法，对出口货物本道环节免征增值税，对出口货物所采购的原材料、包装物等所含的增值税允许抵减其内销货物的应缴税款，对未抵减完的部分再予以退税。

2. 出口退税的程序

出口企业的出口退税全部实行计算机电子化管理，通过计算机申报、审核、审批。从 2003 年起启用了"口岸电子执法系统"出口退税子系统，对企业申报退税的报关单、外汇核销单等出口退税凭证，实现了与签发单证的政府机关信息对审的办法，确保了申报单据的真实性和准确性。具体出口退税办理流程如下：

（1）出口退税资格的认定。

外贸企业应于商务管理部门办理从事进出口业务备案登记之日起 30 日内填写《出口货物退（免）税认定表》（一式三份），并携带资料到国税局进出口税收管理处办理认定登记（原件和复印件，审核后原件退回）。

（2）出口退税申报系统软件的下载、安装、启动与维护。

（3）出口退税申报前准备事项。

● 外贸企业在取得增值税专用发票后，应当自开票之日起 30 日内办理认证手续；在货物报关出口之日起 90 天后第一个增值税纳税申报截止之日，收齐单证并办结退（免）税申报手续。

● 外贸企业应及时登录"口岸电子执法系统"出口退税子系统，核查并准确地确认和提交出口货物报关单"证明联"电子数据。

● 外贸企业提供的每一份出口货物报关单与对应的增值税专用发票的品名、数量、计量单位必须保持一致。

（4）出口退税申报。

● 申报明细数据录入，生成申报数据并打印申报表。这是申报中最主要的工作，不仅量大而且易出错，必须细致认真。

● 按照出口明细表顺序逐票整理装订单证。包括增值税专用发票、出口报关单、出口发票，结汇水单或收账通知书，委托出口的还需要提供《代理出口货物证明》等国税局退税部门要求的单据和文件。装订封皮可到退税机关领取，并按税务机关的统一要求装订。

● 携带申报表（主要包括：汇总表三份、进货明细表一份、出口明细

表一份）、申报单证和电子申报数据（U 盘）到申报大厅办理退（免）税申报。

- 审核反馈处理。

- 退税资料的返回。外贸企业应主动及时关注退税进度，随时在申报大厅取回已审批的退税资料，并跟踪和查询所报的退税款是否已退税。

（5）税务机关审核。

税务机关受理出口商的出口货物退（免）税申报后，应为出口商出具回执，并对出口货物退（免）税申报情况进行登记。税务机关应在规定的时间内，对申报凭证、资料的合法性、准确性进行审查，并核实申报数据之间的逻辑对应关系。

在对申报的出口货物退（免）税凭证、资料进行人工审核后，税务机关应当使用出口货物退（免）税电子化管理系统进行计算机审核，将出口商申报出口货物退（免）税提供的电子数据、凭证、资料与国家税务总局及有关部门传递的出口货物报关单、出口收汇核销单、代理出口证明、增值税专用发票、消费税税收（出口货物专用）缴款书等电子信息进行核对，看是否与其相符。

税务机关在审核中发现不符合规定的申报凭证、资料，应通知出口商进行调整或重新申报；对在计算机审核中发现的疑点，应当严格按照有关规定处理。税务机关审核无误后审批，按照有关规定办理退库或调库手续，将退税款划拨出口企业。

出口企业在出口业务中应该注意对出口退税涉及的单证严格把控。特别是目前外贸企业大量代理生产企业出口，由于涉及生产企业数量大，规模不一，有些生产企业经营不良或信誉不好，甚至出于骗税目的找外贸企业代理出口，外贸企业在代理业务中应该加强对委托企业的调查，明确与委托企业的代理关系，杜绝出口骗税和走私行为，维护国家和企业的经济利益。

以上是出口合同履行的基本操作要求。主要操作流程详见图 4-1 出口业务流程图。从该流程图可以清楚地看出，在出口合同签订后企业进入合同履行阶段必须认真完成的程序。

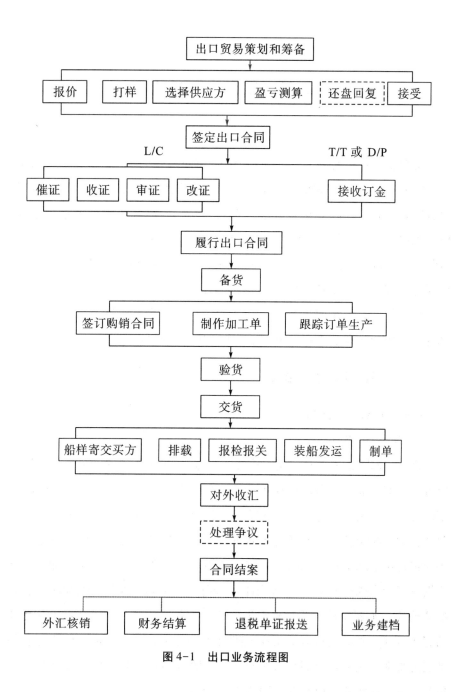

图 4-1 出口业务流程图

第二节　进口合同的履行

纺织服装企业的进口业务在我国主要是以进口纺织原料和面料为主。本章以 FOB 价格条件和信用证支付方式成交的进口合同为例，具体说明进口合同履行的业务流程和需注意的问题。按照这些条件成交的进口合同，履行程序一般包括开立信用证、租船订舱、通知船期和催装、装运、办理保险、审单付款、接货报关、提货检验、拨交货物和办理索赔等。在进口贸易中我方作为买方必须按照合同、有关的国际条约和国际惯例的规定，支付货物的价款和收取货物。同时，还要随时注意卖方履行合同的情况，督促卖方按合同规定履行其交货、交单和转移货物所有权的义务。

一、信用证的开立和修改

（一）开立信用证程序

1. 申请开证时间

进口合同签订后，进口企业应在合同规定的期限内到经营外汇业务的银行填写信用证申请书，及时办理开证申请手续。如进口合同规定在装运期前若干天开立并送达，进口方应按期向开证行提出申请并考虑到邮程的时间；如合同规定在卖方确定交货期后开证，进口方应在接到卖方通知后再向银行申请开证；如合同规定在卖方领到出口许可证、交付履约保证金或提供银行保函后向银行申请开证，则进口方应在收到相关通知后向银行申请开证。如果合同未明确规定买方开立信用证的时间，只规定了装运期的起止日期，则应让受益人在装运期开始前收到信用证；如合同只规定最迟装运日期，则应在合理时间内开证，以使卖方有足够时间备妥货物并予按时出运。通常买方应在装运期前 30~45 天开证。

2. 填写开证申请书

开证申请人在向开证行申请开立信用证时，应填写开证申请书，连同所需附件交开证行。开证申请书是银行开立信用证的依据，也是申请人和银行之间的契约关系的法律证据。开证行收到申请书后，先审核进口商的资信等情况以后，通常要求进口商向开证银行交付一定比率的押金，或资产抵押，并支付开证手续费。再按进口方的申请开立信用证。

（1）开证申请书的内容

买方开立的信用证以买卖双方签订的合同为依据，应该注意信用证的主要条款和要求与合同条款严格一致。例如信用证中品质、数量、价格、交货期、装货期、装货条件、装运单据等都要与合同中相应条款的规定相一致。因此，开证申请书应按照合同内容来填写。开证申请书包括两个部分：第一部分是信用证的内容，包括受益人名称地址，信用证的性质、金额，汇票内容，货物描述，运输条件，所需单据种类份数，信用证的交单期、到期日和地点，信用证通知方式等。第二部分是申请人对开证银行的声明，其内容通常固定印制在开证申请书上，包括：承认遵守 UCP600 的规定；保证向银行支付信用证项下的货款、手续费、利息及其他费用；在申请人付款赎单前，单据及货物所有权属银行所有；开证行收下不符信用证规定的单据时申请人有权拒绝赎单等等。

（2）填写开证申请书应注意的问题

• 信用证的种类。按照 UCP600 的规定，信用证是不可撤销的，信用证中无须注明，除非特别强调可撤销。在进口业务中，一般不宜开立可转让信用证，以防原来卖方将信用证转让给其他受益人。在此情况下，买方可能因第二受益人不可靠而造成意外损失。

• 信用证金额，即受益人可使用的最高限额。大小写金额要一致，除非确有必要，不宜在金额前加"约"（about）、"近似"（approximately）或类似词语，否则按 UCP600 规定将被解释为允许有不超过 10% 的增减幅度。

• 汇票的付款人和付款期限。汇票的付款人应为开证行或信用证指定的其他银行，而不能规定为开证申请人，否则，该汇票将被视作额外单据；汇票是即期还是远期，应严格按照合同规定。

• 信用证的有关条件规定必须单据化。即买方应该将对卖方的交货要求体现为信用证中的单据要求。开证申请书中必须明确说明据以付款、承

兑或议付的单据的种类、文字内容及出具单据的机构等。UCP600 第 14 条
h 款规定：如信用证载有某些条件，但并未规定表明符合该条件的单据，
银行将视这些条件为未予规定而不予置理。因而，进口方在申请开证时，
应将合同的有关规定转化成单据要求。

●分批装运和转运。进口合同如规定不允许分批装运和转运的，应在
信用证中明确注明不准分批装运、不准转运。如信用证对此不作规定的，
将被视为允许分批装运和转运。

●交单到期日和到期地点。UCP600 规定信用证必须规定一个交单到
期日，所规定的承付或议付的到期日即交单到期日。可在某处兑付信用证
的银行所在地即为交单地点。到期地点一般为受益人所在地。

●进口许可证号码。对于属于进口许可证管理的商品，信用证中应要
求出口人在商业发票上记载进口许可证号码，以备进口通关时海关审单和
验货。

●其他要求。开证申请书的内容必须完整明确，为了防止混淆和误
解，开证申请书中不应罗列过多的细节。

目前，银行大量采用 SWIFT 方式开立信用证。

（二）信用证的修改

按照 UCP600 规定，信用证开出后未经开证行、保兑行（如果有的
话）和受益人同意，不能随意修改和撤销。所以，进口商在申请开证时，
务必认真按照合同条款开证。如发现信用证内容与开证申请书不符，或因
情况发生变化或其他原因，需对信用证进行修改，应立即向开证行递交修
改申请书，要求开证行办理修改信用证的手续。开出的信用证通知给卖方
后，如果卖方经过审证后不同意信用证的部分内容，也会来函要求修改信
用证中的某些条款。开证申请人对于受益人提出的改证要求，应区别情况
同意或不同意。如同意修改，应及时通知开证行办理修改手续；如不同意
修改，也应及时通知受益人，敦促其按原证条款履行装货和交单。

按照 UCP600 的规定，自发出信用证修改时起，开证行即不可撤销地
受该修改的约束。受益人可以决定接受修改或拒绝修改，但应发出接受或
拒绝修改的通知。在受益人告知通知修改的银行他接受修改之前，原信用

证的条款对受益人仍具有约束力。如受益人未发出接受或拒绝的通知而其提交的单据与原信用证的条款相符，则视为受益人已拒绝了该修改；但若提交的单据与经修改的信用证条款相符，则视为受益人已发出接受该修改的通知，从那时起，该信用证已被修改。

进口企业对信用证的开立和修改应持慎重态度。在申请开立信用证时，应做到开证请书与合同相符，以避免不必要的修改，并避免不符条款被受益人利用而受损；在修改信用证时，亦应注意修改内容的正确与否，并应考虑到受益人有可能拒绝修改而仍按原证条款履行。

二、安排运输和保险

（一）安排运输

在进口业务中，凡以 FOB 或 FCA 贸易术语成立的合同，应由进口方负责租船订舱工作或安排运输，订立运输合同，派运输工具到出口国口岸接运货物。

进口商应按照合同规定，及时跟踪卖方备货情况，并应在货运公司规定的时间内提交订舱单，以保证及时排载。进口方操作中应注意提醒出口商在合同规定的交货期前一定时间内，提交预计货物备妥日期及货物的毛重、体积、预计装运日期等情况，以便安排货运。进口商接到卖方货物备妥备运通知后，应及时向货运公司填交进口订舱联系单，连同合同副本，委托货运公司代为安排船只或舱位。进口企业在办妥租船订舱手续，接到货运公司的配船通知后，应该及时向卖方发出装船指示（Shipping Instruction）。通知内容一般包括即将装载的船名、预计到达装运港的日期、装载数量以及装运地货代和船公司联系方式等，以便卖方备货和联系船公司及其代理准备装船事宜。卖方收到通知后应该确认，并通知买方。

卖方装船后，应向买方发出货物已装船上的装船通知，以利买方接货，并按卖方提供的详细装船通知办理货物保险。

（二）办理保险

以 FOB、CFR 或 FCA、CPT 术语成交的进口合同，由进口企业负责向保险公司办理货物的运输保险。

1. 进口货物办理保险方式

如同出口业务的投保，进口货物保险同样采用预约保险和逐笔投保两种形式。进口业务比较频繁的企业建议采用预约保险，事先与保险公司签订预保合同。根据预约保险合同，在预约保险合同规定范围内的货物，一经启运，保险公司对有关进口货物负自动承保的责任。简化进口企业投保手续，防止因信息传递不及时或失误等原因发生来不及办理保险或漏保的情况。业务量不大的公司，在没有与保险公司签订预约保险合同的情况下，对进口货物就需逐笔投保。外贸企业在接到卖方的发货通知后，应当立即填制投保单或装货通知单，向保险公司办理保险手续。

2. 进口货运保险的责任起讫

对于进口货物，买卖双方的风险责任以装运港海轮船上为界。在货物装船前，物权和风险责任都属于出口商，货物装船后，由买方承担货物的风险责任。货物装船前，买方不具有保险利益，即使买方在此之前已向保险公司投保，保险公司也不承担保险责任。所以保险公司对进口方投保货物的海运货物保险的责任期限，一般是从货物在国外装运港装上海轮时起开始生效，到保险单据载明的国内目的地收货人仓库或储存处所为止。如未抵达上述仓库或储存处所，则以被保险货物在最后卸货港卸离海轮后 60 天为止。如不能在此期限内转运，可向保险公司申请延期，延期最多为 60 天。

三、审单与付款

国内纺织服装进口业务绝大部分采用信用证方式结算货款。信用证的性质要求只要出口方提交的单据完全符合进口方开立的信用证的条款，开证行必须付款，进口方相应的必须付款赎单。作为进口方，为保证自身权益，必须认真做好审单工作，根据所开立的信用证条款认真审核出口方提交的单据。

（一）审单

买方银行收到国外寄来的单据后，必须合理审慎地审核信用证规定的所有单据，以确定其表面上是否符合信用证条款。进口商也必须对全套单据进行审核。银行审核单据的标准仅在于出口方提交的单据是否与信用证的条款一致，而与贸易合同无关。

（二）付款或拒付

开证行审单后，如果"单证一致、单单一致"，就应该即期付款，或承兑或于信用证规定的到期日付款。但开证行在对外付款前要交进口企业复审。按我国的习惯，如果进口企业在三个工作日内没有提出异议，开证行即按信用证的规定对外付款。开证行对外付款是没有追索权的，所以进口企业对信用证项下的单据审核必须认真对待，以免给企业造成损失。开证行对外付款的同时，通知进口企业付款赎单。进口企业应该在付款赎单前认真审核单据，如果发现单证不符，有权拒绝赎单。

开证行审单中如果发现单据与信用证规定不符，应该在收到单据次日起五个银行工作日内，用电讯方式通知寄单银行，说明单据的所有不符点，并说明是否保留单据以待交单人处理或退还交单人。按 UCP600 规定，对于不符单据开证行有权拒付。在实际业务中，开证行一般会就单据的不符点征求开证申请人意见，以确定是否拒付或接受。如果拒付，开证行必须用电讯或其他快捷方式发出拒付通知。在通知发出后，可以在任何时候将单据退回交单人，在已事先垫付货款的情况下，其有权要求返还偿付的款项及利息。当然，在开证行知会进口商单据不符的详情，而进口商愿意接受不符单据的情况下，在进口商保证付款的前提下，开证行可以代为接受不符单据，对外付款。

对于远期信用证或因航程较短，货物先于单据到达，进口方可以下列两种方式先行提货：

1. 信托收据

在进口企业尚未清偿信用证项下汇票时（往往指远期汇票），可向银行开出信托收据，银行凭此将货运单据"借给"进口商，以利其及时提货，然后在汇票到期日偿还货款。

2. 担保提货

进口货物先于提单到达目的地，进口企业可请求银行出具保函，向运输公司申请不凭提单提取货物。如果承运人因此而蒙受损失，由银行承担赔偿责任。

四、进口报关

进口货物到货后，进口企业应到海关办理相关报关手续。进口企业可以自行报关，也可以委托货运代理公司或报关行代理报关。

（一）进口货物的申报

进口货物的申报是指进口货物的收货人、受委托的报关企业，依照《海关法》以及有关法律、行政法规和规章的要求，在规定的期限、地点，采用电子数据报关单或纸质报关单形式，向海关报告实际进口货物的情况，并接受海关审核的行为。

1. 申报时间

进口货物的法定申报时限为自运输工具申报进境之日起 14 天内，超过 14 天期限未向海关申报的，海关按自 2005 年 6 月 1 日起施行的《中华人民共和国海关征收进口货物滞报金办法》的规定对其征收进口货物滞报金。滞报金由海关按日以进口货物的 CIF（或 CIP）价格的 0.5‰征收。进口货物超过 3 个月未向海关申报的，由海关提取变卖，所得价款在扣除运输、装卸、存储等费用和税款后，尚有余款的，自货物变卖之日起 1 年内，经收货人申请予以发还。其中属于国家对进口有限制性规定，应当提交许可证件而不能提供的，不予发还。逾期无人申请或者不予发还的，上缴国库。

2. 进口申报单证

进口货物申报应该填写"进口货物报关单"，并随附相关单证，如：提货单、装货单或运单、发票、装箱单、货物进口许可证或配额证明、自动进口许可证明或关税配额证明、商检机构出具的货物通关证明或免检货物证明，以及海关认为有必要提供的进口合同、信用证、厂家发票、产地证明和其他文件等。货物实际进口前海关已对该货物做出预归类决定的，申报时企业还应向海关提交《预归类决定书》。

进口货物报关单一式五联，即海关作业联、海关留存联、企业留存联、海关核销联、证明联（进口付汇用）。填报的项目要正确、齐全，字迹要清楚、整洁、端正。进口商应如实申报进口货物的商品名称、税则号列（商品编号）、规格型号、价格、运保费、成交条件及其他费用、原产地、数量等。不同合同的货物或同一批货物中采用不同的贸易方式的，不能填报在同一份报关单上；一份合同中如有多种不同商品，应分别填报。一张报关单上一般不超过五项海关统计商品编号的货物。要做到单证相符及单货相符，即报关单填报项目要与合同、批文、发票、装箱单相符；报关单中所报内容要与实际进口货物相符。海关接受进口货物的申报后，若非特殊原因，申报内容不得修改，报关单证不得撤销。

进料加工贸易的进口在申报时，还需提交进料或来料加工手册，以便海关登记进料情况，监管保税原料的进口和成品加工出口情况。

（二）海关审单和货物查验

海关接受进口申报后，首先对各项单证予以签收，对报关单进行编号登记，并批注接受申报的日期；其次对进口企业所交的进口单证认真进行审核，如发现单证不符或不合格或缺失，应通知进口申报企业及时补充和更正。

根据我国海关法规定，进口货物除因特殊原因经海关总署批准的以外，都应当接受海关的查验。海关查验是指海关为了确定进出口货物申报人向海关申报的内容是否与进出口货物的真实情况相符，或者为了确定商品的归类、价格、原产地等，依法对进出口货物进行实际核查的执法行为。海关查验进口货物主要是海关在接受申报后，根据《中华人民共和国海关进出口货物查验管理办法》对进口货物进行实际的核对查验，以确定货物的物理性能或化学成分以及货物的数量、规格等是否与报关单证所列相一致。海关查验货物应当在海关规定的时间和海关监管区内的仓库、场地进行。因货物易受温度、静电、粉尘等自然因素影响，不宜在海关监管区内实施查验，或者因其他特殊原因，需要在海关监管区外查验的，经进出口货物收发货人或其代理人书面申请，海关可以派员到海关监管区外实施查验。海关实施查验可以是彻底查验，也可以抽查。彻底查验是指逐件开拆包装、验核货物实际情况的查验方式。抽查是指按照一定比例有选择地对一票货物中的部分货物验核实际情况的查验方式。验关时，进口货物收货人或其代表应该到场并负责开拆包装。查验结束后，海关查验人员应当如实填写查验记录并签名。进口货物收货人或者其代理人应当对查验记录进行在场签名确认。查验记录作为报关单的随附单证由海关保存。

进口货物的收货人向海关申报前，因确定货物的品名、规格、型号、归类等原因，可以向海关提出查看货物或者提取货样的书面申请。海关审核同意的，派员到场实际监管。查看货物或提取货样时，海关开具取样记录和取样清单。

海关查验进口货物造成损坏时，进口货物的收货人或其代理人有权要求海关赔偿。赔偿金额根据货物的受损程度由收货人和海关共同协商确定。赔偿金额确定后，由海关发赔偿通知单。收货人收到通知单第三天起三个月内凭单向海关领取赔款，逾期海关不再赔偿。海关查验货物后交给货主时，如果货主没有提出异议，则视为货物完好无损，以后如果再发现货物损坏，海关不予负责。

（三）征税

对准许进口的货物，除另有规定者外，由海关根据我国《海关进出口税则》和《关税条例》规定的税率，征收进口税。进口税包括在进口环节中由海关依法征收的关税、消费税、增值税等税费。

1. 进口关税

进口关税是指一国海关以进境货物和物品为课税对象所征收的关税。从征税的主次程度可分为进口正税和进口附加税。进口正税是按海关税则法定进口税率征收的进口税。进口附加税是对进口货物除了征收正税以外另外征收的进口税。它一般具有临时性，主要包括反倾销税、反补贴税、保障措施关税、报复性关税等。

收货人或其代理人按照法律法规及海关要求如实、准确申报进口货物名称、规格型号、价格等成交条件，并对申报货物进行商品归类，确定相应的商品编码。海关根据《商品名称及编码协调制度》对进出口商品实施归类管理，并以此作为计税依据。

进口关税按照计征方法可分为：从价税、从量税、复合税、滑准税等。

（1）从价税（Ad valorem Duty），即以货物价格为计税标准，其计税公式是：

应纳税额＝完税价格×关税税率

海关征税的依据是货物的"完税价格"。通常情况下，进口货物的 CIF 价、出口货物的 FOB 价即可作为海关征税的依据价格。但对 CIF 价或 FOB 价明显低于同期货物进口价格，或买卖双方存在特殊经济关系影响了进口成交价格，海关有权根据掌握的市场情况，规定"完税价格"。

（2）从量税（Specific Duty），即以货物的计量单位如重量、数量、容量等作为计税标准，其计税公式是：应纳税额＝货物数量×单位关税税额

（3）复合税（Compound Duty），指在海关税则中，一个税目中的商品同时使用从价、从量两种计税标准，计税时按两种税率合并计征。其计税公式是：

复合税应征税额＝从价部分的关税额＋从量部分的关税额＝货物完税价格×从价税税率＋货物计量单位总额×从量税税率

（4）滑准税（Sliding Duty），也称滑动税，指在海关税则中，对同一税目的商品按其价格高低而适用不同档次税率计征的一种关税。滑准税是一种关税税率随进口商品价格由高至低而由低至高来计征关税的方法，即进口商品价格越高，其关税税率越低；进口商品价格越低，则关税税率越高。目的是使该进口商品不论其进口价格高低，其税后价格保持在一个预定的价格标准上，以稳定进口国国内该商品的市场价格，免受国际市场影响。

2．进口环节海关代征税

进口货物、物品在办理海关手续放行后，进入国内流通领域，与国内货物同等对待，所以应缴纳应征的国内税。但为了简化进口货物、物品国内税的再次申报手续，这部分税依法由海关在进口环节代为征收，统称进口环节海关代征税。

目前，进口环节海关代征税（简称进口环节代征税）主要有增值税、消费税两种。

（1）增值税

以商品的生产、流通和劳务服务各个环节所创造的新增价值为课税对

象的一种流转税。进口环节增值税是在货物、物品进口时，由海关依法向进口货物的法人或自然人征收的一种增值税。

进口环节的增值税组成价格由关税完税价格加上关税税额组成，应征消费税的品种的增值税组成价格要另加上消费税税额。计算公式如下：

进口环节增值税应纳税额=（完税价格+实征关税税额+实征消费税税额）×增值税税率。

进口环节增值税税率的调整以及增值税的免税、减税项目由国务院规定，任何地区、部门均不得规定免税、减税项目。进口环节增值税的起征点为人民币 50 元，低于 50 元的免征。

（2）消费税

消费税是以消费品或消费行为的流转额作为课税对象而征收的一种流转税。我国开征消费税的目的是调节我国的消费结构，引导消费方向，确保国家财政收入，它是在对货物普遍征收增值税的基础上，选择少数消费品如奢侈品、高档消费品、高耗能产品再予征收的税。纺织服装进口产品一般不征收消费税。

征收税费环节的海关关员对报关单、随附单证及货物查验结果审核无误后，打印、签发各类税费专用缴款书。海关税款缴款书一式六联，第一联（收据）由银行收签章后交缴款单位或者纳税义务人；第二联（付款凭证）由缴款单位开户银行作为付出凭证；第三联（收款凭证）由收款国库作为收入凭证；第四联（回执）由国库盖章后退回海关财务部门；第五联（报查）国库收款后，关税专用缴款书退回海关，海关代征税专用缴款书送当地税务机关；第六联（存根）由填发单位存查。纳税义务人收到税款缴款书后应当办理签收手续。

纳税义务人应当自海关填发税款缴款书之日起 15 日内向指定银行缴纳税款。逾期缴纳税款的，由海关自缴款期限届满之日起至缴清税款之日止，按日加收滞纳税款万分之五的滞纳金。缴款期限届满日遇星期六、星期日等休息日或者法定节假日的，应当顺延至休息日或者法定节假日之后的第一个工作日。国务院临时调整休息日与工作日的，海关应当按照调整后的情况计算缴款期限。

进口货物应按规定纳税的，必须在缴清税款或提供担保后，海关方可签章放行。

（四）结关

结关又称放行，是指进口货物在办完向海关申报，接受查验，缴纳关税后，由海关在货运单据上签字或盖章放行，收货人或其代理人持海关签章放行的货运单据提取进口货物。海关在放行前，需再派专人将该票货物的全部单证及查验货物记录等进行全面的复核审查并签署认可，才在货运单上签章放行，交收货人或其代理人签收。放行意味着办完了海关手续，未经海关放行的进口货物，任何单位和个人不得提取或发运。对违反国家法律、行政法规的进口货物，海关不予放行。

2011 年 1 月 1 日起实施的《中华人民共和国海关事务担保条例》规定，有以下情形之一的，当事人可以在办结海关手续前向海关申请提供担保，提前放行货物：进出口货物的商品归类、完税价格、原产地尚未确定的；有效报关单证尚未提供的；在纳税期限内税款尚未缴纳的；滞报金尚未缴纳的；其他海关手续尚未办结的。法律法规规定可以免于担保的除外。如果国家对进出境货物、物品有限制性规定，应该提供许可证件而不能提供的，以及法律法规规定不能担保的其他情形，海关不得办理担保放行。按此规定，进口公司如果因各种原因不能在报关时交验有关单证，或信誉优良的进口企业可以在进口关税款未交清之前，向海关申请担保放行。进口企业应提交保证金或保证函，申请海关先行放行货物，过后补齐报关单证，并及时在到期时缴纳税款。海关经审查同意后，在货运单据上签章放行，收货人提货后可以投入生产和使用，加快企业资金周转和运营效率。进口企业必须注意及时补办报关纳税手续。

五、进口货物接货与检验

进口企业通常委托货运代理公司办理接货业务，可以在合同或信用证中指定接货代理，此时出口商在填写提单时，在被通知人栏内应填上被指定的货运代理公司的名称和地址。

船只抵港后，船方按提单上的地址，将"准备卸货通知"（Notice of

Readiness to Discharge）寄交接货代理，接货代理应负责现场监卸。如果未在合同或信用证中明示接货代理，则也可由进口方在收到船方通知径直寄来的"准备卸货通知"后，自行监卸。在大多情况下，仍可委托货运代理公司作为收货人的代表，现场监卸。监卸时如发现货损货差，应会同船方和港务当局，填制货损货差报告。

在国际货物买卖中，除另有约定外，卖方交货后，买方应有合理机会对货物进行检验，以确定货物是否符合规定。如发现卖方所交货物与规定不符，买方有权要求损害赔偿直至拒收货物并要求损害赔偿。因此，在买方有一个合理的机会对货物加以检验以前，不能认为买方已接受了货物。但是，如果买方表示已接受了货物，或在有合理机会对货物进行检验以后买方未表示拒收货物，或买方做出了与卖方的所有权相抵触的行为，就不能再拒收货物；但如果货物与合同或信用证规定不符，买方还可以要求以其他方式进行补救。因此，买方收到货物后，在合同规定的索赔期限内对货物进行检查是十分重要的。对进口商品进行检验不仅是为了让进口方行使合同规定其享有的权利，也是国家对部分进口商品必须进行检验的法律规定。

（一）法定检验

所谓法定检验，是指依照国家法律，由授权的检验机构对法律规定必须检验的商品，按照法律规定的程序进行检验，经检验合格并签发证明书后才允许商品进口和出口。

根据自 2002 年 12 月 1 日起施行的《中华人民共和国进出口商品检验法实施条例》以及 2000 年 1 月 1 日起施行的《出入境检验检疫报检规定》，凡列入《法检目录》的进口商品，以及其他法律规定需要检验检疫的货物进口时，货物所有人或其合法代理人在办理进口通关手续前，必须向口岸检验检疫机构报检。

法定检验的进口商品、实行验证管理的进口商品，海关凭口岸出入境检验检疫机构签发的"中华人民共和国检验检疫入境货物通知单"办理海关通关手续。入境货物通关单是我国出入境检验检疫管理制度中，对列入《法检目录》中属进境管理的商品在办理进口报关手续前，依照有关规定口岸检验检疫机构接受报检后签发的单据，同时也是进口报关的专用单据，是海关验放该类货物的重要依据之一。入境货物通关单实行"一批一证"制度，证面内容不得更改。

进口企业向出入境检验检疫机构报检时，应提交合同、发票、装箱单、提单等必要凭证和相关批准文件。有品质检验的，应提供国外品质检验证书或质量保证书、产品使用说明书及有关标准和技术资料；凭样品成交的，须附加成交样品；以品级或公量计价结算的，应同时申请重量鉴定。其他特殊进口货物应提交相关入境许可文件。

（二）非法定检验的进口商品检验

《法检目录》外不属法定检验的进口商品，到货后收货、用货单位应抓紧自行按规定验收，验收发现进口商品质量不合格或者残损短缺，需要由商检机构出证后对外索赔的，应及早向出入境检验检疫机构申请检验出证。进口商品在卸货时已发现残损的，应立即向口岸出入境检验检疫机构申请验残。

进口货物卸货后，货物可以在港口申请报验，也可以在用货单位所在地报验，但属下列情况之一的，进口企业应在卸货港口向商检机构报验：①属于法定检验的货物；②合同规定应在卸货港检验的；③卸货时发现货损货差情况；④货到检验合格后付款的；⑤合同规定的索赔期限很短的货物。如无上述情况，而用货单位不在港口的，可将货物转运至用货单位所在地，由其自选验收，验收中如发现问题，应及时请当地商检机构出具检验证明，以便在索赔有效期内对外提出索赔。

商检机构根据报检人的要求和有关买卖合同的规定，对进口商品进行检验、鉴定后，对外签发品质、数量、重量、包装、货载衡量、验残、海损鉴定等证书。进口商品检验不合格的，对外签发检验证书，供有关方面凭以向外进行索赔。入境货物需对外索赔出证的，应在索赔有效期前20天内向到货口岸或货物到达地的检验检疫机构报检。买卖合同规定须凭检验证书进行结算的商品，经商检机构检验后对外签发有关的检验证书，供买卖双方作为货款结算的依据。进口商品检验合格的，对内签发检验情况通知单，供收货、用货单位凭以调拨或使用该商品，此单仅限在国内使用。

（三）进口报检手续

进口商品的一般报验工作流程包括报检、受理报检、计费、收费、入境口岸检疫处理（如需要）、缮制通关单、领取通关单、（联系）检验检疫、缮制证单、领取证单。

根据《出入境检验检疫报检规定》，对入境货物应在入境前或入境时向入境口岸、指定的或到达站的检验检疫机构办理报检手续。进口货物的收货人在向商检机构申请对进口商品实施检验时，应按商检机构的要求，真实、准确地填写"入境货物报检单"，一般同一买卖合同、同一国外发票、同一装运单据填写一份申请单，并提供与出入境检验检疫有关的单证资料，按规定交纳检验检疫费。检验申请单应书写工整、字迹清晰，不得涂改；报检日期按检验检疫机构受理报检日期填写。报检单必须加盖报检单位印章。

商检机构应当在国家商检部门统一规定的期限内检验完毕，并出具检验证单。对检验合格的进口商品，商检机构根据需要，可以加施商检标志或者封识。

货物检验合格后，应及时向用货单位办理拨交手续。如用货单位在卸货港所在地，则就近拨交货物；如用货单位不在卸货区，则委托货运代理将货物转运内地，并拨交给用货单位。进口公司如果不是用货单位，进口业务属于代理进口或贸易业务，应注意在货物交接中的货款风险。

六、进口付汇核销

按我国外汇管理规定，为了防止汇出外汇而不进口商品的逃汇行为发生，贸易进口项下的付汇需办理进口付汇核销手续。它是以付汇的金额为标准核对是否有相应货物进口到国内或有其他证明抵冲付汇的一种事后管理措施。我国外汇管理局在海关的配合和外汇指定银行的协助下，以跟"单"的方式对进口企业的进口付汇直至到货的全过程进行监管和核查。该制度对加强进口付汇监督管理，防止外汇流失起到重要作用。

（一）进口付汇核销业务流程

1. 进口单位经商务部或其授权单位批准或备案取得进出口权，并取得中国电子口岸 IC 卡

2. 进口单位持有关材料向注册所在地外汇管理局申请办理列入"对外付汇进口单位名录"（以下简称"名录"）

进口单位申请列入"名录"需提供的材料包括对外经贸主管部门的进出口经营权的批件、工商管理部门颁发的营业执照、技术监督部门颁发的企业代码证书、外汇登记证（外商投资企业）等。对于已经国家外汇管理局分支局核准开立经常项目外汇账户的企业，在申请办理"名录"时，无须再次提供进出口经营权备案登记表、工商营业执照及企业代码证书等资料，可直接凭"经常项目外汇业务核准件"企业留存联（第三联）和"名录"登记申请书办理。不在"名录"上的进口单位不得直接到外汇指定银行办理进口付汇。

3. 外汇管理局审核无误后，为进口单位办理"名录"手续

4. 进口单位付汇或开立信用证前，判断是否需到外汇管理局办理"进口付汇备案表"手续

进口付汇备案是外汇管理局依据有关法规要求企业在办理规定监督范围内付汇或开立信用证前向外汇管理局核销部门登记，外汇管理局凭以跟踪核销的事前备案业务。属于下列几种情况的企业需要办理进口付汇备案。

（1）进口单位不在"名录"内的（备案类别为"不在名录"）；（2）到所在地外汇管理局管辖的市、县以外的外汇指定银行开证付汇的（备案类别为"异地付汇"）；（3）进口单位已被列入"由外汇管理局审核真实性的进口单位名单"内的（备案类别为"真实性审查"）；（4）其他采用特别方式的进口付汇（备案类别为"真实性审查"）。

如不需要办理备案，进口单位持有关材料到外汇指定银行办理开证或购汇手续，包括填写进口付汇核销单、进口付汇备案表（如需）、进口合同、发票、正本进口货物报关单（货到付款方式）等。

5. 进口单位在有关货物报关后 1 个月内到外汇管理局办理进口核销报审手续（货到付款结算方式的进口付汇除外）

办理报审时，进口单位应提交的材料包括正本进口货物报关单（如核销单上的结算方式为"货到付汇"，企业可不提供该单据）；进口付汇备案表（如核销单付汇原因为"正常付汇"，企业可不提供该单据）；贸易进口付汇到货核销表（一式两份，均为打印件并加盖公司章）；贸易进口付汇核销单（如核销单上的结算方式为"货到付款"，则报关单号栏不得为空）；报关单核查系统 IC 卡；外汇管理局要求提供的其他凭证、文件；特殊情况下经核准付汇的提供有关核准件；结汇水单及收账通知单（如核销单付汇原因不为"境外工程使用物资"及"转口贸易"，企业可不提供）等。上述单据的内容必须清晰、完整、准确、真实。进口单位须备齐上述单据，一并交外汇管理局进口核销业务人员初审。初审人员对于未通过审核的单据，应在向企业报审人员明确不能报审的原因后退还进口单位。初审结束后，经办人员签字并转交复核人员复核。复核人员对于未通过审核的单据，应在向企业报审人员明确不能报审的原因后退还进口单位。复核无误，则复核员签字并将企业报审的全部单据及 IC 卡留存并留下企业名称、联系电话、联系人。外汇管理局工作人员通过"中国电子口岸"进口付汇子系统检验进口货物报关单真伪，如纸质报关单与系统中的报关单电子底账无误时，外汇管理局工作人员在到货核销表及进口报关单上加盖"已报审章"，进口货物报关单、结汇水单及收账通知书、IC 卡退进口单位；如系统中无此笔报关单底账或与纸制报关单不一致，则要求企业说明情况，如是海关原因，需由企业到海关申请补录或修改，如核查后认定是伪造报关单，则将有关材料及情况转检查部门调查、处罚。

（二）货到汇款项下贸易进口付汇自动核销管理

货到汇款是进口商在进口到货后再向出口商支付货款的结算方式。以前，货到汇款项下的进口，与信用证、托收等结算方式项下的进口一样，进口商在银行办理进口付汇手续后，必须在规定的时间内到外汇管理局办理进口付汇到货报审手续，外汇管理局对付汇、到货数据核对一致后予以核销。为了减少进口商往返银行和外汇管理局的成本和负担，国家外汇管理局发布了《货到汇款项下贸易进口付汇自动核销管理规定》，自 2004 年 9 月 1 日起，对结算方式为"货到汇款"的进口付汇业务实行自动核销，即进口单位在银行办理货到汇款项下贸易进口付汇业务的同时，履行进口付汇申报及到货报审义务，不再需要人工到外汇管理局进行到货报审。外汇管理局通过与银行间的信息传递机制，获得进口付汇核销的监管信息，通过事后审核自动完成货到汇款项下贸易进口付汇核销工作。

货到汇款项下的进口付款自动核销得益于近年来外汇管理电子化建设的快速发展。随着"中国电子口岸"进口付汇子系统逐渐完善，银行在为进口商办理付汇手续时，能够通过电子系统核对纸质进口货物报关单与电子数据的一致性，从而保障进口付汇的真实性；外汇管理局也能够从银行获得有关纸质凭证盒电子数据，事后对进口商的付汇和到货情况进行交叉核查。这就为货到汇款项下进口付汇实行自动核销提供了技术保障。

（三）预付货款项下进口付汇核销管理

预付货款是国际贸易中一种常用的结算方式。近年来国内很多企业在日常国际结算中都采用了这一方式。为了推进贸易便利化、方便企业，国家外汇管理局对预付货款项下的售付汇审核手续进行了简化。

属于"名录"的进口单位或"由外汇管理局审核真实性进口单位名单"的进口单位办理预付货款项下购付汇时，预付货款金额在等值 20 万美元（含 20 万美元）以下的，可不出具经银行核对密押的对方银行出具的预付货款保函，凭进口合同、进口付汇核销单及形式发票等相关单证直接到外汇指定银行办理。预付货款金额在等值 20 万美元以上的，进口单位仍须出具预付货款保函，并凭进口合同、进口付汇核销单及形式发票等相关单证到外汇指定银行办理购付汇手续。

境内外商投资企业以预付货款方式向其境外总（母）公司或其境外总（母）公司在含中国港、澳、台地区和中国以外的国家设立的分公司、参股或控股的公司支付进口货款，可不出具预付货款保函，凭进口合同、进口付汇核销单、形式发票、外商投资企业外汇登记证或其他关联公司的证明等单证，直接到外汇指定银行办理购付汇手续。

境内中资集团公司以预付货款方式向其在中国港、澳、台地区和中国以外的国家设立的分公司、参股或控股的公司支付进口货款，可不出具预付货款保函，凭进口合同、进口付汇核销单、形式发票、商务管理部门核发的海外投资企业批准证书或其他关联公司的证明，直接到外汇指定银行办理购付汇手续。办理进料加工贸易项下购付汇时，因进口料件集中报关暂时无法提供进口报关单的，进口企业可持进料加工合同、海关手册、加盖海关验讫章的贸易方式为"进料加工"的当期集中报关货物申报单（进口单位留存联）、提单、发票以及按期办理进口付汇核销手续的保证函等向所在地外汇管理局备案，凭所在地外汇管理局核发的"进口付汇备案表"及规定的购付汇凭证到外汇指定银行办理购付汇手续，并按规定办理进口付汇核销手续。

外汇管理局在审核进口单位提交的有关单证无误后，向进口单位核发备案类别为"真实性审核"的"进口付汇备案表"。

（四）以托收结算的贸易进口付汇

以托收方式成交的进口合同，进口单位凭进口合同、付款通知单（D/A、D/P 单）、跟单托收结算方式要求的有效商业单据、进口许可证或登记表、进口证明（或有）、进口付汇备案表（或有）以及委托代理协议（或有）到银行直接办理付汇手续。

（五）以信用证结算的贸易进口付汇

以信用证方式成交的进口合同，进口单位凭进口合同、信用证开证申请书、信用证结算方式要求的有效商业单证、进口付汇备案表（或有）、进口许可证或登记表、进口证明（或有）以及委托代理协议（或有）到银行直接办理付汇手续。

（六）进口外汇核销新变化

为进一步深化外汇管理体制改革，促进贸易便利化，国家外汇管理局、海关总署和国家税务总局自 2012 年 8 月 1 日起在全国实施货物贸易外汇管理制度改革。全国上线运行货物贸易外汇监测系统，停止使用贸易收付汇核查系统、贸易信贷登记管理系统、出口收结汇联网核查系统以及中国电子口岸——出口收汇系统。外汇指定银行和企业用户通过国家外汇管理局应用服务平台访问监测系统（企业登入 http://asone.safesvc.gov.cn/asone）。外汇管理局建立进出口货物流与收付汇资金流匹配的核查机制，对企业贸易外汇收支进行非现场总量核查和监测，对存在异常或可疑情况的企业进行现场核实调查，对金融机构办理贸易外汇收支业务的合规性与报送相关信息的及时性、完整性和准确性实施非现场和现场核查。外汇管理局定期或不定期对企业一定期限内的进出口数据和贸易外汇收支数据进行总量比对，核查企业贸易外汇收支的真实性及其与货物进出口的一致性。

外汇管理局对企业进行分类管理，根据非现场或现场核查结果，结合企业遵守外汇管理规定等情况，将企业分成 A、B、C 三类。外汇管理局在日常管理中发现企业存在违规行为，可随时降低其分类等级，将 A 类企业列入 B 类或 C 类，或将 B 类企业列入 C 类。对 B 类企业贸易外汇收支实施电子数据核查管理；对 C 类企业贸易外汇收支业务以及外汇管理局认定的其他业务，由外汇管理局实行事前逐笔登记管理，金融机构凭外汇管理局出具的登记证明为企业办理相关手续；在分类管理有效期内，对 A 类企业贸易外汇收支，适用便利化的管理措施。对 B、C 类企业的贸易外汇收支，在单证审核、业务类型及办理程序、结算方式等方面实施审慎监管。

针对进口付汇，不再按季度核查，但符合下列情况之一的进口业务，企业应当在货物进口之日起 30 天内，通过网上监测系统向所在地外汇管理局报送对应的预计付汇或进口日期等信息：

（1）30 天以上（不含）的预付货款；

（2）90 天以上（不含）的延期付款；

（3）以 90 天以上（不含）远期信用证方式结算的贸易外汇收支；

（4）B、C 类企业在分类监管有效期内发生的预付货款，以及 30 天以上（不含）的延期付款；

（5）单笔合同项下转口贸易收支日期间隔超过 90 天（不含）且先收后支项下收汇金额或先支后收项下付汇金额超过等值 50 万美元（不含）的业务。

以上是进口合同履行过程的主要环节和内容。进口合同签订后，买卖双方应该注意"重合同、守信用"，及时履行各自的义务。在进口贸易中，我方作为买方，应该在自己恪守合同的同时，注意督促卖方认真履行合同，维护我方自身利益。进口企业在认真履行合同过程中，有关业务人员应该注意经营风险，提高责任心和业务操作能力。进口合同履行的主要工作可以通过流程图 4-2 来掌握和了解。

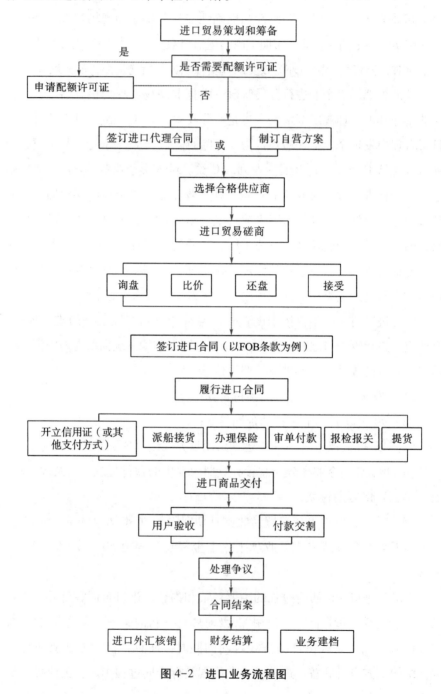

图 4-2　进口业务流程图

第五章　纺织服装外贸企业经营模式的转型

第一节　纺织服装外贸企业经营模式转型思路

新形势下纺织服装外贸企业国际贸易业务的经营模式转型具有重要意义，是改变目前外贸企业经营模式简单化和经营困难的重要战略举措。而外贸企业作为供应链管理者的纺织服装外贸供应链经营模式是目前外贸企业经营模式转型，重塑外贸企业竞争力的必由之路。纺织服装外贸供应链模式转型即外贸企业从原来以代理和简单的外贸服务角色转变为以提高外贸企业的附加值为价值创造核心，外贸企业作为供应链管理核心，通过对外贸企业供应链中的信息流、物流、资金流、价值流、工作流的控制，达到有效的集成，实现整条供应链价值的增值。

一、供应链管理思想

在经济全球化大背景下，纺织服装业全球化分工合作的运营模式已是常态。我国学者马士华认为供应链是围绕核心企业，通过对信息流、物流、资金流的控制，从采购原材料开始，制成中间产品以及最终产品，最后由销售网络把产品送到消费者手中的将供应商、制造商、分销商、零售商直到最终用户连成一个整体的功能网络结构模式。供应链就是一个网链结构，每个企业就是一个节点，节点企业之间是通过相互之间的供求关系联系在一起。当前，通过供应链运作来提高价值创造总量与个体分享份额已成为产业发展的主流趋势。

供应链管理以顾客为中心，以市场需求拉动供应的生产和流通模式。各个节点企业专注于自身的核心业务，将非核心业务外包。各企业之间密切合作，减少各环节交易成本，共担风险、共享利益，有效提高整体供应链的竞争力。利用信息系统优化供应链的运作流程和效率，降低各环节成本，减少库存，更快速满足需要。通过供应链管理，企业改变传统的经营模式，重新获得竞争力。企业之间的竞争成为供应链之间的竞争。纺织服装供应链管理主要有两种模式。

（一）精益供应链

精益这个概念源于"精益生产"，它的基本原理就是：通过消除生产过程中的"浪费"，即"非增值部分"，不断地提高效率，增加生产的灵活性，实现零库存等来巩固市场中的竞争优势。它要求创造价值的各个步骤流动起来，尽可能消除停滞，以客户的需求进行投入和产出，从而在最短的时间内提供给客户最满意的产品和服务。它主要适用于大批量生产、多样性小、生命周期较长的产品。这种模式比较合适纺织品生产如纺织纤维、纱线和面料等，其技术更新需要较长时间，产品为大机器生产，产量高，短期内款式变化不明显。纺织品适应这种供应链模式有利提高企业经营效益，降低产品成本和售价。

（二）敏捷供应链

敏捷最初是指制造的柔性，企业运用通信设施将雇员、技术和管理结合起来，以应对迅速变换的市场环境中客户的需求。其出发点是基于企业对未来产品、市场、客户的个性化分析，及时地进行产品的动态重组，从而使企业更好地把握住市场机遇。敏捷供应链是在易变的市场环境下，以市场信息为基础，以信息技术为依托，以虚拟组织为手段来发掘潜在的可获利机会，实现最大化的客户满意。它适用于需求变化较大，技术更新频率快的产品。这种模式更适合于服装经营。服装款式变化快，每个产品需求量不多，强调消费者的个性化需求。但季节和流行变化快，要求企业应变能力较高，以满足市场不断变化的消费者需求。

（三）两种供应链模式的比较

1. 精益供应链和敏捷供应链的相同点

（1）他们都要求生产高质量的产品，都强调三个特征：运用市场知识、集成供应链、缩短产品交货期。所有供应链业务都是针对最终用户，因此最终的消费者可以对供应链实施什么模式，或者何种模式对其最有利等问题产生直接的影响。

（2）他们都争取尽可能短的提前期，精益供应链通过消除非增值部分，来缩短交货期，而敏捷供应链则运用其高效率的信息流和物料流来缩短产品交货期，从而实现其快速响应的效果。

2. 精益供应链和敏捷供应链的不同点

（1）从采购方式方面来看，精益供应链是通过其上游企业收到订单后开始生产，产品是向下流入市场并进行销售的。而敏捷供应链的产能分配则在供应链的末端进行，将供应链终端的客户需求快速反应给上游企业，从而能够适应市场的需求变化。

（2）从消费者购买动机来看，精益供应链以成本作为吸引顾客的方式，提供较低的产品价格，而敏捷供应链是以顾客满意度作为衡量标准，时刻以"顾客需求"为其出发点。精益生产中价格只能作为顾客满意度的一个方面，无法代表其服务质量，因此精益生产可视为企业实现敏捷供应链的前提条件。

（3）从信息技术上来看，敏捷供应链对供应链各方进行畅通的交流以及市场上的信息共享是具有强制性要求的，而精益供应链认为信息的支持是较为理想的状态，并不是一个必要条件。

总之，精益供应链是通过市场预测来减少需求变化对企业产生的影响，而敏捷供应链具有快速重构能力，可以更好地适应不可预测的市场变化。两者存在较大区别，要使供应链更好地运作还需要采取敏捷供应链的优势特性。因此，纺织服装外贸企业应该根据企业生产特点和客户需求，灵活选择两种模式及其结合来构建自己的纺织服装供应链平台和管理模式。

二、纺织服装外贸企业供应链管理平台构想

如前所述，传统的外贸企业国际贸易业务很多是代理业务，外贸企业不懂产品经营，也没掌握外商需求信息，仅仅是作为供货厂商和外国买家的物流代理，帮助厂家和外商办理产品进出口所需的手续及银行结算。即使是充当中间商的角色，其业务模式也仅仅主要包括供应商的推荐，工厂的评估，生产的组织，质量、进度的监控以及后期的报关物流活动和外汇结算。外贸企业在纺织服装的国际贸易业务活动中所起角色只是配角，起辅助作用，极易被供货厂商和外商直接抛开自己经营。而全面提升的外贸公司的服务应该涉及整条供应链的各个环节，在每个环节上都提供最专业、最全面的服务。在研发环节提供技术支持，在设计环节提供优秀设计，在采购环节提供优秀的供应商，在制造环节提供合格的制造商，在清关环节，提供专业的人才，在仓储物流环节提供强大的物流公司，在品牌销售环节，打造自己的品牌。

服装外贸企业供应链管理模式变革，是以供应链视角关注整个服装供应链的价值运动，结合自身优势进行战略定位重构运营模式，通过经营过程的增值活动来提高外贸产业附加价值，提高外贸企业在整个纺织服装价值链中的地位，实现外贸业务的转型升级。以外贸企业为核心和管理者，我们可以构建外贸企业供应链管理逻辑模型（如图5-1）。

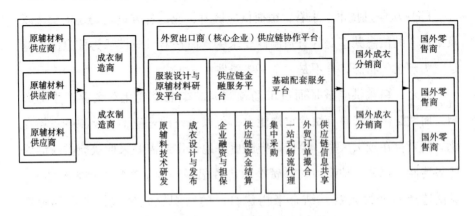

图 5-1　基于供应链协作的经营模式逻辑模型

（一）外贸企业运营中增值服务功能的拓展和延伸

据有关调研数据显示，服装行业价值链上的利润分布为：设计研究环节占到整个价值链利润的30%至40%、生产制造环节占到整个价值链利润的5%至10%、市场营销环节占到整个价值链利润的50%至60%。外贸企业增值的主要方式是价值链延伸，分为前向延伸和后向延伸。即结合自身资源优势，前向延伸到设计研究环节并且后向延伸到营销环节。服装外贸企业可以结合自身资源优势，前向延伸到设计研究环节包括原辅材料的技术研发和成衣的设计，或后向延伸到营销环节。服装行业的设计和营销环节是微笑曲线上的两端，代表着本行业技术知识含量最高，高增值和高利润的部分。外贸企业选择向这两端延伸是价值链增值的关键点，并且企业本身具有延伸的条件。

1. 价值链延伸

服装外贸企业由于先天中间商的角色定位，其生产组织并不占优势。而且服装外贸企业多数为中小型企业，资金有限，没有条件也不必像生产制造商一样前期投入大量资金建厂购机器等，从事低价值的简单加工生产。外贸企业相对人才密集，优越的办公条件和环境，容易吸引人才加入公司经营。服装设计属于人才密集型行业，外贸公司只需集中自己的有限资源培养自己的设计团队，通过与客户沟通和关注世界服装趋势，成立自己的服装设计中心，引导服装需求走向。服装外贸企业延伸至设计研究环节，可以获得价值链30%至40%的利润，附加价值是非常可观的。尤其在个性化需求导向下，模块化设计能够较好满足消费者的需求，为企业带来高附加值。目前国内一些大型国有和民营外贸企业已经在这方面取得较大进展和成效。

服装外贸企业从事外贸业务历史长，拥有广泛的客户网，具有一定的销售渠道优势，价值链功能延伸至营销环节具备条件。服装外贸企业进入这一环节可以开展营销策划和零售业务。营销策划可以充分发挥企业的信息交流中心优势，构建一支属于企业的营销策划队伍专门负责为供应链成员设计营销策划方案，获得附加价值；负责部分零售，采用虚拟经营的方式，利用电子商务平台销售，获得零售的附加利润。营销渠道的延伸有利于外贸企业获取附加价值，同时可以保持信息畅通，随时跟踪客户需求，利用供应链信息平台，反馈给上游平台企业，保证供应链平台的高效运转。

2. 成为第三方信息服务商

一直以来，服装外贸企业所充当的都是信息中心的角色，为整个供应链上的节点企业提供信息咨询，建立一个专业的服务信息库，便于整个供应链的信息共享，能够改善供应链上下游信息不对称困境，实现供应链平台各相关节点企业的信息沟通，提高市场需求预测的准确性。供应链下游企业通过信息平台将销售和库存信息开放给外贸企业，有利于外贸企业及时掌握客户的销售情况和采购计划，及时反馈给上游企业准备生产和备货。同时上游企业的技术研发信息和生产库存信息也同样利用信息平台传送给相关节点企业，外贸企业可以通过掌握生产企业的信息，向下游企业客户推荐新的产品和设计。供应链节点企业通过信息平台达到快速反应，外贸企业作为第三方信息服务商是供应链平台的信息服务商和管理者，向客户提供最新时尚和市场趋势。

3. 成为供应链物流服务集成管理商

供应链物流服务集成管理商不是具体的物流服务提供商，不开展具体运输、仓储、配送服务，而是作为一个供应链物流运作方案的设计者与运营监管者，以满足物流服务的个性化需求与高效性作为服务范围。根据客户的个性化需求，物流服务集成管理商可以组织管理自身资源和集合整个供应链的物流资源来设计供应链物流运作方案，集约化的设计管理物流网，在满足个性化需求的同时提高物流运作效率，缩短物流周期，实现物流运作的高效性。

（二）提供供应链融资服务

针对中小服装企业资金紧张、融资难的困境，外贸企业构建融资管理平台，将银行引入供应链管理平台，以外贸为核心企业，为平台中小型企业提供项目配套的资金支持。一方面协同管理整个供应链管理资金结算，另一方面利用与物流商的长期合作，借助物流金融模式，以物流商为核心，凭借物流仓单向银行贷款，为企业较快融得周转资金，缓解资金紧张、融资难的困境。供应链金融是目前金融的新创新，有利于供应链平台企业更加紧密合作。外贸企业通过提供供应链融资服务，一方面借助银行帮助合作的上下游中小企业解决融资难问题，避免自身过多垫付资金。另一方面，供应链上企业以合作企业之间的购销行为，引入银行信用，增强了商业信用，供应链上合作关系得以巩固，提高供应链的竞争力。以外贸为核心的企业，广大中小合作企业借助核心企业和项目整体实力，较易获得银行贷款支持，实现供应链平台企业共同利益和共同发展。

因此，纺织服装外贸供应链平台的构建使外贸企业作为供应链的核心企业地位最终确立。外贸企业实现了自身的价值延展，并通过信息平台的管理和提高金融服务，使广大中小企业围绕其业务项目紧密合作，相互沟通和支持，竞争力得到提高。

第二节　纺织服装外贸企业转型供应链管理条件

一、纺织服装外贸企业转型供应链管理的必要性

（一）外贸企业生存空间的缩小迫使企业必须转变经营模式

如前所述，纺织服装外贸企业长期以来实行简单的经营模式，代理国外企业在国内采购纺织服装产品出口，或者是代理国内纺织服装企业出口产品，它所获得的利润仅为购价和售价之间的差额或微薄的代理费，在价值链中无任何价值增值活动。这种过于简单的模式很难形成企业的核心竞争力。同时，在国外的公司大量进入我国国内市场直接采购，和国内生产企业自行进入国际市场销售的情况下，由于产品集中在中低端，同质化严重，价格竞争激烈，纺织服装外贸企业几乎没有定价权、话语权，外贸企业生存空间急剧缩小。外贸公司必须认清所处的困境，把握自身的优势，通过转变经营模式以增强自己的竞争能力。香港利丰集团成功地实现由从事中间商业务到供应链管理者的案例对纺织服装外贸企业具有启发和借鉴

作用。

（二）国际纺织服装采购方式的变化

经济全球化的环境使国际服装采购商在中国的服装采购模式发生了根本变化。服装业是典型的消费者拉动型价值链。服装行业供应链长，垂直环节多，各环节环环相扣，需要供应链管理者协调和优化。服装行业供应链包含纺纱—织造—印染—整理—裁剪—缝制—整烫，供应链上不同节点各具特色。国外的服装采购商很多具有长期的纺织服装采购经验，全球化的产业分工和网络信息的快速发展，他们成为本行业的供应链管理者，在全球范围内组织生产和销售，根据不同的产品特性和经营环境，以产品成本为核心，将供应和生产分布于最合适的国家或地区，利用不同区域的资源结构进行产品的组合，或者将生产过程精心分解，对每一步骤进行优化，在全球范围内进行生产。以往国外买家单纯向外贸公司下单采购成品的运作模式正在快速消退。服装外贸企业要取得发展，就必须与跨国服装供应链对接，使中国的服装生产成为跨国服装供应链中的段落供应链，从一个传统的贸易中间商转变为中国产品供应链的管理者。

二、纺织服装外贸企业转型供应链管理的可行性

长期经营国际贸易的经验积累和国内生产企业的内在需要，使纺织服装外贸企业有条件成为供应链的管理者。供应链管理的思想核心在于一个企业资源有限，企业必须集中资源在其专长领域，即核心业务上，对非核心业务以外包的方式交给其他更专业的企业，使整条供应链发挥更大的效率。核心企业联合其他上下游企业，通过联盟或外包等各种合作方式来建立一条利益相关、业务关系紧密、优势互补的供应链，充分利用供应链上的资源来适应新的竞争环境，共同增加竞争力。纺织服装外贸企业具备多年的外贸专业知识、采购经验、经营经验、营销技术、客户网络、资金配套等优势，初步具备整合行业资源，优化服装出口供应链的基本能力，具有成为供应链管理者的条件。服装行业具有经营分散，投资少，进入门槛低，见效快，技术通用性强等特点，因此国内中小服装生产企业众多。由于这些中小服装企业各自生产规模和资金能力有限，普遍缺乏人才，及从事国际贸易经验不足等自身条件不足，加上过度依赖于劳动力成本优势，在激烈的市场竞争中力量薄弱，拓展国际市场经验和能力有限。而纺织服装外贸企业的优势弥补了其缺陷，能与其共同建立起一条利益相关的供应链。长期与外贸公司合作的历史，使国内中小生产企业习惯依赖于纺织服装外贸企业。双方建立共同的利益链具有现实基础和可操作性。

第三节　纺织服装外贸企业供应链管理发展阶段

国内纺织服装外贸企业的国际贸易业务转型是一个渐进的过程。供应链管理在国际纺织服装企业的运用获得丰富的成功经验积累。如国际著名的香港利丰集团和意大利 ZARA 服装公司都是供应链管理的成功样板。事实证明，以供应链管理模式改造纺织服装外贸企业国际贸易业务方式是可行的，对我国纺织服装外贸企业经营改革具有重要意义。但是国内纺织服装外贸企业的经营模式转型需要企业针对自己业务条件和特点循序渐进推进改革。整个转型过程大致可以分为如下两个阶段：

一、纺织服装外贸企业供应链转型初始阶段

外贸企业凭借其多年贸易经验的客源和货源渠道积累，通过工作平台获得国外客户需求信息和订单下达，拉动服装原材料的采购或直接向服装生产商下单生产产品。有专业能力的外贸企业，可以根据国外客户订单要求，从原材料采购开始，完成服装产品的生产全程采购和质量监控。其业务步骤如下：

（1）根据最终产品客户需求，通过纤维原料（包括天然和人造原料）的直接采购，掌控成品原料的质量；

（2）按照外商所需产品对原材料的用量，把纤维原料交给纱线生产商纺纱或染色；

（3）按照成品要求，把纱线交给布料生产商生产服装所需布料，通常

还需要对布料进行染色或印花等后整理工序；

（4）将布料按加工服装用料标准提供给服装生产商，完成服装产品的生产。

在这个供应链条中外贸企业起到管理和协调的角色。外贸企业需要有专业人员根据客户要求分解原料需求，供应商的选择，每道工序质量的把控，产品物流的跟踪等工作。通过供应链的管理，外贸企业能有效把握产品质量，降低采购成本，保证交货及时。当然一些数量不大的订单，外贸企业也可以直接向服装生产商下单采购，由服装生产商自行采购原材料，避免因量小导致成本的提高。这个阶段是典型的供应链需求拉动模型，也是目前国内很多外贸企业开始转型供应链管理模式正在试行的阶段。

以服装产品为例，外贸企业的供应链管理角色如 5-2 图所示：

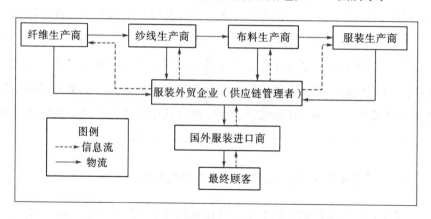

图 5-2　服装外贸企业作为供应链管理者流程构建图

图 5-2 体现的是外贸企业作为供应链管理者和协调者，在供应链平台中对原料及成品生产的管理和对国外采购商和最终用户提供的增值服务。从图中反映的流程可以看出外贸企业在服装供应链中承担管理者的重要角色。其工作原理主要反映外贸企业作为供应链的管理者和中间协调人，通过专业的服务达到高质高效，满足国外买家的需求。

二、外贸企业作为供应链管理者的成熟阶段

在供应链初级发展过程中，纺织服装外贸企业逐渐确立了自己为管理

者的中心地位。外贸企业成为供应链管理者,在整个供应链条中起协调和重要领导角色,逐渐成为整个链条的推动者。进入供应链发展的成熟阶段,外贸企业要根据市场情况和客户需求,成立自己的产品设计和开发中心,而不是被动地等待外商的需求信息来拉动业务开展。服装产品生命周期短,流行性时尚性强。外贸企业要通过供应链的信息平台,不断与客户保持沟通和交流,为客户提供产品设计和开发等系列增值服务。根据客户提供的主要设计和产品创意思路、需求倾向,外贸企业作为中间人应该与生产商充分沟通,提出产品设计的各种细节,制作出各种产品样板供客户选择和推广。根据各方定下的产品设计模板来组织原料先期准备,有利于加快产品面市时间,获取更高的利润。这个阶段外贸企业的供应链运作比前一阶段提高了运营水平,是企业供应链管理的升级。外贸企业开始真正作为供应链管理的核心企业,建立起与供应商和外商的协作平台。外贸企业面对的是经过挑选的众多的供应商(包括原辅材料供应商和成衣制造商)和国外服装进口商(包括批发和直接零售商)。外贸企业成为供应链管理中心和各方合作伙伴的信息交流中心,是纺织服装供应链的管理者。图5-3是外贸企业作为供应链核心的新型模型。

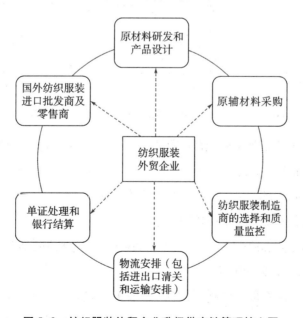

图5-3 纺织服装外贸企业升级供应链管理核心图

　　从图5-3可以看出,外贸企业是供应链的管理核心。外贸企业与外商充分沟通,通过自身产品研发和设计,带动需求和原辅材料的采购,依靠纺织服装制造商的良好合作生产出符合外商需要的产品,并通过强大的高效的物流系统及专业的报关单证服务,高质量地满足国外进口商的需求。外贸企业作为供应链管理者的地位更加稳固和重要,竞争力显著提高。

　　目前,国内一些大型纺织服装外贸企业已经在朝着供应链管理的高级模式发展,他们以产品设计和品牌建设入手,逐步建立自己的供应链平台,全面介入纺织服装产品的生产和销售,日益走向成熟期。供应链管理平台最终确立后物流和信息流有效整合,其具体操作流程模型如图5-4。

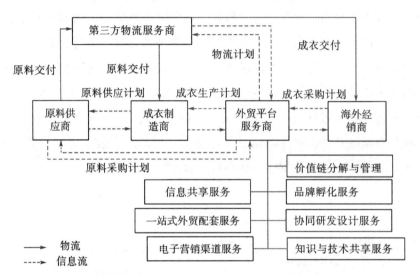

图5-4　外贸企业成熟期供应链平台的具体操作流程

　　图5-4表明了外贸企业成熟期供应链平台的具体操作流程。外贸企业作为供应链管理者,通过服务平台提供包括价值链分解与管理、品牌孵化服务、协同研发设计服务、知识与技术共享服务、信息共享服务、一站式外贸配套服务和电子营销渠道服务七大功能在内的现代服务,对原料供应商、成衣制造商和海外经销商进行价值链重构和价值协同创造。

　　1. 价值链分解与管理

　　外贸平台服务商在明确了下游海外经销商的成衣采购计划后,根据客户订单的具体要求将成衣生产、原料采购、物流等环节进行价值梳理,找出关键性价值创造环节，然后根据不同订单的价值导向在不同核心能力的供应链上游合作伙伴中进行产能分配、生产节点布置、采购对象选择、物流节点与功能设置，消除不必要的供应链衔接环节和企业内部作业，将价值创造幅度提升到最大可能。

2. 信息共享服务

通过服务平台的信息共享服务功能实施多边信息共享机制，为供应链上下游企业提供交互式动态协同平台。平台服务商与上游制造商、原料供应商共同参与下游经销商的市场需求预测，对预测进行修正；平台服务商与下游经销商共同参与上游制造商和原料供应商的生产计划制定与进度管理，达到"供—产—销"各环节的无缝对接。

3. 协同研发设计服务

外贸平台服务商通过提供协同研发服务，将海外经销商、制造商和原料供应商共同聚集在这一平台上，多方进行协同创新，促成供应链平台各伙伴成员创意、设计、研发等要素的自由组合与集成。与传统产业不同，企业的市场销售、生产制造和原料供应三个环节实现创新要素集成，产品创意、功能设计和材料研发同步进行，相互支持、相互影响，以产品创意引导创新功能设计，根据创新功能设计开展新部件、新材料研发，最终实现符合市场需求的创新产品。

4. 一站式外贸配套服务

平台的物流服务包括采购物流、生产物流、进出口物流代理等环节，将原本外包且由第三方物流服务提供商主导的局部物流服务拓展为由平台服务商主导、由第三方物流服务提供商执行的全局物流服务，将原料供应、成衣制造、成衣分销等各环节的物流计划、组织、协调、控制等职能集成到一起，完成对整条供应链物流系统的集成管理。物流效率更高，供应链价值更高。进出口贸易过程涉及金融、物流、海关、商检、单证等配套业务内容，项目多、内容繁杂，供应链上围绕外贸企业的合作成员企业通常规模小，以生产经营为主，国际贸易人力资源缺乏。外贸服务平台的进出口相关配套服务，既有助于合作伙伴减轻业务繁琐程度与资源投入瓶颈，又可发挥平台服务商的关系资源与业务规模效应，实现专业、优质、低成本和高效率的服务绩效。

5. 电子营销渠道和品牌孵化服务

以信息平台为基础的电子渠道营销服务为平台的每一个供应链成员提供了营销接入点，每一位成员可以直面其下游客户与终端客户，传播品牌文化，进行产品展示。电子营销成为外贸平台服务商对海外经销商、供应链上游原料供应商、成衣制造商等成员在内的供应链整体向终端消费市场传播供应链价值理念、全方位展示供应链形象、提供全过程供应链品牌服务的重要渠道。供应链全程营销为供应链整体品牌的推广和个体品牌的树立建立了有效平台，能够促进供应链品牌价值的孵化。

6. 知识和技术分享服务

知识密集与集成是新型外贸纺织服装供应链的新特征，也是其产生高附加值的基础。外贸平台服务商作为产业先进知识、技术与前沿信息的集成者，通过在联盟中组建学习型组织，将知识要素与信息要素在成员伙伴间扩散、传播与共享，以促进个体产业层级的升级和整体协同价值创新能力的提升。平台服务商的供应链智力支持功能将成为外贸纺织服装新型供应链下实现价值可持续性创新的核心驱动力。①

第四节 纺织服装外贸企业供应链管理现状

目前国内纺织服装外贸企业供应链管理发展程度不高，很多企业处于探索尝试阶段。由于大量的纺织服装外贸企业都是中小型企业，供应链管理普遍落后。受传统纺织服装经营模式的影响，大部分外贸企业目前还是停留在简单的中间商运营模式。仅有少数几家较大型的外贸企业近几年开始以供应链管理思想改造外贸传统经营方式，但总体还是处于供应链管理雏形期和较低层次。

---

① 朱丹，林涛. 产业服务平台战略下的中国外贸纺织服装业供应链转型之路 [J]. 物流技术，2015 (3).

一、纺织服装外贸企业供应链状况分析

（一）供应链合作状况分析

1. 供应商关系分析

近年来，供应商在外贸企业中的作用日益凸显，企业逐渐重视与供应商的关系管理。纺织服装外贸企业开始设有专人对供应商关系以及供应商合同进行管理。然而，企业的采购计划变化幅度不大，这也从侧面反映出供应链管理的柔性不够。企业供应链管理水平仍处于较低层次，加大信息基础设施建设，并与供应商保持友好的合作关系有利于更好地预测市场需求变化，提高供应链的管理柔性。

2. 客户关系分析

现代化的纺织服装外贸企业虽然都宣称以客户需求为出发点的经营理念，但真正的服务水平与其目标还是存在较大差距。目前较先进的管理客户关系的软件 CRM 使用情况并不普遍，只有少数企业开始使用 CRM 软件来满足客户个性化的需求和管理客户。企业要实现长久持续经营，要关注客户关系的维护。

3. 物流外包业务分析

近年来，第三方物流的作用日趋显现，纺织服装外贸企业的物流外包比例也有较大幅度的增长。物流企业作为供应链上重要的角色，在供应链运作效率方面起到关键作用。第三方物流凭借其专业程度、较低的成本和较高的效率被越来越多的企业所信任，缩短订单处理周期使得供应链在物流方面的效率大大提高，使企业更能够专注于其优势核心业务。

（二）供应链运作状况分析

1. 供应链的运作范围

供应链的上游企业运作范围主要在国内，下游企业则在国际范围内运作。据调查，大部分的纺织服装外贸企业是在国内采购原材料，如福建、山东等服装产量大省，企业的国外销售能力提高较快，有些企业已经直接在欧洲、北美、日韩等地设立批发零售点。因此，纺织服装外贸企业的运作由国内到国际，供应链延伸呈现出逐年拉长的趋势。这反映了外贸企业经过近几年供应链管理的转型，企业核心竞争能力的增强。

2. 供应链运作中的主要困难

我国纺织服装外贸企业的供应链管理意识较为薄弱，对于供应链的实施缺乏经验，因此呈现出较为松散的特征，而主要的供应链企业对其合作成员的管理缺乏规范化手段，且没有及时对合作商的评价进行归纳总结。供应链成员间目标不一致，利益分配不平等的问题也较为突出。此外，制造商和供应商的默契度不够，信息反馈不及时，以致生产和采购策略存在较大的偏差。

二、纺织服装外贸企业供应链管理问题分析

通过对国内实行供应链管理的外贸企业调查分析与研究，纺织服装外贸企业供应链管理主要存在以下问题：

（一）供应链管理观念欠缺

中国的外贸企业长期以来一直是作为国外买家和国内制造企业的中间桥梁，赚取买卖差价，实行传统的中间商经营模式。在竞争日益激烈和透明化的全球经济中，这种传统的经营模式越来越困难，但传统的习惯和企业资源限制，加上管理层落后保守的经营思路，大部分外贸企业不能更新观念，走供应链管理的道路。国际上以供应链管理改造商业经营模式已有很多成功案例，如香港利丰集团等等都给外贸企业的经营模式改造提供了丰富的经验和样板。但目前仅有一些大型的外贸企业开始探索供应链管理的改造模式，并经过实践证明是一条确实可行的改革之路。广大中小企业急需更新观念，改变传统贸易模式，以供应链管理方法为企业再创竞争力。

（二）企业内部体系繁杂，供应链的战线过长

企业内部仍然缺乏供应链管理的思想，一直没有把供应链管理放在企业的战略层面上，对于建立何种模式的供应链，怎样建立，企业自身处于供应链上的哪个部分都没有足够的了解。有些企业将供应链视为供应链企业间的连接手段，没有认识到供应链是一条增值链的实质。企业内部的组织体系过于繁杂，当库存产生时，设计部门、生产部门、销售部门之间相互推诿责任。部分企业则一味追求从设计生产到运输、销售实行一条龙运作的模式，战线过长，往往事倍功半，无法充分发挥出供应链的优势。

（三）合作伙伴存在信任问题

外贸企业作为供应链平台的核心企业和管理者必须与链上企业保持紧密合作。但目前外贸企业与国内制造企业既是合作伙伴又是竞争对手的关系。一方面，外贸企业需要通过国内制造企业的支持，完成从原辅材料到服装的加工生产，以便及时交货。他们需要密切合作，共同完成交货任务，满足国外客户的需要；另一方面，目前国内外贸体制的改革和开放，所有企业包括作为外贸供应商的生产企业也可以直接进入国际市场，参与竞争，独立经营进出口业务。这些供应商又是外贸企业的竞争对手。因此，外贸企业与供应商信任度有限，在供应链平台的信息共享就有保留，双方合作关系的紧密度大打折扣。加上目前国内企业商业秩序和交易行为不规范，拖欠货款和三角债现象普遍，整个行业诚信度难于建立。它影响供应链信息平台的建设和运作的效率，最终影响供应链的稳定性。

（四）供应链信息平台建设滞后影响信息共享和运行效率

供应链管理实施必须依赖信息平台的构建和信息高度共享。但如前述由于供应链合作伙伴的信任度问题，相互之间信息共享有所保留，是建设信息共享平台的主观障碍。而广大中小企业由于资金实力和观念问题，信息化的设计和技术应用落后，加上管理信息人才缺乏，形成企业信息化平台建设的客观问题。其结果是实行供应链管理的企业包括一些大中型企业供应链信息平台落后，跟不上企业业务发展和供应链管理的要求，不能实现链上合作伙伴的信息共享，影响供应链管理和对未来市场需求的预测，运行效率低下。

（五）供应链反应能力不高绩效水平较低

所谓供应链反应能力主要指外贸企业从接到订单——组织生产——物流配送——产品送到客户手中这一流程的效率。纺织服装外贸企业的供应链管理受传统模式影响，对产品生产到出口这一系列环节的不确定性的应变能力较低，整个供应链的效率不高，管理水平有限。具体表现在：

1. 成品存货比例偏高，增加了供应链成本

据调查，纺织服装外贸企业在整个供应链管理中都保持较高的存货水平，部分企业的库存比例高于销售量比重的10%。许多纺织服装外贸企业一般还是根据以往接到订单、安排生产、采购、出口的流程来操作。而由

于信息平台滞后和共享度欠缺，处于供应链各节点的企业很少甚至无法实现库存、销售、订单等信息共享，而只是简单地依靠库存来预测市场的需求，容易造成牛鞭效应，从而增加库存成本。同时，库存比例较高也降低了资产周转率，从而在无形中增加了供应链的成本。

2. 订单按时交货率不高

一般来说，一些对供应链运用比较充分的外贸企业，特别是一些大品牌外贸企业，其订单按时交货率比较高。例如香港利丰集团，由于其实行供应链管理时间较长层次较高，对供应链的各环节把握较好，该公司订单的按时交货率较高。而国内纺织服装外贸企业多为中小型企业，在排单能力、产业链管理能力以及资金实力等方面比较欠缺，对供应链各环节的把握不够，特别是各企业在信息共享、纵向合作等方面具有一定的滞后性，这就造成了其订单按时交货率不高，影响公司信誉。

3. 纺织服装外贸供应链衔接不够流畅导致物流停滞时间较长

成熟的供应链平台要求产供销各相关环节无缝对接，高效运行才能具有竞争力。国内很多纺织服装外贸企业在实行供应链管理中还处于探索和低层次阶段，加上信息平台的滞后，从原材料采购到生产保存，再到成品配送整个流程时间较长，有的中间甚至出现断层现象。物流成本高时间长，供应链各环节的企业相互之间的配合不够流畅。它直接影响供应链管理效率和企业竞争力。

第五节　香港利丰集团供应链管理经验

香港利丰集团是一个传统进出口贸易商改造升级为供应链管理者的成功范例。香港是亚洲重要的经济贸易中心，而利丰集团是一家以香港为基地的大型跨国商贸集团。它于 1906 年在广州成立，在当时是中国首家经营进出口业务的华资公司。1937 年利丰在香港成立有限公司。20 世纪 90 年代中期开始，利丰集团开始多项并购活动，贸易业务是集团中历史最悠久和最重要的部分。以美国、欧洲和日本为主要出口市场，采购基地集中在亚洲。出口产品以成衣为主，还兼营其他消费品。利丰贸易不仅为供应商和客户提供中介服务，还为国外客户提供整条出口供应链的各种增值服务，如市场研究、产品设计与开发、原材料采购、供货商选择、生产安排和管理、质量监控、物流和融资等。该公司在面对国内大量外贸企业和制造商的激烈竞争中，已经领先一步，率先转型供应链管理公司，为外商提供增值服务。

一、利丰集团供应链管理的七个理念

利丰集团在公司转型供应链管理的实践中，总结出供应链管理的七个重要理念即：

（1）以顾客为中心，以市场需求拉动作为原动力；

（2）企业应该专注自己的核心业务，建立核心竞争力，在供应链上明确定位，将非核心业务外包；

（3）供应链上各个企业密切合作，共担风险，共享利益；

（4）对供应链上工作流程、物流流程、信息流程和资金流程进行设计、执行、修正并不断改进；

（5）利用信息系统优化供应链运作；

（6）缩短产品完成时间，使生产尽量贴近实时需求；

（7）减少采购、库存、运输等环节成本。[①]

利丰集团经过多年的供应链运作，对供应链管理有深入的理解。根据上述供应链思想，利丰集团从管理层到员工转变思路，真正以客户的需求为宗旨，以客户提供价廉物美的产品为目标，定位自己的核心业务和竞争力，与关系企业密切合作。公司内部重新设计业务流程，并建立与供应链相适应的机构和信息系统。流程设计、机构配置和信息系统建立同时进行。这样完成对企业内部的改造。对外则通过多年贸易客户积累，优选合作伙伴，建立长期合作关系，建立有效率的业务流程。在优化供应链的过

---

① 利丰研究中心. 供应链管理. 香港利丰集团的实践［M］. 2 版. 北京：中国人民大学出版社，2009：30.

程中，企业的对外业务流程必须与合作伙伴的流程结合，而与合作伙伴的流程结合特别是信息系统配合更是难点。这就是利丰集团完成供应链平台的关键所在。利丰集团需要考虑合作伙伴的意见，了解对方的信息系统情况，在设计信息平台时考虑如何与供应链上合作伙伴的配合。供应链管理平台设计后，还需通过日常的业务运作，听取各方意见，不断修改和完善，使企业供应链真正高效实用，给企业带来利益。

二、从案例看利丰公司供应链管理的主要做法

利丰公司转型供应链管理的主要做法是将价值链进行分解，对产品进行"分散生产"，如将产品所需的材料，产品的不同工艺阶段加以区分，然后分别在他们认为最合适的企业和最合适的地方生产。利丰公司将更多的低附加值的环节外包给国内外企业，而附加值高的初始环节（如接收订单、设计产品）和结尾部分（如包装、销售等）由自己承担。如图 5-5 所示：

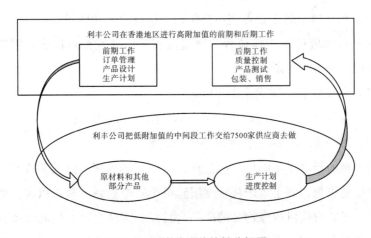

图 5-5 利丰公司价值链分解图

利丰公司虽然通过业务外包，但是它掌控整个供应链各节点的管理、协调与控制。利丰公司的产品由外包企业生产，但产品的商标和生产厂家不是生产企业的，而是利丰企业公司。利丰在供应链管理当中有效地控制和组织整个供应链，而使其成本大大减少，增加了产品的竞争力。它是供应链管理环境下的一个成功的典范，为各企业提供有实践意义的价值。通过下面这个案例，让我们更直观了解利丰如何运作供应链。

案例：利丰公司现有一份订单，顾客是美国的一个零售商，他订购了15万件夹克衫，但是他未详细说明他所需要的款式与颜色，并要求利丰公司在6个星期之内交货。利丰公司的做法是：首先，他们根据该零售商不是很详细的订货信息，制作出几种样品，供零售商选择和确认。其次，他们在韩国选择最好的纱产品企业采购纱（韩国的纱产品的质量和价格在全球内是最有竞争力），直接将其运到台湾进行纺织和染色（台湾的纺织印染成本较低而且质量好）；同时，在中国内地的分厂的日本 YKK 公司采购拉链和纽扣（日本的拉链和纽扣在全世界质量是最好的，在中国生产是因为中国的劳动力成本低）；接下来，再把布和拉链及纽扣制成品等运到泰国，选择泰国6家最好的服装厂同时进行生产；最后，再由利丰公司标上自己的商标并包装。利丰公司在规定的交货时间内交货，如图 5-6 所示。从这个案例可以总结出，利丰公司供应链各个环节进行分解，而自己在整个供应链过程中扮演指挥者的角色。利丰集团在全球范围内寻找最适合的零部件等原材料，这使它的产品比同类产品具有竞争力，其中各环节的企业也获得很高的效益，真正实现了"共赢"。

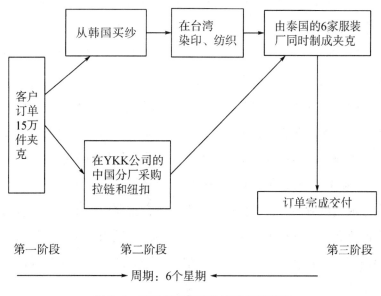

图 5-6　利丰集团服装生产供应链案例

三、利丰集团供应链管理模式的成功经验

从上面案例可以看出，利丰公司已经不是简单的买方和卖方之间的中间人，实现了供应链管理的延伸。特别是供应链上游的伸展使利丰公司成为供应链的管理者和协调者。它从外商的需求出发，放眼全世界，在原料采购和生产组织上从全世界选择最有竞争力的合作伙伴。它的贸易业务集中在供应链的上游，其工作原理在于分析客户的需求，设计和开发产品，选择原材料供应商和产品制造商，制订产品分段生产计划，监控产品生产和质量等。把非核心业务如物流等外包，发挥最大效益。其核心竞争力在于拥有世界范围的庞大的采购网络和全面管理能力。

如果详细研究利丰公司的内部管理架构，我们还会发现利丰的业务组织架构是以客户为中心来构建。它将一线业务分成170多个组别，每个组别为一家或几家客户提供专门服务，每个组别成员更了解产品和客户需求，沟通更及时和密切，提供更好的服务。①

总结利丰集团的供应链管理经验，我们可以得出以下关键点：

（一）企业与供应链各个环节企业建立良好的战略伙伴关系

从上面的案例可知，要在6个星期之内，完成产品的一系列工作，保证15万件夹克衫能准时交到买方手中，这与供应链上的各个环节企业建立良好的合作关系是必不可少的。供应链的运作是需要整个过程的周密计划和有效地组织和管理，在这当中如果没有与供应商建立彼此信任和良好的合作关系，就无法保证定制化生产的按时交货。从这个方面上说，与供应商建立"共赢"的战略伙伴关系，是实施供应链管理的保障。

（二）企业应成为供应链的管理者

企业成为供应链的管理者对企业而言是最重要的。这需要作为供应链管理者的企业必须具有核心竞争力，才能做到对整条供应链的掌控。对利丰公司而言，它必须有稳定的客户需求，对服装产品及其原材料供应有十

---

① 利丰研究中心. 供应链管理. 香港利丰集团的实践［M］. 2版. 北京：中国人民大学出版社，2009：90.

分丰富的经验和熟悉度，拥有全世界众多的原材料和产品供应商和制造商，才能使这些合作伙伴围绕在它身边，一起完成产品的生产和销售。这里的供应链环节的企业有供应商、生产企业、中间商、最终用户。实行供应链管理的企业应该对每个环节实施管理，包括对生产过程的组织和质量控制，以及对供应商的管理等，才能实现对顾客个性化的需求，达到降低库存、缩短生产周期、降低成本、保证按期交货的目的。

（三）供应链管理的核心是对价值链进行分解和管理

价值链的分解，即对供应链环节中的产品设计、原料采购、零件加工、包装产品到最后营销的整个过程进行分解，分析和提出每一个环节最优的选择，然后对其优化与控制，并在国内外选择最合适的企业进行合作。利丰公司将价值链中两个附加值高的业务即产品研发（供应链上游环节）和市场营销（供应链下游环节）设在总部香港，由他们自己来完成；而将价值链中附加值低的中间环节（如加工、装配等）交给其他企业去做。利丰通过分散生产，集中各地区企业的优势，可以降低整个供应链的总成本，从而达到以最小的成本生产出最优的产品，实现了真正意义上的"全球化生产"。

国内的纺织服装外贸企业要转型供应链管理模式，必须找出自己的差距和不足，调整自己的经营战略，充实经营能力，增强竞争力，否则离供应链管理的要求还差得很远，不仅成不了供应链的管理者，甚至会被排除在供应链之外，被淘汰出国际竞争。

第六章　纺织服装外贸企业供应链建设与前景

第一节　纺织服装外贸企业供应链建设措施

纺织服装外贸企业供应链转型对于改变传统外贸经营模式，重建外贸企业的竞争力，扩大企业生存空间，具有重要意义。目前，越来越多的外贸企业都在实践和探索供应链管理模式。尽管很多企业目前的供应链管理还处于初级阶段，但只要目标定位清晰，措施得力，纺织服装外贸企业供应链管理平台会逐步建立起来，并不断修正提高，使企业真正走上供应链管理之路。外贸企业供应链平台的高效运行，需要多方面相应配套方案和措施。

一、转变经营观念，构建外贸企业在供应链管理的核心地位

供应链管理理念要求外贸企业作为供应链核心企业应该参与产品设计、采购、生产、运输等各个环节的管理，打破传统的经营模式，增强核心竞争力。注意加强供应链上游的产品设计、研发环节和下游的品牌、营销等高附加值环节，不断向供应链的两端延伸。外贸企业作为供应链上的核心企业，要逐步创建自主品牌，通过产品设计和国外订单引领，对原料、半产品和产品的生产过程进行质量监控和随时调度，利用信息平台和整体银行融资介入，物流过程把控，把链上所有企业紧密联系在一起。这

就是供应链企业的核心竞争力提升。

从供应链管理的角度出发，完善纺织服装外贸企业的服务链，实现价值增值。

（1）对于主要从事出口贸易的外贸企业，其增值服务可以从产品方面着手，进行创新，缩短其产品的生命周期。同时，从原材料采购、设计、产品的生产、贸易、运输等方面为国外市场的中小批发商、零售商提供自己的核心服务，而对于非核心业务部分，进行外包，从而及时满足其需求。

（2）对于主要从事国外产品经营分销的外贸企业，特别是批发及代理品牌的中间商，应该提供一条龙服务，即集生产、销售、物流为一体，从而完善其服务链，提供增值服务，保持优势。

从经营产品角度来看，企业的具体做法可以是：

（1）外贸公司如果以出口生命周期较短的创新型产品为主，应该针对国外大型企业、各大中型的商场以及跨国公司等提供包括设计、原材料采购、生产、运输、零售等全套业务方案。企业应该将其资源优势集中在其核心业务上，充分发挥其在特定国家和地区的采购网络优势和管理能力，把次要的生产运输等外包给其他公司。

（2）外贸企业如果以进口国外品牌服装为主，那么企业应致力于建立覆盖本国和特定区域的经销网络，为其产品提供配套的生产、物流服务。针对各类专卖店、批发商、零售商进行产品市场推广，发挥其分销管理和销售能力的核心优势。

二、实行组织变革，使运营管理更符合供应链的要求

供应链管理的实施要求纺织服装外贸企业建立更加灵活的组织机构。传统的纺织服装外贸企业采取"因职设岗"的方式，建立一种程序繁杂的层级式组织，信息共享度低，无法适应供应链的需求。组织变革的具体做法可以是：

（1）以供应链的管理者为核心，建立以项目为核心的部门，依靠信息技术，并辅以设计、生产、运输、销售等国内外机构的相关人员。

（2）基于供应链管理设立的部门较为灵活，并且是以客户需求为核心，针对某类产品或某类客户群设计一条供应链。香港利丰集团就是以项目为核心建立了多条产品订单供应链，取得高效优质的供应链管理。

（3）公司管理层应着重对信息流、资金流进行管理，在公司战略层面对供应链管理的方法、绩效进行及时有效的调整。根据供应链战略的需求，重新审视供应链，运用精益思想，消除一切不增值的环节，优化控制，实施统一的质量管理体系，实现业务流程的再造。

三、专注自身核心业务，建立供应链互信伙伴关系

纺织服装外贸企业应专注于自己的核心业务，选择合适的供应商，分销商，物流公司作为自己的合作伙伴，从而提高合作效率，形成优势互补、风险共担、利益共享的合作伙伴关系。供应链各环节的企业依靠网络信息技术，实现资源共享、信息共享，以最快的速度满足客户的需求。

（一）培养外贸龙头企业，转变角色协同发展，成为供应链管理者

纺织服装外贸企业实现由传统的中介变成供应链管理者的角色转变。外贸企业非常了解当地的原材料供应商、制造商，同时具有一定的行业经验，拥有一大批熟悉产品的专业人才，也积累了一定的客户关系，这有利于其发展供应链管理。各地区主管部门和行业协会应该从培育纺织服装行业龙头企业着手，并由其带动，形成供应链的协同效应。扶植大企业尽快实现供应链改造，带动中小企业构建自己的供应链或加入大企业的供应链平台。以福建为例，福建的纺织服装企业发展较早，已经形成一定规模，特别是服装生产与销售在全国也是走在前列的，但福建大型纺织服装企业较少。据统计，福建省纺织服装外贸企业大概有 6 504 家，其中，民营、私营中小企业占主导，出口额在 1 000 万美元以上的企业大概有 442 家，占 6.64%；出口额上亿美元的企业却只有 18 家，仅占 0.28%。福建纺织服装外贸企业十分缺少龙头大企业带动其发展。同时，福建纺织服装外贸企业在产业链上的产品设计、广告、物流、售后服务等辅助领域比较薄弱，在一定程度上影响了整个产业集群发育。因此，培育龙头企业有利于形成产业集群，从而带动其他中小企业积极实行供应链管理，完善相关的

合作机制，建立战略联盟，实现优势互补，形成管理、财务、技术等多方面的协同效应。

（二）建立产业集群形成规模效应

产业集群是建立专业产品供应链的重要基础。目前国内几大产业经过多年发展都已形成自己的产业群，合作企业众多。应该利用目前纺织服装产业集群，形成规模效应，大力引导纺织服装产业的纵向整合与横向的联系，进一步深化企业的分工，引进先进的技术、设备，提高产品的质量，从而促进纺织服装产业集群由低级到高级、由小到大的进化。外贸企业应该依靠产品的产业集群基础，高效整合供应链线上合作伙伴资源。

（三）在全球范围选择扩大合作伙伴

外贸企业作为供应链管理者具有长期积累的外贸经验，对本地的原料供应商、产品制造商十分了解，拥有一批熟悉产品和外贸流程的专业人才，积累了一定的客户关系。外贸企业应在这些优势的基础上选择一批优良的合作伙伴，通过多年贸易实践，形成高效优质的供应链网络。

目前供应链的发展伴随经济全球化体现出全球供应链的发展趋势。外贸企业应该注意扩大供应链合作伙伴的选择范围，在全球范围内以价值最大化为目标选择供应链需要的原料供应商、产品设计商、生产商、物流配送企业和产品分销零售商。特别是随着中国生产成本日益提高，在全球范围内加强分工和协作对外贸企业供应链构建日益重要。企业眼光应该放眼全球，实现企业供应链管理效益最大化。这一点上香港利丰公司就是典型代表，取得了较好的供应链管理效益。

（四）建立供应链上合作企业间的信任关系

（1）各成员企业之间应加强合作，改善沟通，以此来增进企业间的信任关系。

（2）企业的文化是企业发展的根基，相似的企业文化会让企业的思维和运作具有更高的一致性，所以企业间应该互相了解各自的文化特点，通过文化的培训管理，提高决策的透明度，建立一个基于共同信任的文化基础。

（3）为了避免因利益冲突而做出违背供应链整体利益的行为，企业还应建立一个规范机制。这个机制至少应包含两点：一是平等的利益分配，即对等的企业的利益和责任；二是有效的风险防范，即由各成员企业协调制定违约的惩罚机制，从而减少各成员企业因利益驱使而做出危害供应链上其他企业的行为，有效地建立并巩固成员间的信任关系。

（五）建立有效的激励机制

（1）采用技术支持的激励方式。企业之间由于支持软件、管理水平的差异导致企业信息处理能力和业务能力有所差别。因此，供应链上的核心企业可以为实力较弱的企业提供技术支撑，从而增强供应链成员企业的凝聚力。

（2）采用价格的激励方式。价格激励即供应链上游的企业针对其下游企业所提供的信息进行价值评估，再确定供货价格高低。这样下游企业为争取最有利的报价，必将提供最有价值的信息，从而有效地改善上下游企业的合作状况。

（3）采用订单的激励方式。订单激励作为一种直接的激励形式，主要是运用在由下游企业到上游企业的营运过程，即上游企业共享的信息有效地减轻下游企业的风险，作为回报，下游企业就会给对方更多的订单，使得企业信息共享的程度得到进一步的提升。

四、建立信息共享的信息平台

供应链管理需要高效和信息共享的信息平台。供应链上的合作伙伴必须能快速在信息平台分享信息，以便快速科学决策。但目前企业之间信息交流缺乏，长期作为竞争对手而非合作伙伴导致供应链上下游信息不能够同步、及时共享。作为供应链合作企业，信息能否实现充分共享，直接影响管理决策的科学性。市场信息的不统一，使得管理决策缺乏依据，外贸企业作为供应链管理者只能根据预测做出不准确的决策，增大管理难度。

信息共享平台是供应链管理的命脉，互联网境下外贸企业供应链管理中应用的信息技术主要是 Internet/Intranet/Extranet 技术、EDI 技术、GPS 技术和数据库。外贸企业可以借助 Internet 来完成交易前买卖双方的谈判和合同履行过程中的信息交流。利用 Intranet 提高内部信息沟通的速度和安全性。出口货物装运后，按照买卖双方合同的支付条件，正确制作各种单据并在有效期内完成结汇手续。很多外贸企业的制单结汇由财务部门完成，业务部门和财务部门可以通过 Intranet 可以实现低成本、高效率的信息共享，使业务更加流畅。供应链平台的信息共享应包括生产计划、销售数据、采购计划、生产进度、市场变化等方面的信息，通过 EDI 技术在供应链成员间构建一个畅通的信息共享渠道。GPS 技术和 REID 系统协调管理仓储、运输和零售商信息。通过信息平台的建设使信息达到共享，使供应链每一节点企业都能掌握顾客需求信息，有助于减少长鞭效应。同时，节点企业可以通过信息平台查询统计分析历史数据，预测和综合计划，更好地适应多样化市场需求。

外贸企业在筛选好的合作伙伴基础上，需要借助企业外信息技术人才和培养本企业信息人才，建设自己高效共享的信息平台，使企业供应链管理平台达到高效管理的要求。

五、成为供应链物流服务集成管理商

目前一般外贸企业不可能投入大量资金、人力、物力来建立自己的配送网络，而是通过外包将物流等非核心业务，包给第三方物流来完成。外贸企业可以专心从事国际贸易核心业务，由专业的物流企业完成原料和产品的配送。这有利于降低物流成本，提高物流水平。外贸企业在整条供应链的物流环节是作为供应链物流服务集成管理商，设计和监督供应链物流运作方案，集约化的设计管理物流网，在满足个性化需求的同时提高物流运作效率，缩短物流周期，实现物流运作的高效性。外贸企业不是具体的物流服务提供商，不开展具体运输、仓储、配送服务，主要通过第三方物流将货物进行运输、配送、存货。外贸企业对物流服务的管理主要通过信息平台的链接，信息流成为供应链上所有节点企业的纽带。

六、引入银行支持，提供供应链融资服务

目前国内的服装外贸企业及供应链上的服装供应商以中小型企业为主，资金紧张、融资难是供应链各节点企业普遍存在的问题。通过供应链

平台的搭建，商业银行介入供应链金融，供应链上合作企业较容易获得融资支持。

所谓供应链金融是银行围绕供应链的核心企业，管理上下游企业的资金流和物流，银行从把握单个企业的不可控风险变为掌握供应链企业整体的可控风险，通过平台信息，将风险降到最低的融资服务方式。一方面，协同管理整个供应链管理资金结算；另一方面，利用与物流商的长期合作，借助物流金融模式，以物流商为核心，凭借物流舱单向银行贷款，为企业较快融得周转资金，缓解资金紧张，融资难的困境。供应链融资方式通过应收账款、预付账款和存货为质押物，链上的中小企业就可以比以往容易，以合作伙伴之间的交易关系获得银行资金支持，加速企业资金周转，保证企业正常经营。因此，银行介入供应链融资服务，有利于大量中小企业围绕核心企业，共同合作，并通过资金纽带加固链上各环节之间的关系，供应链运作得以稳固和发展。外贸企业作为核心企业，在建立供应链平台过程中，应该多争取银行的支持和介入，以保证供应链资金运转。金融机构借助供应链核心企业的信用，依靠第三方物流企业的参与来分担贷款风险，更有利于金融机构解决对中小企业放贷的困难和瓶颈。而中小企业通过较便利的融资，更愿意和需要加入以外贸企业为核心的供应链平台。

七、重视供应链企业的人才培养

服装外贸企业普遍存在人才流动性大，员工队伍不稳定的问题。相关统计数据显示，国际上企业正常人才流动率在15%以下，而目前我国企业人才平均流动率为28%，一些中小企业人才流动率甚至超过了50%。我国的服装外贸企业绝大多数为民营中小企业，人才大量流失导致管理人才、技术人才缺乏，进而企业内部组织机构不完善，管理水平跟不上企业发展，反映出中小企业内部管理薄弱，限制企业转型升级。为了避免陷入人才流失给企业经营带来困难，可以组建供应链人力资源共享库，加强优秀人才和技术知识在供应链成员间共享。供应链人力资源的集成优化，需要成员企业将优秀人力资源信息共享到资源库，供应链人力资源共享库的管理者再根据成员企业的共享信息进行集成管理，人员统一组织并针对性地培训学习，合理分配供应链的人力资源的同时做好人力储备共享，及时为人才流失成员补充人才；通过经常性的组织培训学习提升整个供应链人力资源的技术、知识水平，供应链成员间共享人员培训管理的经验等。

供应链平台的构建和成功运转关键在于企业有一批高素质的人才。实行供应链运作的外贸服装企业，不能像以往传统的外贸企业只关注国外订单和外贸操作。

其业务人员不仅应该懂外贸知识和外语，更重要的是熟悉经营产品的专业知识和生产流程。企业应该根据供应链管理要求，结合自身产品特点和要求，加强员工的培训，并注意引进优秀人才。这是企业核心竞争力提高的根本保证。

八、获取政府管理部门支持

企业的经营活动离不开政府管理部门的支持和配合。为供应链管理模式的加快推进，政府部门应该加快政策法规的配套制定和实施，加速电子商务法规，商品信息标准化等政策的推进，积极推动物流发展。加快实施和完善电子口岸交易系统的建设，方便外贸供应链企业的接入和信息共享。对率先实施供应链管理模式的企业，政府应该给予税收、金融、通关等政策的倾斜和支持。鼓励外贸企业尽快落实中央经济体制改革的精神，引导大型外贸企业在外贸经营模式改革中先走一步，带动全国外贸体制和经营模式在新时期的变革和创新。

第二节　纺织服装外贸企业供应链运作机制建设

基于纺织服装外贸企业提高产业附加值的战略定位重构的运营模式，可以通过建设供应链合作伙伴关系、供应链信息共享机制、供应链协调决策机制、供应链利益分配机制和供应链产品研发机制这五个部分来支撑新供应链的运作。

一、供应链战略伙伴关系建设

目前将非核心业务外包，集中有限企业资源发展核心业务，提高企业核心竞争力已成为不可扭转的趋势。外包业务涉及合作伙伴关系的管理问题。服装外贸企业作为服装供应链上的一个节点企业，需要与其他节点企业合作，最好能够签订长期契约开展长期合作，既可以减少企业间的交易成本又可以增进彼此的合作关系，为建立战略合作伙伴关系打好基础。而建立战略合作伙伴关系，还需要解决好以下几个问题：

（一）信任机制建设

（1）服装外贸企业选择诚信度好的供应商、制造商、零售商、分销商作为合作对象的同时做好信誉管理，建立信誉管理数据库，通过信誉指标评比体系，对合作对象评级；

（2）做好利益分配工作，协调供应链下游的分销商和零售商给予供应链上利润低的上游企业一定的利润补偿，比如说拿出一定比例的利润回馈给上游企业或者是帮助上游企业改善技术、提高管理水平等；

（3）构建良好的信息交流平台，加强供应链上下游企业的共同交流，增进彼此的了解，逐步培养信任度；

（4）开展长期合作，采用签订长期合同方式，降低交易成本的同时增进企业间的了解，在长期接触中，慢慢形成信任。

（二）企业文化融合

供应链节点上的企业各有各的企业文化，要合作，要建立战略合作伙伴关系，解决不同企业文化间的融合问题至关重要。要做好文化融合，一定要做好企业文化的整合，找出各个企业文化的闪光点，评估这些闪光点的发展性，并积极推动不同文化的整合，弃其糟粕，择其精华，在整合的基础上重塑新的企业文化。企业间可以经常开展文化交流活动，比如举办供应链成员间企业文化知识有奖竞赛，企业经常互派人员交流学习，年终举办联合企业文化嘉年华等。

（三）激励机制建设

建立奖惩激励机制，奖励忠于合作伙伴的企业，惩罚失信、不诚信的合作伙伴。引入绩效管理机制，对成员企业进行绩效评估，绩效好的成员企业可以获得一定奖励，反之，绩效差的成员企业则要受到一定程度的惩罚。对一些诚信差，绩效不好的企业，作为供应链管理者可以将他们剔出供应链，保证供应链的良好合作关系和运作效率。

二、供应链信息共享机制建设

基于纺织服装外贸企业作为整条供应链的信息交流中心，外贸企业要做好各个供应链成员的信息筛选整合。而信息的整合需要强有力的信息系统的支撑，外贸企业在硬件上要构建好信息共享平台的设备，软件上要做好支撑信息平台的应用软件开发和信息共享的管理。

（一）开发供应链云信息中心，降低供应链成员的信息化门槛

供应链信息共享物流平台的构建，纺织服装外贸企业可以借助公共信息设施和自购计算机设备等，建立一个小型的信息处理站，配备相应的技术操作人员、设备维修人员以及管理人员。外贸企业可以自购或者联合供应链成员合资向相关软件开发商购买供应链信息共享管理软件，比如常见的企业资源管理系统 ERP 管理软件，根据业务发展需要，让软件开发商对软件升级和新功能开发，不断开发设计适应供应链信息共享平台建设发展需要。

（二）供应链信息共享技术、管理机制建设

纺织服装外贸企业可以经常组织信息技术人员、管理人员出国或到国内高校去培训学习，提高企业信息技术人员的专业水平和信息管理人员的管理水平。同时下派技术人员到供应链成员企业进行技术培训，通过提高供应链上各个节点企业的信息技术水平来提高供应链整体信息技术水平。建立供应链信息共享的相关管理制度，组织供应链成员企业派代表签订信息共享保密协议，派人员讨论制定信息共享规范手册或制度，统一共享标准，完善共享约束。企业建立监督小组，监督共享执行情况等。

三、供应链协同决策机制建设

供应链协同决策机制可以缩短整个供应链的决策时间，挖掘时间价值，同时各个成员企业做决策时需互相理解支持、密切协作，力求多方共赢。

（一）组织结构变革

供应链组织机构的设计核心就是供应链协同决策部门的设计。供应链协同决策部门的设计可以采用"金字塔模式"组织模式，即整个供应链设立一个总的协同决策部，由各个成员企业派人员或成员企业共同推选人员到总决策部，同时每个企业又在自己的决策部门里设立协同决策小组或直接增设协同决策部门。

（二）供应链流程变革

供应链流程应该相应跟着组织结构进行变革。未进行协同决策前，决策是分环节下达的，实现协同决策后，整个供应链决策同时下达，只有改变供应链流程才能及时执行决策。建立协同决策管理平台，将供应链的营销环节、生产制造环节、原料供应环节联合在平台上协同管理，缩短流程，消除无效等待时间。

四、供应链利益分配机制建设

以激励机制、风险分担机制、基于供应链贡献分配利益机制来支撑建设供应链利益分配机制。

（一）激励机制建设

建立良好的激励机制，可以通过制定奖励制度，列明物质奖励标准。企业也可以通过绩效考核，根据考核成绩实施奖励或惩罚。

（二）风险分担机制建设

可以事先做好风险预测防范并提供一定的风险解决方案，再根据企业所获利益大小分配风险承担份额，签订风险承担分配协议等，并且根据成员企业发展情况变化，不断调整企业的承担风险比例，协调好整个供应链的平衡。

（三）基于供应链贡献分配利益

引入整个供应链的绩效考核体系，评估各个成员企业的绩效，即各个成员企业对整个价值链的贡献值，根据贡献值大小来分配利益，而非根据企业规模大小来分配利益。

五、供应链产品研发机制建设

产品设计和研发是供应链上游的主要增值部分，对企业竞争力提升和供应链发展具有至关重要的地位。针对我国产品研发资金投入不足现象，基于供应链的产品研发机制的构建可以缓解该现象。供应链产品研发机制建设可以从以下四个方面着手：

（一）注重对流行文化元素的捕捉，吸收文化元素到产品设计

加强供应链企业间的信息交流，交流涉及技术、管理等方面信息，同时可以成立市场信息反馈小组，专门负责市场信息反馈的信息收集、整理，为产品研发提供市场需求信息，尤其要注重对流行文化元素的捕捉，通过市场反馈信息的分析处理，吸收文化元素到产品设计中。意大利的 ZARA 服装公司，对流行文化的追踪和及时跟进就是成功的范例。它保证了企业服装设计的前瞻性和流行性，更好地满足消费者需求，并引领服装流行趋势，形成自己独特的文化元素。

（二）供应链内部协同研发

成立供应链协同研发部门，集合供应链研发人员组建协同研发团队，由供应链成员共同出资、管理产品研发，能提供技术支持的提供技术参与研发，能提供资金的就出资参与，也可以派技术管理人员参与协同研发管理。企业供应链形成产品创新和设计的合力。

（三）引入消费者参与研发设计

针对个性化市场需求，除了可以采用延迟制造战略，进行模块化生产外，还可以引入消费者参与产品研发设计。消费者参与研发设计，可以让消费者参与一些技术要求较低的环节，比如包装设计、图案设计、造型设计等，可以采用有奖投稿鼓励消费者参与或者类似 DIY 设计方式，让消费

者自己动手组装等。

（四）产品研发设计模块化

为了缓解服装行业的库存积压问题，更好地满足客户的个性化需求，产品研发也需采用延迟制造战略，产品研发设计模块化，设计研发不同模块的产品，消费者最终根据需求将不同模块进行组合形成符合其需求的最终成品。

第三节　纺织服装外贸企业未来前景

中国的纺织服装工业已经奠定很好的工业基础，纺织服装产品一直是我国出口的主要产品和贸易顺差的主要来源，反映了中国在纺织服装产业的优势。虽然随着中国劳动力、原料等生产要素成本逐年提高，纺织服装产品受到周边发展中国家的竞争压力，国外市场需求放缓的影响，但应该看到纺织服装产品在今后一定时期内仍是我国重要的出口力量，具有竞争优势。

2017 年年底，商务部举行例行新闻发布会。据商务部新闻发言人高峰介绍，2017 年前 11 个月，我国外贸进出口累计额按美元计算为 3.7 万亿美元，同比增长 12%。预计全年我国外贸进出口总额将再次突破 4 万亿美元，对国民经济增长的拉动作用明显。近几年我国外贸领域坚定推进供给侧改革，外贸企业劳动效率、资本效率、资源环境效率等得到有效提升，产品品种、质量、档次向中高端化、智能化的方向发展。从总体上说，我国的外贸进出口正在由高速增长的阶段转向高质量发展的阶段，发展的潜力正逐步得到释放。这与我国产业调整和转型是同步的。外贸企业的改革也已经进行多年，应该在变革企业经营模式上加快步伐。

目前全球产业发展和国际分工体现出全球价值链的模式。随着中国经济的发展和生产要素成本的变化，中国目前进行的产业结构调整与升级必然逐步从简单加工的劳动力密集型生产的低端环节向着研发和生产等资本密集型和知识密集型的高端环节升级。纺织服装业也是如此，而且具备转型升级的条件和基础。中国目前经济逐步融入国际经济和全球化特征，各产业已经参与到全球价值链中。但当前世界的全球价值链一直是欧美等发达国家占主导地位，他们占领全球价值链的高端环节，中国只是被动地加入全球价值链的低端，贸易条件严峻，大部分产品走低价和大批量的路线。纺织服装产品正是反映了这种状况。中国要摆脱在全球价值链的这种地位，必须在我国新一轮的产业升级中，发挥自己的产业优势，重新构建一条自己的全球价值链，使自己成为全球价值链或是区域价值链的主导。只有这样才能根本改变我国的贸易环境和地位，从贸易大国变为贸易强国。

中央提出的"一带一路"倡议就是未来中国产业升级和走向贸易强国的重要举措。中国如果不摆脱比发达国家不利的价值链地位，成为全球价值链的高端，我们经济的进一步升级和国际竞争力就不可能实现。"一带一路"国家在世界经济持续低迷的情况下，都保持了良好的经济发展势头。而欧美等发达国家的经济始终处于低迷的状态，国内需求增长缓慢，无法消化中国大量的商品输出。亚洲和非洲等"一带一路"相关国家的经济更有活力，市场潜力巨大。中国与他们的经济合作和贸易不断增长，贸易潜力具有很大的提升空间。从双方产业互补来看，"一带一路"国家中大部分是尚未完成工业化的发展中国家，发展阶段较中国落后，这些国家自然资源和劳动力要素较充裕，生产成本较低，而中国目前自然资源和劳动力成本不断提高。中国很多产业，特别是纺织服装产业基础雄厚，技术成熟，具备对外投资合作的条件和基础。在纺织服装价值链中占据主导地位。中国经过这些年经济的快速发展，已经是仅次于美国的全球第二大直接投资来源国。因此，中国与"一带一路"国家构建新的主导型全球价值链具备现实条件。我国纺织服装企业应该增强紧迫感，利用国家有利的政策和措施，尽快建立自己主导的纺织服装供应链。

根据中国海关统计，2017年1-12月，全国纺织品服装累计出口总额2 669.5亿美元，较去年同期增长1.53%（以人民币计同比增长4.35%），扭转了连续两年的下降局面。其中，纺织品累计出口总额1 097.7亿美元，

同比增长 4.46%（以人民币计同比增长 7.42%）；服装累计出口总额
1 571.78 亿美元，同比下降 0.42%（以人民币计同比增长 2.31%）。中国
纺织服装出口还是保持领先地位，总体金额和数量都是巨大的。但应该看
到目前纺织服装外贸企业发展中困难重重，纺织服装产品出口低于整体货
物出口表现，纺织服装行业出口形势仍然较为严峻。目前及未来的中国纺
织服装国际市场面临新的形势和分工态势，中国的纺织服装外贸企业必须
积极应对困难和机遇，调整企业战略，在国际竞争中立于不败之地。

未来中国纺织服装国际贸易所处的市场竞争环境和发展方向主要表
现为：

（1）欧美等发达国家经济增速放缓，短期内进口需求增长有限，对中
国纺织服装的贸易保护措施不断增多，针对中国产品的各种反倾销反补贴
（双反）案不断增加。我们的纺织服装出口贸易发展的国际环境并不乐观。
一味以低价竞销的出口贸易必须改变，争取有利的贸易条件，以利于我国
国际贸易的健康持续发展。

（2）以越南、孟加拉国等为代表的东南亚和南亚国家在服装产业竞争
力不断加强，原料和劳动力成本不断提高优势，对我国纺织服装产品出口
冲击加大。他们从发达国家争取大量订单，特别是中低附加值的服装出口
挤占我国的大批服装出口订单。

（3）人民币汇率逐渐放开，近期人民币升值加剧也给外贸企业经营增
加难度。外贸企业应该注意汇率的变动风险，与银行配合规避汇率风险，
避免给企业带来经济损失。以全球供应链视角，比较国内外原材料、中间
产品和成品加工成本，增加进口原材料比例，抵消人民币升值对出口贸易
的影响。

（4）中国纺织服装产业调整和转型升级已经开始体现。据中国纺织品
进出口商会发布，2017 年纺织品出口占比提升至 41.1%，服装出口降至
58.9%，首度低于六成。纺织品出口增长 4.2%，服装出口下降 1.4%。纺
织品中大类商品纱线、面料和制成品出口全面增长，增幅分别为 7.8%、
4.1% 和 3.5%，服装中针梭织服装合计出口下降 2.3%。这反映出中国纺织
服装业竞争优势的变化，以大机器生产和原料面料创新带动的中国纺织品

出口体现国际竞争优势，不断增长。而简单加工的中低端服装出口在周边国家竞争压力下慢慢失去竞争优势，甚至出现服装进口增长的局面。中国纺织服装在全球的产业分工正面临新的变化。

（5）加大力度改变纺织服装纯加工的模式，从设计和创品牌入手，提高外贸企业供应链的增值，注重营销业务，摆脱以加工为主的"微笑曲线"底部。这样才能根本改变纺织服装外贸的经营模式，成为供应链的管理者和核心。

（6）供应链管理是外贸企业重新获得竞争力和持续经营的重要经营模式，外贸企业应该抛开旧的经营理念和经营方式，尽快建立自己完整的纺织服装外贸供应链。以全球的眼光，筛选合作伙伴，确立自己供应链管理者地位，顺应国家产业升级的步伐，更注重高质量的发展，改变经营模式，以供应链管理为转型模式，把产品做深做专，放眼世界，把企业经营融入全球价值链，重塑外贸企业的核心竞争力，发挥对国家经济的牵引作用。

附录 纺织服装出口贸易单证

附录 1 销售确认书

SALES CONFIRMATION

To Messrs. FUTURE TEXTILES CO., LTD.   S/C No.：TW20180301

168 WEST 53RD STREET, SUITE 1088, NEW YORK,   Date：Mar. 1, 2018

NY 10019, U.S.A.

We hereby confirm having sold to you the following goods on terms and conditions as specified below：

Art. No.	Name of Commodity & Specifications	Quantity	Unit Price	Amount
	PRINTED FABRICS		CIF NEW YORK	
	40X40 68X68 47" 100%COTTON			
18001	red	2 500 METER	US $ 2.30	US $ 5 750.00
18002	yellow	2 500 METER	US $ 2.40	US $ 6 000.00
18003	blue	2 500 METER	US $ 2.50	US $ 6250.00
			Total：	US $ 18 000.00
Total Amount in Words：SAY US DOLLARS EIGHTEEN THOUSAND ONLY				

Packing：   100 METERS IN ONE BALE, EACH ART NO 25 BALES, TOTAL 75 BALES IN
1X20' FCL

Shipment：FROM XIAMEN, CHINA TO NEW YORK, U. S. A. ON OR BEFORE APRIL 30, 2018
PARTIAL SHIPMENTS PROHIBITED AND TRANSSHIPMENT ALLOWED.

Payment：THE BUYER SHOULD OPEN THROUGH A BANK ACCEPTABLE TO THE SELLER AN IR-
REVOCABLE LETTER OF CREDIT PAYABLE AT SIGHT FOR 100% OF THE CONTRACT
VALUE TO REACH THE SELLER BEFORE MARCH 31 AND REMAIN VALID FOR NEGO-
TIATION IN CHINA TILL THE 15th DAY AFTER THE DATE OF SHIPMENT.

Insurance：TO BE COVERED BY THE SELLER FOR 110% OF THE CIF VALUE AGAINST ALL RISKS

AND WAR RISKS AS PER THE OCEAN MARINE CARGO CLAUSES OF PICC DATED 1/ 1/1981.

Confirmed by:

THE SELLER	THE BUYER
XIAMEN TOPWAY TRADING CO., LTD.	FUTURE TEXTILES CO., LTD.

林嘉瑞

　　　（signature）　　　　　　　　　　　　　　　　　　　（signature）

厦门拓威贸易有限公司　　地址：中国厦门厦禾路 168 号华悦大厦 15 楼　　邮编：361004

XIAMEN TOPWAY CO., LTD. 15TH FL., HUAYUE BLDG, NO. 168 XIAHE ROAD, XIAMEN 361004, CHINA

电话/Tel：86-592-5280288　　传真/Fax.：86-592-5280488　　www.topway.xm.cn

REMARKS:

1. The buyer shall have the covering letter of credit reach the Seller 45 days before shipment, failing which the Seller reserves the right to rescind without further notice, or to regard as still valid whole or any part of this contract not fulfilled by the Buyer, or to lodge a claim for losses thus sustained, if any.

2. In case of any discrepancy in quality/quantity, claim should be filed by the Buyer within 45 days after the arrival of the goods at port of destination; while for quantity discrepancy, claim should be filed by the Buyer within 15 days after the arrival of the goods at port of destination.

3. For transactions concluded on C. I. F. basis, it is understood that the insurance amount will be for 110% of the invoice value against the risks specified in the Sales Confirmation. If additional insurance amount or coverage required, the Buyer must have the consent of the seller before shipment, and the additional premium is to be borne by the Buyer.

4. The Seller shall not hold liable for non-delivery or delay in delivery of the entire lot or a portion of the goods hereunder by reason of natural disasters, war or other causes of Force Majeure. However, the Seller shall notify the Buyer as soon as possible and furnish the Buyer within 15 days by registered airmail with a certificate issued by the China Council for the Promotion of International Trade attesting such event (s).

5. All disputes arising out of the performance of, or relating to this contract, shall be settled through negotiation. In case no settlement can be reached through negotiation, the case shall then be submitted to the China International Economic and Trade Arbitration Commission for arbitration in accordance with its arbitral rules. The arbitration shall take place in XIAMEN. The arbitral award is final and binding upon both parties.

6. The Buyer is requested to sign and return one copy of this contract immediately after receipt of the same. Objection, if any, should be raised by the Buyer within 3 working days, otherwise it is understood that the Buyer has accepted the terms and conditions of this contract.

7. Special conditions: (These shall prevail over all printed terms in case of any conflict.)

附录 2 信用证

MT S700   PAGE 00001

ISSUE OF A DOCUMENTARY CREDIT

FUNC SWPR3

UMR 14635414

MSGACK DWS765I AUTH OK, KEY B6852DT5E5896814, BKCHCNBJ BOFAUS3N RECORD

BASIC HEADER   F   01   BKCHCNBJA300   2514   96851

APPLICATION HEADER   O   700   6814 BOFAUS3N 6323 938214 3268 560805 2514   N

* BANK OF AMERICA
* 100 WEST 33RD STREET
* NEW YORK, NY 10001

USER HEADER	SERVICE CODE	103：
	BANK. PRIORITY	113：
	MSG USER REF.	108：
	INFO. FROM CI	115：

SEQUENCE OF TOTAL   * 27 ：1/1

FORM OF DOC. CREDIT   * 40A：IRREVOCABLE

APPLICABLE RULES   40E：UCP600

DOC. CREDIT NUMBER   * 20：928LC43690374

DATE OF ISSUE   31C：18 0315

EXPIRY   * 31D：DATE 18 0515PLACE NEGOTIATING BANK'S COUNTER

APPLICANT   * 50：FUTURE TEXTILES CO., LTD.

          168 WEST 53RD STREET, SUITE 1088, NEW YORK,

          NY 10019, U. S. A.

BENEFICIARY   * 59：XIAMEN TOPWAY TRADING CO., LTD.

          15 FL., HUAYUE BLDG, NO. 168 XIAHE ROAD, XIAMEN

          361004, CHINA

AMOUNT   * 32B：CURRENCY USD AMOUNT US $ 18, 000. 00

MAX. CREDIT AMOUNT   39B：NOT EXCEEDING

AVAILABLE WITH /BY   * 41A：ANY BANK IN CHINA

          BY NEGOTIATION

DRAFT AT   42C：AT SIGHT FOR FULL INVOICE VALUE

DRAWEE   42A：BANK OF AMERICA

          100 WEST 33RD STREET

          NEW YORK, NY 10001

PARTIAL SHIPMENTS   43P：PROHIBITED

TRANSSHIPMENT   43T：ALLOWED

LOADING IN CHARGE   44E：XIAMEN

FOR TRANSPORT TO...   44F：NEW YORK

LATEST DATE OF SHIP.   44C：18 0430

DESCRIPT. OF GOODS   45A：

PRINTED FABRICS 40X40 68X68 47" 100%COTTON

18001/18002/18003 2500METER FOR EACH ART. NO

AS PER CONTRACT NO. TW20180301

SHIPPING TERMS：CIF NEW YORK

SHIPPING MARKS：FUTURE TEXTILES/ TW20180301/NEW YORK/C. NO. 1 - UP

DOCUMENTS REQUIRED 46A ：

1. SIGNED COMMERCIAL INVOICE IN TRIPLICATE SHOWING VALUE IN U. S. DOLLARS AND INDICATE FOB VALUE, FREIGHT AND INSURANCE PREMIUM SE-PERATELY.

2. SIGNED PACKING LIST IN TRIPLICATE.

3. CERTIFICATE OF ORIGIN ISSUED AND SIGNED BY CHAMBER OF COMMERCE IN 1 ORIGINAL AND 2 COPIES.

4. FULL SET OF 3/3 ORIGINAL CLEAN ON BOARD BILLS OF LADING PLUS 3 NON-NEGOTIABLE COPIES CONSIGNED TO APPLICANT MARKED 'FREIGHT PREPAID' AND NOTIFY APPLICANT WITH FULL NAME AND ADDRESS.

5. INSURANCE POLICY OR CERTIFICATE IN DUPLICATE, ENDORSED IN BLANK FOR 110 PCT OF THE INVOICE VALUE, STIPULATING THAT CLAIMS ARE PAYABLE IN THE CURRENCY OF THE DRAFT AND ALSO INDICATING A CLAIM SETTLING A-GENT IN USA, INSURANCE MUST INCLUDE：ALL RISKS AND WAR RISKS AS PER THE RELEVANT OCEAN MARINE CARGO CLAUSES OF PICC DATED 1/1/1981.

DETAILS OF CHARGES 71B：ALL BANKING CHARGES AND COMMISSIONS OUTSIDE OUR BANK ARE FOR THE BENEFICIARY'S ACCOUNT.

PRESENTATION PERIOD 48 : DOCUMENTS ARE TO BE PRESENTED WITHIN 15 DAYS AFTER SHIPMENT DATE BUT ALWAYS WITHIN LC VALIDITY

CONFIRMATION ＊49 : WITHOUT

ADDITIONAL COND. 47B ：

1. DRAFT SHOULD BEAR A CLAUSE 'DRAWN UNDER BANK OF AMERICA LC NO. 928LC43690374 DATED 2018 0315. '

2. BENEFICIARY SHALL FAX TO APPLICANT (FAX NR. 212 986-0333) WITHIN TWO WORKING DAYS AFTER SHIPMENT INDICATING：

+ DESCRIPTION OF GOODS, QUANTITY AND VALUE OF THE GOODS

+ DATE OF SHIPMENT

+ PORT OF LOADING AND PORT OF DISCHARGING

+VESSEL'S NAME AND VOYAGE NO.

+ B/L NUMBER

BENEFICIARY'S CERTIFICATE TO THIS EFFECT IS REQUIRED.

3 . ALL DOCUMENTS MUST BEAR OUR NAME AND LC NO.

INSTRUCTIONS TO THE PAYING/ACCEPTING/NEGOTIATING BANK 78 :

T. T. REIMBURSEMENT IS NOT ACCEPTABLE.

IN REIMBURSEMENT, NEGOTIATING BANK MUST DISPATCH ALL DOCUMENTS BY REGISTERED AIRMAIL OR AIR COURIER TO US IN ONE LOT.

A DISCREPANCY FEE OF USD110. 00 WILL BE DEDUCTED FROM THE PROCEEDS IF DOCUMENTS ARE PRESENTED WITH DISCREPANCY (IES) AND ACCEPTANCE OF SUCH DISCREPANT DOCUMENTS WILL NOT IN ANY WAY ALTER THE TERMS AND CONDITIONS OF THIS CREDIT.

附录3　汇票证

BILL OF EXCHANGE

No.　TW-INV0428

For　US$18,000.00　　　　　　　　　　XIAMEN　MAY 3, 2018
　　(amount in figure)　　　　　　　　　　(place and date of issue)

At　　****　sight of this　**FIRST**　Bill of exchange　(**SECOND** being unpaid)

pay to the Order of　BANK OF CHINA, XIAMEN BRANCH

the Sum of　SAY U.S. DOLLARS EIGHTEEN THOUSAND ONLY

(amount in words)

Value received for　　7500METERS　　of　　PRINTED FABRICS
　　　　　　　　　　(quantity)　　　　　　(name of commodity)

Drawn under　BANK OF AMERICA

L/C No.　928LC43690374　　　　Dated　MAR. 15,2018

To:　BANK OF AMERICA　　　　　　For and on behalf of
　　100 WEST 33RD STREET　　　　XIAMEN TOPWAY TRADING CO.,LTD.
　　NEW YORK, NY 10001

--　　　　--
　　　　　　　　　　　　　　　　　　　　　　(Authorized Signature)

BILL OF EXCHANGE

No.　TW-INV0428

For　US$18,000.00　　　　　　　　　　XIAMEN　MAY 3, 2018
　　(amount in figure)　　　　　　　　　　(place and date of issue)

At　　****　sight of this　**FIRST**　Bill of exchange　(**SECOND** being unpaid)

pay to the Order of　BANK OF CHINA, XIAMEN BRANCH

the Sum of　SAY U.S. DOLLARS EIGHTEEN THOUSAND ONLY
　　　　　　　　(amount in words)

Value received for　　7500METERS　　of　　PRINTED FABRICS
　　　　　　　　　　(quantity)　　　　　　(name of commodity)
Drawn under　BANK OF AMERICA

L/C No.　928LC43690374　　　　Dated　MAR. 15,2018

To:　BANK OF AMERICA　　　　　　For and on behalf of
　　100 WEST 33RD STREET　　　　XIAMEN TOPWAY TRADING CO.,LTD.
　　NEW YORK, NY 10001

--　　　　--
　　　　　　　　　　　　　　　　　　　　　　(Authorized Signature)

附录4 发票

COMMERCIAL INVOICE

TO: FUTURE TEXTILES CO., LTD.
168 WEST 53RD STREET, SUITE 1088，NEW YORK,
NY 10019，U.S.A.

INV. NO. : TW-INV0428
INV. DATE: APR.28，2018
S/C NO. : TW20180301

FROM: XIAMEN   TO: NEW YORK   SHIPPED BY:

MARKS & NOS.	DESCRIPTION OF GOODS	QUANTITY	UNIT PRICE	AMOUNT
	7500METERS OF PRINTED FABRICS AS PER CONTRACT NO.TW20180301	SHIPPING TERMS: CIF NEW YORK		
FUTURE TEXTILES TW20180301 NEW YORK C. NO. 1-75	18001 RED 18002 YELLOW 18003 BLUE	2500 METER 2500 METER 2500 METER	US$2.30 US$2.40 US$2.50	US$5,750.00 US$6,000.00 US$6,250.00
		7500METERS		US$18000.00

TOTAL AMOUNT IN WORDS: SAY U.S. DOLLARS EIGHTEEN THOUSAND ONLY

TOTAL G.W. / TOTAL N.W.: 7575 KGS   /   7500 KGS

TOTAL PACKAGES: 75 BALES

FOB VALUE: US$15500
FREIGHT: US$2350
INSURANCE PREMIUM: US$150

L/C ISSUING BANK: BANK OF AMERICA
L/C NO.:928LC43690374

厦 门 拓 威 贸 易 有 限 公 司
XIAMEN TOPWAY TRADING CO.,LTD.

林嘉瑞

(STGNATURE)

附录 5　装箱单

PACKING LIST

TO:	FUTURE TEXTILES CO., LTD. 168 WEST 53RD STREET, SUITE 1088，NEW YORK, NY 10019，U.S.A.	INV. NO. : TW-INV0428 DATE: APR.28，2018

FROM:　XIAMEN　　TO:　NEW YORK　　SHIPPED BY: TIANTAO/006

C/NO.	DESCRIPTION OF GOODS	PKG.	QTY	G.W.	N.W.	MEAS.
	7500METERS OF PRINTED FABRICS AS PER CONTRACT NO.TW20180301					
1~25	18001	25BALES	2500METERS	2525KGS	2500KGS	6 CBM
26~50	18002	25BALES	2500METERS	2525KGS	2500KGS	6 CBM
51~75	18003	25BALES	2500METERS	2525KGS	2500 KGS	6 CBM
	TOTAL: 75 BALES		7500METERS	7575KGS	7500KGS	18 CBM

TOTAL PACKAGES IN WORDS:　　SAY SEVENTY FIVE BALES ONLY

MARKS & NOS.　　FUTURE TEXTILES　　　L/C ISSUING BANK: BANK OF AMERICA
TW20180301　　　L/C NO.:928LC43690374
NEW YORK
C. NO. 1-75

	DIMENSIONS	GROSS WEIGHT	NET WEIGHT	OF EACH BALE
18001/18002/18003	78×30×74cm	101 KGS	100 KGS	

厦 门 拓 威 贸 易 有 限 公 司
XIAMEN TOPWAY TRADING CO.,LTD.

林嘉瑞

(SIGNATURE)

附录6　原产地证

ORIGINAL

1. Exporter **XIAMEN TOPWAY TRADING CO.,LTD.** **15TH FL.,HUAYUE BLDG,NO.168 XIAHE ROAD,** **XIAMEN 361004，CHINA**	Certificate No. **C09/034856/M201** CERTIFICATE OF ORIGIN OF THE PEOPLE'S REPUBLIC OF CHINA
2. Consignee **FUTURE TEXTILES CO., LTD.** **168 WEST 53RD STREET, SUITE 1088，NEW YORK, NY 10019，U.S.A.**	
3. Means of transport and route **FROM XIAMEN TO NEW YORK** **BY SEA**	5. For certifying authority use only
4. Country / region of destination **U.S.A.**	

6. Marks and numbers		8. H.S. Code	9. Quantity	10. Number and date of invoices
FUTURE TEXTILES **TW20180301** **NEW YORK** **C. NO. 1-75**		**52083100**	**7500M**	**TW20180428** **APR 28,2018**

11. Declaration by the exporter The undersigned hereby declares that the above details and statem are correct;that all the goods were produced in China and that they comply with the Rules of Origin of the People's Republic of China.	12. Certification 　It is hereby certified that the declaration by the exporter is correct.
XIAMEN APRIL 28,	**XIAMEN**　　　　**APRIL 30，**　　**2018**　　张强
Place and date. signature and stamp of authorized signatory	Place and date. signature and stamp of certifying authority

附录7 提单

BILL OF LADING

1)SHIPPER XIAMEN TOPWAY TRADING CO., LTD. 15TH FL.,HUAYUE BLDG,NO.168 XIAHE ROAD, XIAMEN 361004, CHINA	10)B/L NO. CO90018 *CARRIER*
2)CONSIGNEE FUTURE TEXTILES CO., LTD. 168 WEST 53RD STREET, SUITE 1088，NEW YORK, NY 10019，U.S.A.	**C O S C O** 中国远洋运输（集团）总公司 CHINA OCEAN SHIPPING (GROUP) CO.
3)NOTIFY PARTY FUTURE TEXTILES CO., LTD. 168 WEST 53RD STREET, SUITE 1088，NEW YORK, NY 10019，U.S.A.	

4)PRE-CARRIAGE BY	5)PLACE OF RECEIPT	
6)OCEAN VESSELVOY. NO. TIANTAO/006	7)PORT OF LOADING XIAMEN	*ORIGINAL*
8)PORT OF DISCHARGE NEW YORK	9)PLACE OF DELIVERY	Port-to-Port or Combined Transport BILL OF LADING

11)MARKS	12) NOS. & KINDS OF PKGS	13)DESCRIPTION OF GOODS	14) G.W.(kg)	15) MEAS(m3)
FUTURE TEXTILES TW20180301 NEW YORK C. NO. 1 - 75 CCLU2937567/8375321	75 BALES	7500METERS OF PRINTED FABRICS FREIGHT PREPAID CY TO CY L/C ISSUING BANK: BANK OF AMERICA L/C NO.:928LC43690374	7575KGS	18CBM

16)TOTAL NUMBER OF CONTAINERS OR PACKAGES(IN WORDS)	SAY SEVENTY FIVE BALES IN ONE TWENTY FEET CONTAINER ONLY

FREIGHT & CHARGES	REVENUE TONS	RATE	PER	PREPAID	COLLECT

PREPAID AT	PAYABLE AT	17)PLACE AND DATE OF ISSUE XIAMEN APRIL 30，2018
TOTAL PREPAID	18)NUMBER OF ORIGINAL B(S)L THREE	21)
19)DATE APR.30，2018	LOADING ON BOARD THE VESSEL 20)BY	中国外轮代理公司厦门分公司 CHIINA OCEAN SHIPPING AGENCY,XIAMEN BRANCH 章建国 FOR THE CARRIER NAMED ABOVE

附录8　保险单

中　国　人　民　保　险　公　司
THE PEOPLE'S INSURANCE COMPANY OF CHINA
总公司设于北京　　　一九四九年创立
Head office: BEIJING　　Established in 1949

保　险　单　　保险单号次
INSURANCE POLICY　　POLICY NO. PYIE201859602849582401

中　国　人　民　保　险　公　司　（以　下　简　称　本　公　司）
THIS POLICY OF INSURANCE WITNESSES THAT THE PEOPLE'S INSURANCE COMPANY OF CHINA　(HEREINAFTER CALLED "THE COMPANY")

根　据　　XIAMEN TOPWAY TRADING CO., LTD.
AT THE REQUEST OF
（以　下　简　称　被　保　险　人）的　要　求，由　被　保　险　人　向　本　公　司　缴　付　约
(HEREINAFTER CALLED "THE INSURED")　AND IN CONSIDERATION OF THE AGREED PREMIUM PAID TO THE COMPANY BY THE
定　的　保　险，按　照　本　保　险　单　承　保　险　和　背　面　所　载　条　款　下　列
INSURED UNDERTAKES TO INSURE THE UNDERMENTIONED GOODS IN TRANSPORTATION SUBJECT TO THE CONDITIONS OF THIS POLICY
特　款　承　保　下　述　货　物　运　输　保　险，　特　立　本　保　险　单
AS PER THE CLAUSES PRINTED OVERLEAF AND OTHER SPECIAL CLAUSES ATTACHED HEREON

标　记 MARKS § NOS	包 装 及 数 量 QUANTITY	保 险 货 物 项 目 DESCRIPTION OF GOODS	保 险 金 额 AMOUNT INSURED
FUTURE TEXTILES TW20180301 NEW YORK C/NO. 1-75	**75 BALES**	**7500METERS OF PRINTED FABRIC:** **L/C ISSUING BANK: BANK OF AMERICA** **L/C NO.:928LC43690374**	**US$19,800.00**

总　保　险　金　额：SAY U.S. DOLLARS NINETEEN THOUSAND EIGHT HUNDRED ONLY
TOTAL AMOUNT INSURED:

保费　　　　　费率　　　　　装载运输工具
PREMIUM **AS ARRANGED** RATE **AS ARRANGED** PER CONVEYANCE SS. **TIANTAO/006**

开　航　日　期　　　　　　自　　　　　　　　　至
SLG. ON OR ABT. **AS PER BILL OF LADING** FROM **XIAMEN, CHINA** TO **NEW YORK, U.S.A.**

承　保　险　别
CONDITIONS

ALL RISKS AND WAR RISKS
AS PER THE RELEVANT OCEAN MARINE CARGO
CLAUSES OF PICC DATED 1/1/1981.

所　保　货　物，如　遇　出　险，本　公　司　凭　本　保　险　单　及　其　他　有　关　证　件　给　付　赔　款。
CLAIMS, IF ANY, PAYABLE ON SURRENDER OF THIS POLICY TOGETHER WITH OTHER RELEVANT DOCUMENTS
所　保　货　物，如　发　生　本　保　险　单　项　下　负　责　赔　偿　的　损　失　或　事　故，
IN THE EVENT OF ACCIDENT WHEREBY LOSS OR DAMAGE MAY RESULT IN A CLAIM UNDER THIS POLICY IMMEDIATE NOTICE
应　立　即　通　知　本　公　司　下　述　代　理　人　查　勘。
APPLYING FOR SURVEY MUST BE GIVEN TO THE COMPANY'S AGENT AS MENTIONED HEREUNDER:

赔　款　偿　付　地　点　　　　　　　　　　　　　　　中国人民保险公司厦门分公司
CLAIM PAYABLE AT/IN　**U.S.A.　IN USD**　　　　　THE PEOPLE'S INSURANCE CO. OF CHINA
出　单　日　期　　　　　　　　　　　　　　　　　　　　XIAMEN　BRANCH
DATE　**APRIL 25th, 2018**
地址:中国厦门市湖滨北路68号　TEL.0592-5316228
Address: 68 North Hubin Road Xiamen, China.

General Manager

267

附录9 报验单

中华人民共和国出入境检验检疫
出境货物报检单

报检单位(加盖公章)：**厦门拓威贸易有限公司**　　　　　　　　* 编　号 _____

报检单位登记号： **3100916301**　系人：**黄萍**　电话： **0592-5080288** 报检日期：**2018** 年　**4** 月 **18** 日

发货人	(中文)	厦门拓威贸易有限公司				
	(外文)	XIAMEN TOPWAY TRADING CO.,LTD.				
收货人	(中文)	***				
	(外文)	FUTURE TEXTILES CO., LTD.				

货物名称(中/外文)	H.S.编码	产地	数/重量	货物总值	包装种类及数量
全棉印花布	52083100	厦门市	7500米	18000美元	75布包

运输工具名称号码	**船舶**		贸易方式	**一般贸易**	货物存放地点	***
合同号	**TW20180301**		信用证号	**928LC43690374**	用途	***
发货日期	**2018年4月30日**	往国家(地区	**美国**	许可证/审批号		***
启运地	**厦门**	到达口岸	**纽约**	生产单位注册号		***
集装箱规格、数量及号码			**海运20尺普通箱1个**			

合同、信用证订立的检验 检疫条款或特殊要求	标 记 及 号 码	随附单据(划"√"或补填)	
***	FUTURE TEXTILES TW20180301 NEW YORK C/NO. 1-75	☑合同　　　☐包装性能结果单 ☐信用证　　☐许可/审批文件 ☑发票 ☑换证凭证 ☑装箱单 ☑厂检单	

需要证单名称(划"√"或补填)		* 检验检疫费	
☐品质证书 ___ 正 ___ 副	植物检疫证书 ___ 正 ___ 副	总金额	
☐重量证书 ___ 正 ___ 副	熏蒸/消毒证书 ___ 正 ___ 副	(人民币元)	
☐数量证书 ___ 正 ___ 副	出境货物换证凭单 ___ 正 ___ 副		
☐兽医卫生证书 ___ 正 ___ 副	出境货物通关单 1 正 2 副	计费人	
☐健康证书 ___ 正 ___ 副			
☐卫生证书 ___ 正 ___ 副		收费人	
☐动物卫生证书 ___ 正 ___ 副			

报检人郑重声明	领 取 证 单	
1.本人被授权报验 2.上列填写内容正确属实，货物无伪造或冒用他人的厂名、 标志、认证标志，并承担货物质量责任。 　　　　　　　　签名： **黄萍**	日期	
	签名	

注：有"*"号栏由出入境检验检疫机关填写

◆国家出入境检验检疫局制

[1-2(2005.1.1)]

附录 10　报关单

中华人民共和国海关出口货物报关单

预录入编号：	51489214		海关编号：	221820 100 5248 54301	
出口口岸 厦门海关		备案号	出口日期	申报日期 2018-4-26	
经营单位 厦门拓威贸易有限公司		运输方式 江海运输	运输工具名称 TIANTAO/006	提运单号 CO90018	
发货单位 厦门拓威贸易有限公司		贸易方式 一般贸易	征免性质 一般征税		结汇方式 信用证
许可证号	运抵国(地区) 美国		指运港 纽约		境内货源地 厦门
批准文号 054983694	成交方式 CIF	运费 总价　2350.00 美元		保费 总价　150 美元	杂费
合同协议号 TW20180301	件数 75	包装种类 布包	毛重(公斤) 7575		净重(公斤) 7500
集装箱号 CCLU2937567/8375321	随附单据 出境货物通关单：310294583969301			生产厂家	

标记唛码及备注
FUTURE
TEXTILES
TW20180301
NEW YORK
C/NO.1-75

项号	商品编号	商品名称、规格型号	数量及单位	最终目的国(地区)	单价	总价	币制	征免
01	52083100	全棉印花布	7500米 7500公斤	美国	2.4	18,000.00	USD	照章征税

税费征收情况

录入员　　　录入单位	兹声明以上申报无讹并承担法律责任	海关审单批注及放行日期(签章)	
报关员 　　3123562834892301 　　报关员　　杨宏超		审单	审价
单位地址 厦门市厦禾路168号华悦大厦15楼	申报单位(签章)	征税	统计
邮编　　电话 361004　0592- 5280288	填制日期 　　2018-4-26	查验	放行

参考文献

[1] 马士华，林勇. 供应链管理 [M]. 北京：机械工业出版社，2010.

[2] 利丰研究中心. 供应链管理：香港利丰集团的实践 [M]. 2版. 北京：中国人民大学出版社，2009.

[3] 谢家平，魏航. 跨国公司全球供应链运营模式 [M]. 上海：上海财经大学出版社，2010.

[4] 白万纲. 中国外贸企业战略转型 [M]. 北京：中国发展出版社，2009.

[5] 梁建芳. 服装物流与供应链管理 [M]. 上海：东华大学出版社，2009.

[6] 石良平，黄丙志，等. 供应链整合与上海国际贸易中心建设 [M]. 北京：中国海关出版社，2012.

[7] 黎继子. 纺织服装业供应链管理 [M]. 北京：中国纺织出版社，2014.

[8] 郭燕. 后配额时代的中国纺织服装业 [M]. 北京：中国纺织出版社，2007.

[9] 赵京霞. 后配额时代的国际纺织品贸易 [M]. 北京：中国纺织出版社，2006.

[10] 马晓虹，马涛. 纺织品国际贸易实务 [M]. 北京：冶金工业出版社，2011.

［11］张神勇，许为民，李廷.纺织品及服装外贸［M］.北京：中国纺织出版社，2002.

［12］钱竟芳，刘蕴莹，李涛.纺织服装进出口操作指南［M］.北京：中国纺织出版社，2009.

［13］王建坤，祖倚丹.纺织服装贸易概论［M］.北京：中国纺织出版社，2009.

［14］范福军，钟建英.服装外贸与实务［M］.北京：中国纺织出版社，2013.

［15］苗迎春.中美经贸摩擦研究［M］.武汉：武汉大学出版社，2009：77-78.

［16］夏先良.中美贸易平衡问题研究［M］.北京：社会科学文献出版社，2011.

［17］林涛，郭雅欣，李传芳.国际货物贸易实务［M］.北京：清华大学出版社，2014.

［18］林涛，姜丽.国际商务英文与函电［M］.北京：清华大学出版社，2011.

［19］黎孝先.国际贸易实务［M］.5版.北京：对外经济贸易大学出版社，2012.

［20］吴百福，徐晓薇.进出口贸易实务教程［M］.6版.上海：上海人民出版社，2011.

［21］莫莎.国际贸易实务［M］.大连：东北财经大学出版社，2008.

［22］冷柏军.国际贸易实务［M］.北京：中国人民大学出版社，2012.

［23］国际商会中国国家委员会.国际贸易术语解释通则2010［M］.北京：中国民主法治出版社，2011.

［24］田运银.国际贸易实务精讲［M］.5版.北京：中国海关出版社，2012.

［25］陈岩.国际贸易实务［M］.北京：清华大学出版社，2008.

［26］黄海东，孙玉红.国际货物运输保险［M］.北京：清华大学出版

社，2012.

　　［27］吴富定. 保险原理与实务［M］. 北京：中国财政经济出版社，2010.

　　［28］郭建军. 国际货物贸易实务教程［M］. 北京：科学出版社，2005.

　　［29］韩玉军. 国际贸易实务［M］. 北京：中国人民大学出版社，2007.

　　［30］李昭华，潘晓春. 国际贸易实务［M］. 2版. 北京：北京大学出版社，2012.

　　［31］鲁丹萍. 国际贸易实务［M］. 上海：上海交通大学出版社，2011.

　　［32］项义军. 国际货物贸易操作实务［M］. 北京：科学出版社，2012.

　　［33］林孝成. 国际结算实务［M］. 北京：高等教育出版社，2008.

　　［34］梁琦. 国际结算［M］. 北京：高等教育出版社，2009.

　　［35］祝卫，程洁，谈英. 出口贸易模拟操作教程［M］. 3版. 上海：上海人民出版社，2008.

　　［36］张兵. 进出口报关实务［M］. 北京：清华大学出版社，2010.

　　［37］黄锡光，吴宝康. 国际贸易实务（双语）［M］. 上海：复旦大学出版社，2007.

　　［38］孟祥年. 国际贸易实务操作教程［M］. 北京：对外经济贸易大学出版社，2005.

　　［39］张健. 供应链管理在国有外贸服装企业中的运用［J］. 管理观察，2011（15）.

　　［40］郭文平，钟竹雪，瞿海华. 浅析我国纺织服装业供应链模式的选择和实施战略［J］. 中共商贸，2011（11）.

　　［41］吴召山. 打造外贸企业的核心竞争力———基于供应链管理［J］. 广西纺织科技，2009.

　　［42］张岸嫔. 后金融危机时代小型服装外贸企业面临的现实困境与出路［J］. 对外经贸，2012.

[43] 杨永清. 我国外贸企业转型升级面临的形势与路径选择: 以纺织服装出口企业为例 [J]. 对外经贸实务, 2012.

[44] 刘羽洁. 从 ZARA 供应链成功看我国服装企业如何转型 [J]. 经济视野, 2013 (12).

[45] 邓云, 周德群, 翁建枝. 供应链管理研究进展探析 [J]. 现代管理科学, 2005 (4).

[46] 喻建良. 从供应链分析探讨传统出口型外贸企业的发展战略 [J]. 湖南大学学报 (社科版), 2008 (3).

[47] 吴定玉. 供应链企业社会责任管理研究 [J]. 中国软科学, 2013 (2): 55-63.

[48] 刘建长. 服装行业电子商务平台建设构想 [J]. 宁波服装职业技术学院学报, 2004 (3): 25-28.

[49] 谢磊. 外贸企业向供应链服务和管理商转变的契机与谋划 [J]. 求索, 2006 (2): 36-38.

[50] 郭全洲, 刘文纲, 等. 专业外贸企业供应链管理战略研究 [J]. 北京工商大学学报 (社会科学版), 2007 (2): 65-70.

[51] 钟祖昌, 谭秋梅. 全球供应链管理与外贸企业核心竞争力构建 [J]. 国际经贸探索, 2007 (1): 80-84.

[52] 谷会会. 基于敏捷供应链管理的服装外贸企业核心竞争力培育 [J]. 平顶山学院学报, 2009 (5): 29-32.

[53] 张前程. 现代服务业对制造业产业链升级的影响机理研究 [C] //中部崛起与现代服务业——第二届中部商业经济论坛论文集. 北京: 中国商业经济学会, 2008: 528-537.

[54] 陈旭娟. 服装企业供应链优化研究 [D]. 北京: 对外经济贸易大学, 2009: 3-4.

[55] 孙阳, 何子衡. 金融危机下我国纺织业供应链面临的问题分析. [J]. 重庆文理学院学报, 2009, 28 (4): 71-73.

[56] 张馨月. 外贸出口企业供应链管理及其信息系统研究. [D]. 北京: 对外经济贸易大学, 2005: 12-14.

[57] 王若宾，周伟，高永红. 供应链管理思想在纺织企业改造中的应用. [J]. 山东纺织经济，2002 (3)：40-41.

[58] 李然. 南京纺织品进出口公司供应链管理研究. [D]. 南京：南京理工大学，2006：3-4.

[59] 郭文平. 浅析我国纺织服装业供应链模式的选择和实施战略 [J]. 中国商贸，2011 (32)：19-20.

[60] 李创，任荣明. WTO 与我国纺织服装业供应链管理. [J]. 纺织学报，2003，24 (1)：83.

[61] 王云，刘让同. 供应链管理在我国纺织业中的应用初探. [J]. 黑龙江纺织，2002 (4)：1-2.

[62] 姜丹丹，毕彦鹏. 基于供应链管理思想的我国纺织产业国际竞争力分析. [J]. 物流科技，2005，29 (126)：21-23.

[63] 李杰. 论如何构建纺织服装核心企业的供应链. [J]. 浙江纺织服装职业技术学院学报，2008 (1)：59-63.

[64] 萨娜. 浅析服装企业供应链现状. [J]. 中国化工贸易，2011 (10)：142.

[65] 陈璐. 供应链管理在我国企业应用存在的问题剖析及对策研究 [J]. 当代经纪人（下旬刊），2006，4 (11)：35.

[66] 王许斌，孙庆文. 树立供应链管理的核心理念 [J]. 经济论坛，2002，16 (1)：37.

[67] 赵志明，王杰，李昕欣. 论中国企业供应链管理存在的问题及对策 [J]. 中国商贸，2009，11 (13)：34.

[68] 陈正林，王彧. 利丰公司的供应链管理 [J]. 中国物流与采购，2002，23 (7)：23-25.

[69] 张芯瑜. 现代物流对国际贸易的影响及我国的对策研究 [J]. 经营管理者，2009，25 (19)：7-8.

[70] 朱苏丹，胡浙彬等. 中小企业供应链管理研究 [A]. 经济视角（下），2010，6 (9)：33-35.

[71] 陈豪雅，朱岩. 从利丰模式看供应链中的商机 [N]. 中国计算

机报，2002，17（31）.

[72] 唐民辉. 从香港利丰看贸易公司的转型 [J]. 国际市场，2008，24（9）：78-80.

[73] 宋华. 供应链管理中企业间的冲突和合作机制分析 [J]. 中国人民大学学报，2002，16（04）：65-71.

[74] 王云霞. 中国专业外贸公司经营模式转变的探讨 [J]. 对外经贸实务，2004，22（10）：28-29.

[75] 杨立君. 香港利丰公司供应链管理的经验及其启示 [J]. 湖北汽车工业学院学报，2002，16（2）：38-40.

[76] 高爱芳. 论中国外贸企业实施供应链管理的必要性 [J]. 市场周刊，2005，27（11）：104-105.

[77] 冯蕾. 我国中小企业供应链管理现状及对策建议 [J]. 产业与科技论坛，2009，8（5）：196-197.

[78] 葛玉辉，杜本进. 由香港利丰公司的供应链管理论我国企业管理模式的转变 [J]. 企业经济，2002，25（9）：157-158.

[79] 吴爱军. 我国企业供应链管理的现状及对策浅析 [J]. 黑龙江对外经贸，2005，18（2）：72-74.

[80] 林涛 刘文芳. 服装外贸企业供应链管理模式分析 [J]. 商业经济研究，2015，15（5）.

[81] 朱丹 林涛. 产业服务平台战略下的中国外贸纺织服装业供应链转型之路 [J]. 物流技术，2015，2.

[82] 林涛. 福建服装外贸企业实施供应链管理模式构想 [J]. 福建论坛，2014，11.

[83] 林涛. 从"后配额时代"美国纺织市场看中美纺织品贸易新问题 [J]. 重庆理工大学学报（社会科学），2012，3.

[84] 林涛. 纺织行业应对美国"双反"措施的策略分析 [J]. 商业研究，2011，9.

[85] Margaret，Bruce，Lucy，Daly，Neil. Towers. U. K. Lean or agile：A solution for supply chain management in the textiles and clothing industry [J].

International Journal of Operations and Production Management 2004, 24 （2）:151-170.

［86］Muhammed Kürşad Özlen& Iskra Handukic . Fashion Industry Supply Chain Issues Zara ［J］. European Researcher, 2013 （47）: 999-1006.

［87］Yuan chen. Discussion and Research on Enterprise Supply ChainManagement under the New Economic Background ［J］. International Journal of Technology Management, 2013 （8）: 23-25.

［88］Jerrmy Hall. Environmental Supply Chain Dynamics ［J］. Journal of Cleaner Production, 2000 （8）.

［89］Ronald H. Ballou, Business Logistics Management ［M］. USA: Prenticle-Hall, 1999.

［90］Hilletofth. Per , Hilmola, Olli-Pekka , "Supply chain management in fashion and textile industry" ［J］. International Journal of Services Sciences, 2007 （2）: 127-147.

［91］Jimmy K. C. Lam, R. Postle, "Textile and apparel supply chain management in Hong Kong" ［J］. International Journal of Clothing Science and Technology, 2006 （3）: 265-277.

［92］William Douglas Cooper. Textile and Apparel Supply Chains for the 21st Century ［J］. Journal of Textile and Apparel, Technology and Management., 2010 （4）.

［93］Ke Wang, Qinglong Gou, Jinwen Sun, Xiaohang Yue . Coordination of a fashion and textile supply chain with demand variations ［J］. Journal of Systems Science and Systems Engineering, 2012 （4）: 461-479.